오래된
소원

믿음이란 한 알의 밀알이 땅에 떨어져 죽음으로 많은 열매를 맺음과 같이 진리의 열매를 위하여 스스로 죽는 것을 뜻합니다. 눈으로 볼 수는 없으나 영원히 살아 있는 진리와 목숨을 맞바꾸는 자들을 우리는 믿는 이라고 부릅니다. 「믿음의 글들」은 평생, 혹은 가장 귀한 순간에 진리를 위하여 죽거나 죽기를 결단하는 참 믿는 이들의, 참 믿는 이들을 위한, 참 믿음의 글들입니다.

오래된 소원

강석진 지음

홍성사

일러두기

1. 이 소설은 실화를 토대로 재구성한 간증소설입니다.
2. 독자의 편의를 위해 생소한 북한 단어는 남한 표준어로 넣고 북한 어투와 어감만을 살렸습니다.
3. 이 책 내용은 제주 극동방송 특별기획 다큐드라마 〈강을 건너온 북녘의 나오미〉로 제작·방송되어 '한국기독
   언론대상'(이사장 손봉호) 해외부문 특별상을 수상했습니다.

차례

프롤로그 _ 내래, 사연이 좀 복잡합네다 6

1장 _ 남은 자들의 소원입네다

저들도 우리처럼… 19 / 뜻밖의 부탁 26 / 준비된 만남 32
남은 자들 41 / 마른 땅에서 나온 여인 52

2장 _ 꿈에도 잊은 적 없습네다

• 기도하면 됩네까? 64

풍금 소리 울리면 65 / 꿈에 그리던… 82 / 배워야 한다 91 / 날개를 치며 101

• 어디로 가야 합네까? 112

또 다른 시련 앞에 113 / 받아들여야 한다 121 / 영원한 이별 138
포탄 속에서 151 / 골짜기의 기도 163

• 우리, 만날 수 있습네까? 182

푸른 하늘 열리고 183 / 어미 품을 떠나 194 / 물거품이 된 꿈 204
아들아, 압록강을 건너가자! 226 / 찬송을 부르다 261

3장 _ 그날을 기다립네다

모래 속의 바늘 276 / 마침내… 295 / 우리 다시 만날 때까지 328

에필로그 _ 내래, 세상에서 제일 행복합네다 341
글쓴이의 말 344

내래, 사연이 좀 복잡합네다

2003년 7월 어느 날, 압록강변의 어느 시장에 남루한 옷을 걸친 60대 중반으로 보이는 한 남자가 쌀가게에 들어갔다. 그는 손에 돈을 든 채 억센 북한 말로 무엇이라 말하고 있었다. 중국인 여주인은 그 남자에게 짜증이 묻어나는 중국말로 쏘아붙였다.

그때 그 가게에서 쌀을 고르던 한 조선족 아주머니가 두 사람에게로 다가섰다. 북한 남자와 중국인 여주인이 서로의 말을 알아듣지 못하는 모습을 보고 도우려 한 것이다.

"선생님, 북조선에서 오셨나 보군요. 제가 도와드리겠습네다."

그 남자는 반색을 하며 대답했다.

"아주마니, 통역 좀 부탁합네다. 나는 쌀 열 근을 달라고 했는데 저 중국 아주마니가 뭐라 하는지 모르겠슴다. 도대체 쌀값이 얼마인지 얘기 좀 해주시라요."

통역으로 자청해 나선 여인은 그 지역의 교회 집사였다. 그녀는 중국에 오는 북한 방문객 중 도움이 필요한 사람들에게 정성껏 봉사해 온 신실한 신앙인이었다.

도움을 받아 쌀값을 치른 그 북한 사람은 김 집사에게 몇 번이고 "고맙습네다" 하며 감사함을 표시했다. 그동안 많은 북한 사람들을 접해 본 김 집사였지만, 나이 많은 남자가 이처럼 많지도 않은 쌀을 사러 시장에 나온 경우는 처음 보았다. 김 집사가 그에게 물었다.

"선생님께서는 홀로 중국에 오셨습네까? 어떻게 남자분이 양식을 사러 시장에 나오셨습네까?"

그는 겸연쩍은 표정을 지으며 답했다.

"아닙네다. 내래 우리 오마니를 모시고 얼마 전에 친지 방문차 여기에 왔습네다."

더욱 의아한 생각이 든 김 집사가 다시 그에게 물었다.

"그럼 친척집에 함께 계실 텐데 어째 혼자 나오셨습네까?"

북한에서 친지 방문차 온 사람들은 대부분 혼자이며, 나이가 많은 사람은 거의 없었다. 북한은 부부간이나 부모와 자식을 함께 출국시키는 관례가 없었다. 그뿐만 아니라 40세 이하의 젊은 이들 또는 70세 이상의 고령자에게는 출국 허가를 내주지 않는 것이 북한의 출국 방침이다.

남자는 굳은 표정으로 답했다.

"친척은 없습네다. 우리 오마니와 이 시장 근처에 방을 하나 얻어서 모시고 있습네다."

"그러면 모친의 연세가 꽤 되시겠습네다."

그 남자는 말끝을 흐리며 답했다.

"우리 오마니의 연세가 팔순이 넘으셨습네다."

"그럼 선생님 혼자서 모친을 모시고 계시겠군요. 그래, 건강은 하십네까?"

그러자 유순한 얼굴의 북한 남자가 간곡한 말투로 김 집사에게 부탁을 했다.

"우리 오마니가 지금 저를 기다리고 계십네다. 시간이 되면 잠깐 우리 오마니를 좀 뵙고 가시라요."

김 집사는 이 두 모자에게 무언가 남다른 사연이 있을 것이라는 직감이 들었다. 그 집사는 같이 온 일행을 먼저 가게 한 다음, 남자를 따라 시장 근처에 있는 모자의 거처로 따라갔다.

그녀가 따라간 곳은 그 지역에서 형편이 어려운 사람들이 모여 사는 곳이었다. 골목 사이사이 아주 누추한 집들이 촘촘히 들어서 있었다. 이윽고 어느 허름한 집 문 앞에 이르렀다.

"오마니, 젭네다. 문 열어 주시라요."

잠시 후 인기척이 나더니 문이 조금 열렸다. 왜소하고 깡마른 한 노인네가 문을 열고는 얼굴을 내밀었다. 그 노인은 자기 아들 뒤에 웬 초면의 여자가 서 있는 모습을 보고는 아들에게 물었다.

"저분은 누구시냐?"

"오마니, 시장에서 만난 분인데 제가 양식 사는 데 방조해 주신 아주마니야요. 제가 모시고 왔습네다."

김 집사는 재치 있게 할머니에게 인사를 했다.

"할마니, 처음 뵙겠습네다. 아드님께서 할마니를 소개해 주겠다고 하여 초면에 실례를 무릅쓰고 이같이 왔습네다."

노인은 잠시 지체하더니 문을 열어 보이며 말했다.

"들어오시라요. 너무 누추합네다. 혹 우리 아들이 아주마니께 실례를 하지는 않았습네까."

교양 있는 어투와 행동이 그냥 평범한 시골 노인으로 여겨지지 않았다. 비록 휘어진 허리에 깡마른 몸을 남루한 옷으로 가리고 있었지만, 어딘지 모르게 호감 가는 노인이었다.

그 집은 방 하나에 초라한 침대 두 개, 꾀죄죄한 식탁과 간신히 걸터앉을 수 있는 접이식 의자 두 개가 놓여 있을 뿐이었다. 부엌은 베란다에 마련돼 있었다. 침대 옆에는 낡은 텔레비전이 놓여 있고, 여행용 가방과 짐 보따리가 그 집에 있는 살림살이의 전부였다.

노령의 할머니와 예순이 넘은 아들, 두 사람은 어째서 이 외방 땅에 온 것일까. 김 집사는 더욱 궁금해졌다. 그녀는 할머니에게 측은한 마음이 들어 먼저 말을 건네었다.

"할마니, 아직 친척을 못 찾으셨습네까. 제가 무슨 도움을 드릴 수 있을까요?"

그러자 할머니가 정색을 하면서 손을 내저었다.

"우리 모자는 여기 친척을 찾으러 온 게 아닙네다."

그러고는 돌연히 김 집사에게 되물었다.

"그런데 아주마니께서는 단동에서 사신 지 오래됐습네까?"

그녀는 할머니에게 친절하게 답해 주었다.

"제가 태어난 곳은 길림성이지만, 여기 단동에 와서 산 지는 40년 이상 됩네다. 그러고 보니 소개가 늦었습네다. 단동 시내에 있는 조그만 교회에서 봉사를 하는 김 집사입네다."

그 말을 들은 할머니는 반가움을 감추지 못했다.

"그럼 아주마니는 기독교 신앙인이시갔어요."

"할마니, 저는 어렸을 때부터 우리 오마니의 등에 업혀서 예배당을 다녔습네다. 그러다 중국이 공산화되면서 신앙생활을 못하다가 성년이 되어 단동에 와 화장품 공장의 직장을 분배받아 10여 년 전까지만 해도 일을 했지요. 지금은 교회를 섬기면서 신앙생활을 하고 있습네다."

김 집사의 말을 들은 할머니는 갑자기 김 집사의 손을 꼭 붙잡으며 눈물을 글썽거렸다.

"하나님께서 김 집사님을 이처럼 시장에서 만나도록 인도해 주셨습네다. 이거 정말 하나님의 은혜입네다."

할머니의 갑작스런 행동에 더욱 의아해진 김 집사가 물었다.

"할마니, 그럼 할마니께서도 하나님을 믿습네까?"

그 노인네는 마치 오랜 세월 찾아헤맸던 친딸이라도 만난 양 몹시 상기되어 잡은 손을 놓지 않았다.

"내래 평생 하나님을 믿어 왔고, 우리 조상 때부터 온 가족들이 예배당에 다녔수외다. 오늘 이처럼 이 단동에 와서 하나님 믿는 분을 만나게 되니 정말 감격스럽기만 합네다. 하나님께서 나에게 희망을 주셨습네다."

김 집사 또한 너무도 반가웠다. 지금까지 많은 북한 사람들을 만나 보았지만 이처럼 연로한 노인을 본 적이 없었고, 무엇보다도 하나님을 믿는 노인을 만난 것 또한 처음인지라 할머니에게 친근감이 들었다. 김 집사는 60여 년 넘는 북한의 공산치하에서도 여전히 하나님을 믿는 노인이 살아 있다는 사실, 그리고 그런 분을 직접 만나게 되었다는 사실이 너무 신기하기만 했다. 할머니의 정감 있는 모습에 더욱 호기심을 느낀 김 집사는 단도직입적으로 물었다.

"할마니, 여기 중국에 친척을 찾으러 온 것이 아니면 누구를 찾으러 오신 것입네까?"

"내래, 사연이 좀 복잡합네다."

그 말에 김 집사의 궁금증이 더욱 커졌다.

"그럼 여기 친척의 주소를 모르신 겁네까? 친척의 연락처가 있으면 제가 최선을 다해 찾아 드리겠습네다."

할머니는 그녀가 교회를 다니는 신앙인이라는 말에 경계심을 풀고는 마치 누에고치에서 실을 뽑아내듯 그녀의 인생 여정을 술술 털어놓았다.

정현숙, 84세.

강을 건너온 할머니의 이름과 나이였다. 그녀는 중국에 오기 위해 모든 가산을 다 팔고 며느리가 낸 빚으로 방문 비용을 마련했다. 그러나 여권에 찍힌 방문 기한은 얼마 남지 않았고, 계획했던 일은 그 무엇도 성사되거나 진전된 것이 없었다. 중국 체류 비용도 거의 다 소진되어 당장 끼니를 걱정해야 할 절박한 상황에 처해 있었다. 그날도 남은 돈을 털어서 마지막 양식거리를 사오라고 아들을 시킨 것이었다. 다음 달 집세와 물세, 전기세도 내야 하지만 잔돈 몇 푼만 남아 있을 뿐이었다.

노인이 할 수 있는 것은 기도밖에 없었다. 도와줄 수 있는 친척도 지인도 없었기 때문이다. 집을 빌려 준 중국인도 일이 잘되면 큰 보상을 받을 수 있으리라 기대하며 보증금도 없이 싼 월세로 빌려 준 것이었다. 방세를 내야 할 월말이 다가오자 집 주인이 마치 저승사자같이 여겨졌다. 지금으로서는 아무 대책이 없는 막막한 상태였다.

그나마 아들이 시장에 쌀을 사러 갔다가 김 집사를 만나게 된 것이 조금이나마 위안이 되었다. 그렇다고 초면에 그런 구차스러운 도움의 말을 건넬 수는 없었다. 노인의 가슴은 더욱 타들어 갔다. 하늘에서 무언가 떨어지면 모를까, 한 주만 더 지나면 끼니도 걸러야 될 지경인데…. 하나님께서 이 가난한 늙은이와 아들을 그냥 내치시지는 않을지 염려되었다. 그렇다고 다시 보따리 싸서 북한으로 건너가는 것은 죽음보다 더 치욕스런 일이다. 여기 오기까지 힘겨운 고개를 얼마나 수없이 넘고 넘었는데, 이대로 주저앉을 수는 없는 일이었다. 천사를 보내 주시어 이 궁핍한 문제를 해결해 주시기를 그저 기도해 볼 뿐이었다.

지금까지 살아온 험악한 세월, 숱한 고통을 겪어 왔지만 타지에서 겪는 괴로움과 설움은 더욱 참담한 것이다. 그녀의 인생은 성경의 룻기에 나오는 나오미의 박절한 인생과 같았다. 나오미는 남편과 두 아들과 함께 더 나은 새 삶을 살고자 유대 땅 베들레헴에서 모압이라는 이방 땅으로 이주해 왔지만, 예상치 못한 불행이 닥쳐와 현지에서 결혼한 두 아들과 남편을 외방 땅에서 먼저 떠나보내야만 했다. 남은 것이라고는 빈곤한 자신의 육신과 청상과부 며느리들뿐. 마침 조국 땅 베들레헴의 식량 사정이 좋아졌다는 소문에 희망을 걸고, 죽기보다 더 싫은 고향으로 돌아갔다. 그때 주변 사람들의 수군거림이 얼마나 괴로웠으면 자신을 일컬어 쓰디쓰다는 의미를 지닌 '마라'라는 이름으로 불러 달라고 하였을까.

김 집사를 만나고 난 후부터 그 노인은 더욱 힘을 내어 사력을 다하는 기도를 드리기 시작했다. 하나님의 선하신 도우심과 예비하심을 간구하는 간절한 기도였다.

"나오미의 기도에 응답하신 여호와 하나님! 저희 모자를 강 건너로 인도하셨사오니, 제 평생의 기도에 꼭 응답하시어 남편의 후손들을 만나도록 상봉의 꿈을 이루게 하옵소서. 나의 살 날 얼마 남지 않았사오니 더 이상 늦추지 마옵소서. 속히 많은 사람들의 마음을 감동시키시어 남녘 땅 어디엔가 있을 남편의 후손들을 찾아내 주시고 저들로 이곳에 건너오게 하시옵소서. 아들의 손을 잡고 눈물로 이 압록강을 건너왔지만, 돌아갈 때는 기쁨의 단을 안고 돌아가도록 크신 은혜를 베풀어 주옵소서. 나오미를 긍휼히 여겨 주신 것같이 저도 불쌍히 여겨 주셔서 저의 마지막 기도를 이곳에서 이루게 하옵소서!"

조선족 김 집사를 만나고 난 후 그녀는 왠지 힘이 솟아나고, 소망의 동아줄을 잡은 듯한 기분이었다. 그 할머니는 연로하였지만 기억과 사고력만큼은 또렷했다. 그 이후에도 할머니는 김 집사를 종종 만나 많은 대화를 나누었고 생필품 등도 도움을 받았다. 할머니는 김 집사에게서 뭔가 새로운 소식을 들을까 하여 자주 전화를 걸어 오거나, 김 집사의 집을 찾아오기도 했다. 김 집사는 할머니의 간절한 소원을 풀어 주고 싶었다. 하지만 다방면으로 알아보아도 어느 누구 하나 선뜻 나서는 이 없었다.

여러 방법을 고심하고 알아보아도 딱히 묘책이 떠오르지 않아 고민에 싸여 있던 김 집사는 마지막으로 알고 지내던 선교사에게 도움의 손길을 내밀어 보기로 했다. 지난달 그가 다시 한국에 들어갔기에 김 집사는 그가 돌아오는 대로 할머니의 간곡한 부탁에 대해 상의해 보기로 마음먹었다.

1장

남은 자들의 소원입네다

여호와께서 사람들을 멀리 옮기셔서 이 땅 가운데에 황폐한 곳이 많을 때까지니라. 그중에 십분의 일이 아직 남아 있을지라도 이곳도 황폐하게 될 것이나 밤나무와 상수리나무가 베임을 당하여도 그 그루터기는 남아 있는 것 같이 거룩한 씨가 이 땅의 그루터기니라 하시더라(사 6:12, 13).

저들도 우리처럼…

강사무엘 목사는 1990년 초부터 김 집사와 함께 북한 선교를 해왔다. 서울 영락교회 출신으로 한경직 목사님과 친분이 있는 목사였다. 그는 신의주 지역의 탁아소와 지하교회 성도들을 물심양면으로 지원하며, 북한에서 온 방문객들에게 성경을 가르치고 전도하며 도움을 주는 사역을 해오고 있었다.

1992년 10월 10일 단동을 처음으로 방문했던 그날, 어떤 거부할 수 없는 강한 이끌림과 감동이 그에게 임했다. 본래 북한과는 아무 관련이 없는 그였다. 그 자신이 이북 출신이라거나 북한에 이산가족이 있는 것도 아니었다. 다만 흑룡강성 하얼빈을 중심으로 조선족 가정교회를 순회하면서 사역하던 중에 압록강을 보러 왔던 그날의 일을 계기로 지금까지 그 사역에 전심을 쏟고 있는 것이었다.

단동에 첫발을 내디딘 그다음 날 이른 아침, 그는 압록강 건너편의 신의주를 바라보고 있었다. 때마침 신의주 뒤편 산등성이에 붉은 아침 해가 떠오르고 있었다. 압록강에는 아침 안개가 채가시지 않아 신의주의 모습이 뿌연 연무 속에 잠겨 있었다. 조선족 아이들이 다니는 중학교 운동장에는 산책하거나 운동을 하고 있는 중국인들이 있었다.

강 목사는 북한 풍경을 좀 더 가까이 보기 위해 강가로 내려가 압록강 철교로 이어진 신의주를 바라보았다. 오래된 건물들, 특히 해방 전 종이 공장이었다는 건물의 높은 굴뚝이 유독 눈에 들어왔다. 그에 비해 단동의 강변은 개방과 개혁의 현장답게 생동감이 느껴졌다. 새로 세워진 고층 건물과 수많은 자동차들, 활기찬 사람들의 모습이 신의주와 대조되어 보였다.

하지만 신의주 쪽의 강가 너머는 희망이 사라진 황무한 땅 같았다. 이곳에 기차를 타고 올 때는 막연한 기대와 호기심이 가득했었다. 그러나 막상 눈앞에 펼쳐진 북한의 모습은 너무도 실망스럽기만 했다. 동포가 살고 있는 황폐한 땅을 보고 있으려니 자꾸만 마음이 아려 왔다.

그만 돌아가야겠다는 생각을 하며 발길을 돌이키는 순간, 중국 방문 사역을 위해 배후에서 늘 기도해 주시는 영락교회 새하늘선교회의 임명선 권사님 생각이 났다. 언젠가 그분이 해방 전에 신의주와 단동에서 가족들과 함께 거주했었다는 이야기를 했던 적이 있었다. 문득 그 권사님께 압록강에 다녀온 증거를 보여 드려야겠다는 생각이 들었다. 강 목사는 강가 곳곳에 흩어져 있는 많은 조약돌들 가운데 모양이 매끄러운 것 몇 개를 집어 들고는 먼 하늘을 바라보았다.

왠지 이 땅에 다시 올 일이 없을 것이라는 생각에 등을 돌려 다시 건너편 땅을 바라보았다. 그는 떠오르는 해를 바라보면서 스스로도 의식하지 못하는 기도를 올렸다.

"하나님, 저 북녘 땅에 아침 해가 떠올라 어둠의 땅을 밝히고 있습니다. 간절히 바라옵기는 저곳에 하나님의 말씀의 해가 떠올라 저곳 동포들에게 비추게 하사 저들을 생명의 빛으로 구원하여 주옵소서!"

숙소로 돌아와 아침 식사를 마친 후 단동 시내를 돌아보았다. 공산화되기 전 단동은 안동(安東)이라 불렸다. 이곳은 일본이 만주를 통치하기 위해 중국 대륙의 첫 관문으로 새로이 만들어 놓은 곳이었고, 신의주는 한반도의 첫 관문으로 만들어 놓은 시대의 산물이었다.

이 압록강 철교가 건설되기 전에는 의주가 나룻배들을 통해 중국과 한반도의 왕래를 도와 관문 역할을 유지해 왔으나, 일본은 중국 진출을 위해 서울에서 신의주까지 이르는 경의선을 구축했고, 그 후 압록강 철교가 건설되어 중국으로 향하는 국제열차가 다니게 되었다.

강 목사는 잠시 통일 이후의 날을 그려 보았다. 경의선이 복원되어 서울역에서 기차를 타고 중국 대륙을 넘나들며, 철의 실크로드가 실현되어 중국과 몽고, 중앙아시아를 거쳐 모스크바와 유럽 대륙까지 나아가게 될 그날. 그날이 오면 북한 선교의 전략적 가치가 매우 높은 단동이 무역과 복음의 통로로 상당히 중요한 역할을 하게 될 것이다.

강 목사는 단동 시내 여러 곳을 다니는 동안 북한에서 건너온 동포들과 자주 마주쳤다. 그들은 모두 가슴에 김일성 배지를 달고 다녔기에 쉽게 알아볼 수 있었다. 이곳은 마치 북한의 앞마당 같았다.

그날 오후에는 압록강의 유람선을 탔다. 그 배가 강 한가운데를 지나 신의주 강변 공원 강둑까지 접근했을 때, 그는 눈앞에서 북한 사람들을 똑똑히 목도할 수 있었다. 그들은 단동 시내에서 본 북한 사람들과는 완연히 다른 모습을 하고 있었다. 강둑에 나와 있는 그들 행색은 남루하기 짝이 없었고 얼굴은 무표정했다. 검게 그을리고 깡마른 모습이 궁핍하고 비참한 북한 실상을 그대로 보여 주고 있었다.

북한의 풍경과 사람들을 보는 것이 신기하고 생소하여 사진기를 꺼내어 여러 장 찍었으나, 곧 사진기를 가방에 집어넣었다. 같은 동포들의 초췌한 모습을 사진에 담는다는 것이 영 내키질 않았던 것이다. 유람 삼아 압록강을 보러 왔지만 왠지 즐겁지가 않았다.

두 번 다시 와 볼 일 없는 단동이었다. 강 목사는 다음 날 이른 시각 기차를 타고 심양으로 돌아가야 했기에 일찍 잠자리에 누웠다. 하지만 그날 자신의 눈에 새겨진 신의주의 모습과 북한 사람들의 표정이 눈앞에 어른거려 잠을 이룰 수 없었다. 불현듯 저들을 위해 기도해야겠다는 생각에 침대에서 내려와 하나님께 무릎을 꿇고 간절히 기도를 올렸다.

"하나님 아버지, 말로만 들었던 북한 동포들과 저들의 사는 모습을 이곳에 와서 보게 되었습니다. 저들이 우리 동포들인 것을 눈으로 보았고 가슴으로 느꼈습니다. 저들이 이처럼 반세기 가까운 세월 동안 억압받으며 자유를 누리지 못한 채 살아왔습니다. 황무한 저 땅에서 소망 없이 살아가고 있는 인생들을 돌보시옵소서. 하나님 아버지, 언제까지 저들이 이처럼 흑암같은 세상에서 살아야 합니까? 이스라엘 민족이 애굽에서 바로의 압제에 신음할 때 저들의 고통을 들으시고 마침내 택하신 백성들을 출애굽 하게 해주신 것같이, 이제 북한 동포들의 신음을 들어 주사 그들의 결박을 끊어 주옵소서. 이제 더 이상 지체치 마옵시고 저들도 우리처럼 자유케 하옵소서. 무엇보다 신앙의 자유를 누리는 그날을 속히 허락하옵소서. 지난날 저곳은 신앙의 자유를 마음껏 누렸던 곳입니다. 이제 어서 속히 저들에게도 기쁨의 희년을 허락하사 모든 압박에서 벗어나게 하옵소서! 아버지의 뜻이 있으셨기에 저를 이곳에 보내 주신 줄 아옵나니, 장망성(將亡城)

같은 강 건너의 얽매인 동포들에게 복음을 전할 수 있도록 하옵소서!"

이와 같은 기도는 강 목사 자신의 의지가 담긴 기도가 아니었다. 왜냐하면 그 자신이 북한 선교를 정탐하러 온 것도 아니고, 평소 북한 선교에 대해 깊은 뜻을 품고 있었던 것도 아니었기 때문이다. 그는 자신이 왜 그와 같은 기도를 하는지도 모른 채 계속 간절한 부르짖음을 이어 갔다. 이는 분명 하나님께서 강사무엘 목사를 통해 저 땅의 백성들에게 복음을 전하려 하신 선한 인도하심이었다.

강 목사는 중국 사역과 단동 방문 일정을 마치고 한국으로 돌아왔다. 이번 사역을 위해 늘 정기적으로 모여 중보 기도하는 영락교회 기도회 모임에 가서 사역 보고를 했다. 모임을 마친 후, 그 자리에 참석한 영락교회 교인들 중 김혜자 권사가 강 목사에게 다가와서는 갑작스러운 부탁을 했다. 김 권사는 평소에도 한경직 목사를 가까이하면서 극진히 모셨고, 한 목사도 김 권사를 딸처럼 아꼈다.

"강 목사님, 오늘 선교 보고에 많은 은혜와 감동을 받았습니다. 목사님도 잘 알고 계시겠지만 한경직 목사님께서 신의주에서 교회를 섬기시다가 공산화 때문에 남으로 내려와 영락교회를 세우셨잖아요. 목사님이 평소에도 북한 신의주에서 목회하셨던 일들을 종종 말씀해 주시곤 했었어요. 아마 오늘 전하신 선교 보고 내용을 한경직 목사님께 들려주시면 무척 기뻐하실 것 같아요.

다음 주 중에 시간 내서 한 목사님을 한번 찾아뵙고 이야기 전해 드리면 좋겠어요."

강 목사는 그 말에 전적으로 동의하며 방문 날짜가 정해지면 연락을 달라고 말했다.

뜻밖의 부탁

　강사무엘 목사는 약속된 날에 권사님들과 함께 한경직 목사가 은퇴 후 여생을 보내고 있는 남한산성의 사택으로 올라갔다. 한 목사가 기거하고 있는 집은 자그마한 벽돌 건물이었다. 집의 규모며 분위기에서 한 목사의 고결함이 그대로 전해졌다.

　한경직 목사는 구순임에도 불구하고 흐트러짐 없는 성직자의 면모를 보였다. 김 권사가 찾아뵙게 된 이유를 설명하자, 한 목사는 인사를 깍듯이 받으며 평안도 사투리로 말했다.

　"올라와 주셔서 감사합네다. 강 목사께서 단동을 다녀오셨다구요. 그리 먼 길 다녀오시느라 많은 수고했수다."

　강 목사는 중국에서의 사역, 그리고 단동과 압록강과 건너편 신의주를 보고 온 이야기를 찬찬히 보고했다. 한 목사는 진지하게 경청해 주었다. 그 곁에는 한 목사의 큰딸 한 권사도 곁에 있었

26

다. 한 목사로서는 마치 고향 소식과도 같은 이야기를 50여 년 만에 듣는 셈이었다. 그분의 안경 너머로 보이는 눈동자는 마치 그 고향을 응시하는 듯 아련했다.

강 목사의 이야기를 다 전해 들은 한 목사는 기억을 더듬어 옛날 일을 회고하며 50여 년 전의 신의주교회 이야기를 들려주었다. 해방 전 신의주에 제1교회부터 제7교회까지 세워진 이야기와 더불어 본인이 섬겼던 신의주제2교회에 관해 이야기했다. 또 1933년에 안동(단동)제일교회에서 목사안수 받은 이야기를 하면서 그곳에 한인교회가 세 개 있었다고 말했다. 그 당시 잘 알고 지냈던 정희보 집사 이야기도 했다. 단동의 조선족 칠도교회가 바로 그 집사의 헌신적인 노력으로 건축하게 된 경과도 상세히 설명해 주었다.

강 목사는 한 목사가 안동에서 목사안수를 받았다는 사실이 의아하여 물었다. 사연인즉 당시 조선예수교장로교회의 노회에 신의주와 안동의 교회가 함께 묶여 있었다고 했다. 그때에도 안동 지역에 많은 조선인들이 살고 있었기에, 비록 압록강을 사이에 두었지만 한 동네와도 같았다는 것이었다. 그런 이유로 신의주와 안동의 교회는 '의산노회'에 소속되어 있었던 역사적 배경이 있었다. 강 목사는 한경직 목사로부터 해방 전의 신의주교회와 단동교회의 사연을 상세히 듣고 나서 자신의 단동 방문에 대해 새삼 의미를 되새겨 보았다.

한참 두 지역의 교회 역사를 찬찬히 들려주던 한 목사는 갑자기 슬픈 기색을 띠며 강 목사에게 말했다.

"해방 후 이북 지방이 곧 공산화되어 더 이상 교회 사역을 할수 없었지요. 그때 나는 교인들과 함께 남으로 내려왔어요. 당시 내가 섬겼던 신의주제2교회 주일학교에 김복순이라는 아이가 있었지. 그때 그 아이와 함께 왔어야 했는데, 그 아이를 남한으로 데려오지 못한 것이 지금도 마음 아파…."

한 목사는 갑자기 눈물을 글썽거리더니 이내 울먹였다. 이 이야기를 곁에서 듣고 있던 한 권사가 입을 열었다.

"우리 아버지는 지금도 그 애를 못 잊으셔서, 그 복순이 이야기만 하시면 이처럼 눈물을 흘리세요."

한 권사는 안타까운 표정을 지으며 김복순이라는 사람에 대해 상세히 설명을 해주었다.

"복순이라는 아이는 고아였어요. 게다가 다리가 불구여서 항상 목발을 짚고 다녔었죠. 그 모습을 눈여겨보시던 아버지께서는 보린원이라는 고아원을 만들어서 그같이 어려운 아이들을 돌보시기도 하였어요. 그 아이는 정말 총명하고 믿음이 아주 좋았어요. 그래서 아버지뿐만 아니라 그 교회의 많은 교인들이 그 애를 많이 사랑해 주었어요. 남으로 피난 올 때 아버지께서 그 애를 꼭 데리고 오려 했는데, 복순이는 다리가 불편하니 교회에 남겠다고 했었죠. 마침 피난길에 나서지 않은 성도분들이 그 애를 보살펴 주겠다고 해서 그 애를 데리고 오지 못한 거예요. 그게 마음에 걸려서 그러신지 아버지께서는 지금까지도 복순이에 대해 종종 말씀하시면서 마음 아파하세요."

그 자리에 함께한 여러 권사들과 강 목사는 이내 숙연해졌다. 갑작스레 가라앉은 분위기에 모두가 침묵을 지킬 뿐이었다. 그때 침묵을 깨고 한 목사가 강 목사에게 부탁을 했다.

"강 목사, 다시 단동에 들어가면 그 애를 꼭 찾아보아 주게. 그 애가 살아 있으면 아마 예순이 좀 넘었을 거야. 그 애를 찾으면 한국으로 데리고 오게. 내 집에 방이 하나 더 있으니 나와 함께 있으면 돼."

그것은 사실 현실성 없는 부탁이었다. 그러나 강 목사는 한 목사의 사려 깊은 마음과 복순이를 못 잊어하는 그 심정을 헤아려 보며, 작은 자에 대한 극진한 사랑을 여전히 간직하고 있는 그의 성자다운 신앙에 존경심을 느꼈다.

그는 한 목사의 간곡한 부탁에 차마 불가능한 현실을 말할 수 없어 일단 공손히 답했다.

"목사님, 다시 단동에 가면 제가 찾아보겠습니다."

옆에 앉아 있던 김혜자 권사도 한 목사를 바라보며 말했다.

"목사님, 저희가 다시 단동에 가서 복순이를 꼭 찾아볼게요."

복순이를 반드시 찾아낼 것 같은 단호한 말투였다.

한 목사에게 그런 비현실적인 약속을 한 것은 사실 무책임한 일이었다. 늘 긴장과 적대감으로 팽팽한 남북 관계를 생각해 보

면 상식적으로 북한에 있는 사람을, 그것도 50여 년의 세월 속에
묻혀 버린 노인네를 찾는다는 것 자체가 말이 되지 않았다. 설사
찾아낸다 해도 어떻게 한국으로 데리고 올 수 있겠는가. 두 사람
다 한 목사에게 거짓말을 한 것이나 다름없었다.

강 목사는 김 권사가 한 목사를 위로하려고 그렇게 말한 거라
고 생각했다. 그런데 김 권사는 정말 김복순을 찾아보겠다는 분
명한 의지를 갖고 있었다. 강 목사는 김 권사의 그런 결연한 의지
에 더 당황했다.

일행은 남한산성에서 내려와 함께 식사하면서 복순이를 찾는
일에 대해 더욱 구체적으로 상의를 했다. 긴 논의 끝에 내린 결론
은 어떤 방법으로 찾아낼 것인지 막연하지만, 일단 단동에 가서
시도해 보자는 것이었다. 먼저 그녀가 살아 있는지 확인부터 해
보아야겠다는 생각이었다. 오랫동안 사업을 해온 평양 출신의 여
장부 김 권사는 추진력이 대단했다.

강 목사는 그들과 헤어진 후 곰곰이 생각에 잠겼다. 아무리 머
리를 굴려 보아도 마땅한 방법이 떠오르지 않았다. 일단은 단동
으로 다시 가봐야만 알 일이었다.

며칠 후 김 권사로부터 전화가 왔다. 여행사를 통해 단동까지
가는 교통편을 알아보았다는 것이었다. 중국을 가려면 비자를
받아야 하니 곧 만나자고 했다.

그리하여 1993년 4월, 강 목사와 김 권사를 비롯한 네 사람은

상해를 거쳐 심양행으로 비행기를 갈아타고, 심양에서 단동으로 들어가는 기차를 탔다. 참으로 머나먼 여정이었다.

모든 일이 예상 밖으로 진행되었다.

준비된 만남

한경직 목사의 간곡한 부탁을 받은 강 목사와 김혜자 권사 등 네 명이 머나먼 여정을 거쳐 단동에 도착했다. 오기 전까지 수없이 기도해 왔으나, 막상 도착하고 보니 어디에서 시작해야 할지 누구에게 이 일을 부탁해야 할지 막연했다.

'중국의 변방 도시인 단동에 아무 연고도 없는 우리가 어떻게 50여 년의 세월 속에 묻혀 지낸 북한 사람을 찾아낼 수 있을까?' 아무리 생각해 보아도 무모한 일이었다. 강 목사 일행은 일단 압록강가의 조그만 호텔을 잡아 두었다.

일행은 압록강 구경을 하러 호텔을 나와 강변으로 향했다. 그들과 함께 몇 달 전에 타보았던 유람선을 탔다. 유람선이 신의주 강가에 가까이 접근하였기에 일행 모두 북한의 실상을 면면히 볼 수 있었다. 눈앞에 펼쳐진 북한의 실상과 북한 사람들을 바라보는 권사들의 안색이 어두웠다. 자신들이 생각해 왔던 것보다 훨씬 낙후해 보이기 때문인 듯했다. 고향이 평양인 김 권사는 그 땅을 지척에 두고도 그저 바라만 보아야 했기에 손수건을 꺼내 연신 눈물을 닦았다.

압록강과 신의주 모습을 본 강 목사 일행은 모두 침울한 표정으로 배에서 내려 강변을 따라 걸었다. 그때 마침 도로변 건물에 한글로 '조선풍미점'이라는 간판을 내건 조그만 식당이 눈에 들어왔다. 이미 점심 때가 지났지만, 도착 후 아무것도 먹지 못했으므로 일행은 그 식당에 들어갔다.

식사 시간이 지나서인지 식당에는 아무도 없었고, 후덕해 보이는 주인아주머니 혼자 덩그러니 앉아 있을 뿐이었다. 무료하던 차에 손님을 맞아 반가웠는지 아주머니는 밝은 표정으로 일행을 맞이하며 살가운 말투로 물었다.

"어데서 오셨습네까?"

"서울에서 관광차 왔습니다."

그러자 같은 동포라 반갑다며 더욱 친절히 대해 주었다. 시골 식당 아줌마처럼 친근하고 푸근했다.

"이 식당에서는 무엇이 제일 맛있나요?"

"우리 식당은 다 맛있습네다. 그런데 조선분들은 특히 옥돌 장국을 많이들 좋아합네다. 저희 집에서는 북조선에서 들여온 옥돌에 장국을 끓여 만듭네다."

아주머니는 자랑스레 설명을 곁들였다. 그리하여 일행은 난생
처음 옥돌 된장찌개를 먹게 되었다. 잠시 후 재래식 시골 된장에
버섯과 조개와 다양한 야채들을 넣은 옥돌 장국이 식탁에 올라
왔다. 냄새도 조선 된장 고유의 토종 음식이었다.

그 아주머니는 일행이 식사하는 중에도 곁에 머물러 호기심
어린 말들을 건네었다. 한국에서 온 최초의 손님들이라 어지간
히 반가운 모양이었다. 마치 오랜만에 만난 고향 친구를 대하듯
계속해서 이야기를 이어 가던 아주머니는 갑자기 묻지도 않은
말을 꺼내었다.

"저는 식당을 꾸려 가고 있지만 우리 세대주(남편)는 북조선과
무역을 하고 있습네다. 오늘도 무역 일로 아침에 조선 신의주에
건너갔습네다. 이따 저녁이면 돌아옵네다. 그때 같이 만나서 식
사하시자요."

그 아주머니의 말을 무심히 듣던 강 목사의 귀가 번쩍 열렸다.
이는 분명 하나님의 인도하심이었다. 빌립보에 간 사도 바울이
어디서 예배를 드릴까 고심하고 있을 때, 루디아라는 여인을 통
해 그 지역의 선교 문을 열어 주신 것처럼. 하나님께서는 이 많고
많은 강변의 식당 중 이곳에 발걸음이 닿도록 자연스럽게 인도하
신 것이다.

마침 아주머니의 남편이 북한 신의주를 출입하면서 무역을 하
고 있다니 참으로 놀라운 일이었다. 이는 하나님의 이끄심이 분

명했다. 김복순 할머니를 찾으려면 반드시 신의주와 긴밀한 관계가 있는 사람을 만나 부탁해야 했는데, 하나님께서 그 일을 진행하는 데 적합한 사람을 붙여 주시려고 이 식당에 발길이 닿게 하신 것이었다.

강 목사는 다그치듯 물었다.

"남편께서 몇 시쯤에 오십니까?"

"오는 시간은 일정치 않은데 보통은 해 지기 전에 옵니다."

두루뭉술한 응답에 강 목사는 간곡히 부탁했다.

"아주머니, 남편 되시는 분을 꼭 좀 만나게 해주세요. 그분께 우리가 간곡히 부탁할 일이 있습니다. 다름 아니라 신의주에 있는 한 노인을 찾으려 합니다."

그 말을 들은 아주머니는 더욱 희망적인 말을 해주었다.

"신의주에서 사람 찾는 일이라면 별 어려움이 없을 겁네다."

일행은 일단 저녁 식사를 이 식당에서 하기로 하고 호텔로 돌아와 방에서 초조히 기다림의 시간을 보냈다. 그러면서도 한편으로는 김복순 할머니를 거의 찾게 된 양 한층 고무되었다. 일행은 각자 방으로 흩어져 그 김 할머니를 꼭 찾게 해달라고 간절히 기도했다.

그저 막막한 가능성 하나 품고 머나먼 이 단동까지 왔는데, 하나님께서 발걸음을 헛되지 않게 하시리라는 확신이 들었다. 하나님의 순적한 인도하심이 감사하기도 하고 신기하기도 했다. 저녁이 되기를 기다리며 지루한 시간을 보낸 후 그 식당으로 저녁 식사를 하러 갔다.

그 아주머니의 남편은 아직 와 있지 않았다. 강 목사는 그가 오면 어떻게 설명을 하고 설득해야 할지 곰곰이 생각해 보았다. 혹 그가 자신의 사업에 도움이 전혀 안 되는 일에 개입했다가 일이 잘못되면 불이익을 당할지 모른다고 생각할 수 있는 사안이기에 매우 조심스러운 청탁이 될 수밖에 없었다. 만일 그가 거절하면 어쩔수 없이 포기할 수밖에 없는 일이었다. 그러나 단동이라는 생면부지의 땅에서 아는 사람 하나 없는 마당에 다른 대안이 있을 수 없었다.

강 목사 일행은 일단 저녁 식사를 먼저 하기로 했다. 몇 가지 메뉴를 주문하자 얼마 후 식탁에는 주문도 안 한 큼지막한 잉어 요리가 큰 접시에 담겨 나왔다. 주인 아주머니가 중국에서는 귀한 손님이 오면 잉어를 대접한다면서 마음 좋은 시골 아낙네처럼 극진히 대접을 해주었다. 생각지 못한 환대였다.

잠시 후 키가 큰 40대 중반의 사내가 들어왔다. 아주머니의 남편이었다. 아주머니는 일행을 자기 남편에게 소개했다.

"남조선에서 오셨구만요. 반갑습네다."

강 목사는 '남조선'이라는 단어에 상당한 거부감을 느꼈으나 정작 그 사내는 강 목사 일행에게 매우 친근하고 친절하게 대해주었다. 그들 부부는 한결같이 소탈하고 정감 있었다. 성격이 매우 시원시원한 그가 강 목사에게 명함을 내밀었다. '단동 변방무역 유한공사 동사장 박동성'이라고 찍혀 있었다.

이국땅에서 조선족이라는 명찰을 달고 소수 민족으로 살아가고 있는 그들이었으나, 한국에서 온 생소한 사람들을 친인척 대하듯 살갑게 대하는 부부를 보니 우리 모두가 한민족이라는 동족 의식이 생겨났다.

아주머니는 강 목사 일행의 사연을 남편에게 간략히 전했다.

"조선에서 찾으시려는 분이 친척 되십네까? 주소와 이름과 나이만 알려 주십시오. 나와 함께 무역 일하는 신의주 무역회사 동무들에게 부탁해 보면 찾을 수 있을 겁네다."

대수롭지 않은 듯한 말투였다. 강 목사는 신의주에서 찾고자 하는 김복순 할머니에 대해 상세히 이야기한 뒤, 해방 전에 신의주교회 목사로 계셨던 분의 간곡한 부탁이라는 설명을 덧붙였다. 강 목사의 설명을 다 듣고 난 박 사장은 좀 난처한 표정을 지었다.

"그 할머니의 이름만 알고 정확한 생년월일과 옛날 주소지를 모르면 찾기가 좀 긴장합네다. 그렇다고 국가 기관인 보위부 같은 곳에 부탁하면 오해를 살 수도 있고, 또 거저 이런 부탁을 할 수도 없네다. 그 사람들에게 많은 돈을 고여야 합네다. 내 생각에는 신의주에서 무역하는 동무에게 사적으로 부탁해 은밀히 찾아보라고 하는 것이 안전할 것 같습네다. 나중에 혹 그 할마니를 찾게 되더라도 그 할마니의 신상에 해가 미치지 않게 하려면 비밀스런 공작으로 접근해야 합네다. 너무 급히 일을 진행하면 큰일이 날 수도 있습네다."

강 목사는 그 이야기를 듣는 순간 정신이 번뜩 들었다. 이 일이 생각보다 그리 쉽지 않고, 일을 그르치면 모두의 신변에 위험이 따를 수 있다는 염려가 들었던 것이다. 조금 전까지만 해도 생각보다 금방 찾을 수 있겠다는 생각에 들떠 있던 마음이 한순간에 얼어붙는 듯했다. 함께 자리한 권사들은 근심스런 표정으로 박 사장에게 물었다.

"그럼 어떻게 하는 것이 안전한지요? 기일은 얼마나 걸리나요? 그분을 찾는 데 필요한 경비는 저희들이 다 준비할 터이니 꼭 찾게만 해주세요."

애원하듯 부탁하자 박 사장은 처음 태도와는 달리 신중한 어조로 강 목사에게 말했다.

"강 선생님, 일단 제가 이 일을 착수하겠습네다. 시간이 좀 걸릴 것 같습네다. 제일 중요한 것은 관계된 사람들의 신변 안전입네다. 만일 그 할마니가 살아 있어서 찾아낸다면 끝까지 비밀이 지켜져야 하고, 이 일에 나선 조선 측 제 동무도 위험을 무릅쓰고 여러 경로를 통해 알아봐야 하기 때문에 시간이 들 겁네다. 하야간 최선을 다해 임무를 완수해 보겠습네다."

그의 말에 크게 안심이 된 강 목사는 간곡한 부탁을 덧붙였다.

"박 사장님, 그 김복순 할마니를 찾으시면 사진을 좀 찍어 가지고 오세요. 그 할머니를 찾고 계신 목사님의 연세가 아흔이 넘으셔서 여기 올 수도 없고, 언제 세상을 떠나게 되실지 모르니, 그 목사님의 소원을 꼭 좀 전해 주시기 바랍니다. 그리고 찾게 되면 사진과 편지라도 좀 전해 주십시오."

그 말에 박 사장도 시원스레 응수했다.

"그럼 제가 조선으로 갈 때 좀 위험은 하지만 사진기를 갖고 가겠습네다."

강 목사는 최선을 다하고자 하는 그의 성의에 감동을 받았다. 마지막으로 강 목사는 그에게 작은 성경 한 권을 내밀었다.

"박 사장님도 예수님 믿으세요. 그리고 여기에 있는 교회를 꼭 다니십시오."

"전 예수를 안 믿지만 제 동무 중에는 믿는 사람도 있습네다."

그는 교회를 다니겠다는 말은 하지 않았지만 성경을 받아 들었다. 그렇게 박 사장과의 인연이 이루어졌다. 이제는 그가 어떻게 치밀하게 준비하고 진행하냐에 일의 성패가 달려 있었다. 그는 우리와 헤어지면서 일이 진행되는 대로 연락을 주겠다고 말했다. 일단 신뢰할 만한 북한 측 무역업자와 만나서 가능성을 타진하고 협조를 받는 것이 우선일 터였다.

언제쯤 그 할머니를 찾게 될지 가늠할 수 없었기에 그저 믿고 기다리는 수밖에는 다른 도리가 없었다. 강 목사는 일행과 숙소로 돌아와 다음 일정에 대해 논의했다. 김복순 할머니를 찾는 일이 몇 주가 걸릴지 그 이상이 걸릴지 모르므로 권사들은 일단 한국으로 돌아가기로 하고, 강 목사도 단동을 떠나 처음 사역지였던 하얼빈으로 가는 것으로 결정을 내렸다.

이제 그들이 할 수 있는 일은 기도뿐이었다.

남은 자들

강 목사는 단동에서 다섯 시간 이상 걸리는 열차를 타고 심양으로 가 그곳에서 세 시간쯤 기다린 다음, 하얼빈으로 가는 완행열차를 타고 열 시간 가량을 달려 늦은 밤 하얼빈역에 도착했다. 최초의 선교지였던 그곳에서 그를 극진히 선대해 주었던 한국인 사업가 김 사장 집에 기거하면서, 송화강 건너편의 조선족 마을을 순회하고 성경 학습을 진행했다. 그곳의 성도들은 마치 자신들의 담임목사인 양 강 목사에게 분에 넘치는 대우와 섬김을 베풀어 주었다. 이제는 구면이 된 그들과 강 목사는 꽤 친숙해져 주안에서 믿음의 한 가족이 되어 있었다.

그곳 처소 교회 집사는 지난번 강 목사가 다녀가고 나서 얼마 후, 한국의 목사가 이 마을에 와서 종교 활동을 하고 갔다는 누군가의 신고를 받고 자신의 집에 공안국 경찰이 찾아와서 사실

유무를 조사하고 갔다고 했다. 그 이야기를 전해 들은 강 목사는 지난번처럼 많은 사람들을 모아 놓고 예배와 성경 공부를 시켜서는 안 되겠다고 생각했다. 법적인 처벌을 받으면 다시는 중국에 들어올 수도 없는 일이기에 긴장감을 갖고 지혜롭게 사역을 해야 한다는 경각심이 생겼다.

그날 저녁에도 어느 농부의 집에 몇몇 사람들만 모여 함께 성경 공부를 했다. 마치 비밀결사 조직처럼 외부에 알리지 않고 소수만이 모여 늦은 시간까지 성경 공부를 했다. 농촌 지역이라 집에 전화가 따로 없기에 서로 연락을 주고받을 수 없었다.

그날 밤 그 집에서는 오랜만에 찾아온 강 목사를 환대하는 의미에서 과분한 저녁상을 차려 주었다. 송화강에서 잡은 물고기라며 상에 올려놓았고, 밥은 마치 옛 시골의 머슴밥처럼 큰 주발에 수북이 담아 주었다. 그들의 정성을 생각해서 포만감에도 불구하고 밥그릇을 싹 비우자, 다시 그 그릇에 밥을 더 담아 주었다. 강 목사가 더 이상 못 먹는다고 하자, 그 부부는 "목사님 놀며 놀며 드시라요"라며 시골 특유의 훈훈한 정을 베풀어 주었다.

강 목사는 그날 늦게 잠자리에 들었다. 그들은 귀한 손님이라며 안방 아랫목에 강 목사의 이부자리를 깔아 주었다. 두터운 솜이불의 무게감이 상당했다. 얼마 있지 않아 고역이 시작되었다. 구들장 밑으로 석탄불을 너무 가열해서인지 흡사 지옥의 불을 미리 체험하는 기분이었다. 그는 등으로 누웠다, 옆으로 누웠다,

배로 누웠다. 마치 석쇠 위에 올려진 고등어자반 구이처럼 이리 저리 몸을 뒤챘다. 평생 잊지 못할 지옥의 불찜질이었다.

강 목사는 경운기, 오토바이, 자전거, 인력거, 버스, 기차 등 온 갖 교통수단을 타고 다니며 이 마을 저 마을에 가서 복음의 순회 사역을 하고 다녔다. 약 2주간을 흑룡강성의 하얼빈과 오상 등 조선족 마을의 처소 교회를 순회했다. 그러나 안전상 그 지역이 위험하다고 하여 다시 단동으로 돌아와야 했다.

열다섯 시간 이상 걸려 단동에 도착하자 마치 집에 온 양 안도 감이 들었다. 단동에 도착한 강 목사는 박 사장의 아내가 운영하 는 조선풍미 식당으로 향했다. 주인 아주머니는 반색을 하며 맞 아 주었다. 남편의 소식을 묻자, 그간 신의주를 계속 다니면서 그 할머니를 찾아보았는데 아직 못 찾은 것 같다는 대답이 돌아왔 다. 강 목사는 낙심이 되었다.

그녀는 남편이 저녁에 올 것이니 다시 식당에 들르라고 했다. 강 목사는 장시간의 기차 여행에 피로감이 느껴져 호텔에서 휴 식을 취하기로 했다. 그러나 좀처럼 잠이 오지 않았고, 좋은 소식 을 듣지 못할 것 같다는 생각에 불안하기까지 했다. 이제 한국으 로 돌아갈 날짜도 며칠 남지 않았다. 남한산성에서 복순이 소식 을 학수고대하고 계실 한경직 목사님을 생각하니 걱정이 되었다. 그러나 그가 걱정한다고 해결될 일도 아니고, 그가 나설 수도 없 는 문제이기에 더욱 갑갑하기만 했다. 어쩌면 한 목사님의 얼마 남지 않은 생애에 마지막 소원이 될지도 모르는 일이라고 생각하니, 강 목사의 마음에 막중한 책임감이 느껴졌다.

침대에서 잠시 눈을 붙이고 일어난 그는 저녁 식사도 할 겸 다시 식당을 찾아갔다. 문을 열고 들어서자 반갑게도 박 사장이 기다리고 있었다. 강 목사는 박 사장을 보자마자 소식부터 물었다.

"수고하셨습니다. 그래, 그 김 할머니의 생사나 소식을 알아내셨나요?"

박 사장은 침착한 어조로 답했다.

"강 사장님, 그간 북조선 측의 여러 사람들을 동원해 알아보았습네다. 강 목사님이 단둥을 떠난 후 저는 바로 신의주의 동무들에게 모든 설명을 하고, 경비를 지불해 가며 꼭 찾아 달라고 부탁하였습네다."

박 사장은 강 목사를 사장이라고 했다가 목사라고 하기도 하며 호칭을 섞어 불렀다. 평생 교회를 한 번도 다녀 보지 못했던 그는 목사와 사장이 다르다는 것을 모르는 것 같았다. 그저 조직체의 두목쯤으로 알고 있는 듯했다.

강 목사는 그간의 오랜 경과 보고를 듣기보다는 결과적으로 김 할머니를 찾았는지 못 찾았는지를 먼저 확인하고 싶었다. 그러나 박 사장이 약 2주 동안 최선을 다해 알아본 일이기에 인내심을 갖고 들어야 했다. 박 사장은 말을 이어 갔다.

"제가 이 일을 위해 신의주 압록강호텔에서 부탁을 한 그쪽 동무들과 만나 계획을 세웠습네다. 일단 해방 전에 신의주에 예배당을 다녔던 노인네들을 찾아내야 했습네다. 왜냐하면 그 노인네들이 당시 교회에 대한 일을 누구보다도 잘 알고 있을 테니까요. 예수를 믿었던 노인네가 그 지역 어디에 살고 있는지를 비밀리에 조사하였습네다. 그 일을 알아보는 데만 열흘 가까이 걸렸습네다. 그렇게 수소문해서 찾아낸 노인네가 한 분 있었습네다."

그의 이야기는 매우 장황했다.

박 사장의 북한 측 친구가 찾아냈다는 사람은 해방 전에 신의주제1교회를 다녔다는 80대의 할아버지였다. 박 사장과 신의주 무역회사 친구는 날을 정하여 그 할아버지 집으로 몰래 찾아가기로 했다. 이 일을 위해 박 사장은 신의주 압록강 호텔에 숙소를 정해 놓고 밤에 은밀히 그 할아버지 집으로 잠입하기로 계획했다. 북한에서는 외국인이 일반인 집에 방문하는 일을 금하고 있고, 그 호텔을 벗어나 신의주 시내로 들어가는 것도 금하고 있었기에 그 두 사람의 행동은 참으로 위험천만한 것이었다.

박 사장은 신의주 친구가 마련한 자동차를 타고 그 할아버지 집을 향해 이동했다. 그들은 차를 큰 길에 세워 두고 골목길을 걸어 어느 허름한 집을 찾아냈다.

"주인 동무 계십네까?"

몇 차례 부르자 웬 할머니가 나왔다.

"이 밤에 뉘숩네까?"

"급히 찾는 사람이 있어 왔습네다. 일단 문 좀 열어 주시라요."

그 할머니는 문빗장을 풀면서 중얼거렸다.

"아니, 이 야심한 밤에 무슨 일입네까?"

"우리는 신의주 무역회사 일꾼들입네다. 주인 할아바이 계십네까? 긴히 여쭈어 볼 일이 있어 왔습네다."

할머니는 그들을 방으로 안내했다. 웬 처음 보는 두 사람이 방에 들어오자 할아버지는 불안한 표정으로 물었다.

"무슨 일로 왔습네까? 혹 무슨 조사받을 일이 있는 겁네까?"

두 사람은 일단 할아버지를 안심시켰다. 그러자 그 노인네는 안도의 표정을 지으며 다시 물었다.

"무슨 급박한 일이 있습네까?"

"노인장 어른, 이 야심한 시간에 갑작스럽게 찾아온 것을 용서하시라요. 저희가 이처럼 온 것은 다름 아니라 남조선에 한경직 목사님이라는 분이 해방 전에 교회의 학생이었던 김복순이를 찾아 달라는 부탁을 하셨습니다. 그 부탁으로 제가 이같이 온 것입네다. 할아버님, 저도 하나님을 믿는 사람입네다. 자, 보시라요."

그는 강 목사로부터 받은 작은 성경을 할아버지에게 건네주었다. 노인은 성경을 손으로 만져 보더니 믿기지 않는다는 표정으로 말했다.

"이건 분명 우리 조선에서 만든 성경이 아니외다. 그럼 이 성경이 남조선에서 만들어 온 것입네까?"

"어르신, 이 성경은 제가 남조선에서 온 분들에게 선물로 받은 것입니다. 이제 믿을 수 있겠습네까?"

그는 그제야 긴장과 의구심을 풀고는 편안한 표정으로 대했다.

"아니 그런데, 아까 한경직 목사님이라고 하셨습네까?"

"네, 몇 주 전에 제 식당에 남조선에서 손님들이 오셨지요. 그분들이 저에게 해방 전에 신의주제2교회의 목사셨던 한경직이라는 분이 김복순이를 찾고 계신다면서 저에게 부탁을 하고 가셨습네다. 지금쯤은 아마 60대의 노인이 됐을 거라고 하였습네다. 혹 김복순이라는 사람을 아십네까? 다리를 절어 목발을 하고 다녔고, 부모가 없어 한 목사님이 고아원을 만들어 돌보아 주셨다고 했습네다."

그 노인은 김복순이에 대한 이야기는 하지 않고, 더욱 의아한 표정을 지으며 말했다.

"아니, 한 목사님이 지금까지 살아 계시다니 믿어지지 않습네다. 그러면 그분의 연세가 아흔은 실히 되셨을 텐데…."

"어르신, 그 한 목사님이 살아 계시니까 그런 부탁을 제가 받고 이처럼 위험을 무릅쓰고 온 거 아닙네까? 부탁입네다. 그 김 할마니를 꼭 찾아 주시라요."

그 말을 받은 노인이 아득한 눈빛을 하고는 고백했다.

"저는 해방 전에 신의주제1교회의 교인이었고, 중고등부 학생을 가르치는 집사 노릇을 했습네다. 한 목사님은 제1교회에서 분교된 신의주제2교회 목사님이어서 나는 신의주제2교회의 교인들에 대해서는 모릅네다. 한 목사님은 신의주에서도 모든 사람들에게 존경을 받으신 훌륭한 목사님이시었습네다. 그 목사님이 아직 살아 계시다니 정말 감사한 일입네다."

그 노인은 이어 50여 년의 지난 교회 이야기들을 추억하듯 들려주었다.

"우리 조선에 해방이 되자 바로 이어서 공산주의자들이 새로운 나라를 세웠고, 기독교인들이 공산주의자들에게 핍박을 받기 시작했습네다. 끊임없이 신앙의 자유를 방해받자 많은 기독교인들이 신앙의 자유를 찾아 남으로 내려갔습네다. 특히 한 목사님은 신의주에서 공산당이 주시하는 지도자여서 신변의 위협과 탄압을 많이 받았습네다. 그런 이유로 그분은 부득이 남으로 갈 수밖에 없었습네다. 그때 이 지역의 많은 기독교인들이 남으로 내려갔습네다."

그는 마른침을 삼키며 말을 이어 갔다.

"우리처럼 이 땅에 남은 사람들은 하나님께서 이곳에 남아 통일의 때를 위해 준비하라는 뜻으로 알고 지금까지 신앙을 지켜오고 있습네다. 1·4후퇴 때 저희도 내려갈 기회가 있었지만 하나님께서 허락하시질 않아 지금까지 이곳을 지키고 있는 것입네다. 그래도 이 땅에 적지 않은 기독교인들이 남아 있었습네다. 이제는 세월이 많이 지나서 많은 분들이 통일을 보지 못하고, 이곳에 교회가 다시 세워지는 것을 못 보고 하늘나라로 갔지만, 아직 남아 있는 우리는 아직도 통일의 날을 기다리며 기도하고 있습네다. 우리 노인 중 몇 사람은 주일이면 자신들이 다녔던 예배당의 마당을 돌면서 침묵으로 기도하며 주일 성수를 하고 있습네다. 오로지 저희들은 하나님께서 이 땅에 속히 예배당을 다시 세워 주실 그날을 꿈꾸고 있수다. 또 우리 늙은이들뿐만 아니라 우리 자녀들에게도 신앙을 물려주어 하나님을 잘 믿고 있습네다."

노인은 불현듯 일어나더니 나무 궤에서 웬 보자기를 꺼냈다.

"자! 보시라요. 해방 전에 내가 다녔던 교회의 사진들이외다. 그 당시에는 나도 청년이었수다. 지금은 살아갈 날이 얼마 남지 않았지만, 그래도 다음 세대들이 신앙을 이어 가고 있으니 거저 감사할 뿐입네다."

그가 보여 준 수십 장의 빛바랜 사진들 속에는 어린아이들이며 노인들이 그 당시 목사님과 함께 빼곡히 서 있었다. 그 외에도 그 시절의 인쇄물들이 상당히 있었다. 노인은 이런 사진들과 인쇄물들을 가보보다 더 귀한 것들로 여겨 장롱 속에 50여 년 동안이나 묻어 두고 있었던 것이다.

그 집에 계속 머물러 있는 것이 불안해진 박 사장 일행은 더 이상 지체할 수 없었다. 박 사장은 그 노인에게 재차 부탁했다.

"어르신, 제발 부탁드립네다. 그 김복순 할마니를 꼭 좀 찾아봐 주시라요."

그들이 자리에서 일어서려 하자 노인은 두 사람에게 간곡히 말했다.

"박 선생님, 내래 그 할마니를 일단 찾아보겠수다래. 그런데 내래 부탁이 있습네다. 한 가지는 앞으로 통일이 되면 남쪽으로 내려간 신의주 기독교인들이 이곳에 무너진 교회를 어떻게 다시 세울 것인지 그 계획을 알아 가지고 오시고, 두 번째는 한 목사님이 아직 살아 계시다는 것이 믿어지지 않으니 그 증거를 꼭 좀 가져다 주시라요."

"알갔습네다, 어르신. 제가 부탁받은 이 일을 남조선분들에게 알려 주어야 하는데, 저와 함께 사진 좀 찍을 수 있겠습네까?"

박 사장은 반 강제적으로 그 할아버지를 자리에 앉힌 다음 사진을 같이 찍었다. 그러고는 도망치듯 그 집을 빠져나와 다시 압록강 호텔로 들어가서 날이 새기를 기다리다가, 아침 일찍 국경 문이 열리자마자 단동으로 돌아온 것이었다.

강 목사는 마치 긴장감 넘치는 영화 한 편을 본 기분이었다. 그는 박 사장이 신의주를 다녀와 들려준 이야기에 큰 감동과 도전을 받았다. 그 땅에 신실한 믿음의 신앙인들이 남아 있다는 사실이 믿기지 않았다.

비록 김복순 할머니를 찾아내지는 못하였고, 이에 대한 직접적인 수확은 없었으나 새로운 희망이 생겨났다. 이북 지역 공산화로 모든 교회들이 훼파되어 믿는 성도들 대부분이 남으로 내려갔으나, 그럼에도 그 땅에 남아 있는 일부 기독교인들이 '남은 자'(Remnants)로서 신앙을 지키고 있다는 사실이 놀라웠다. 무너진 그곳에 교회가 재건될 날을 꿈꾸며 준비하는 자들이 남아 있다는 확실한 증거를 보게 된 것이었다.

마른 땅에서 나온 여인

압록강을 다녀온 후 북한 선교에 대한 소명을 품었지만, 구체적으로 어떻게 선교 사역을 해야 할지 막연하기만 했던 강 목사였다. 그러나 한경직 목사님이 찾고자 하는 김복순 할머니를 찾는 일을 계기로 모든 것이 선명해졌다. 북한에 신앙인들이 남아 있다는 확실한 증거를 확인하게 되면서 강 목사는 북한 선교에 대해 한결 확고한 사명 의식을 갖게 되었다. 이는 하나님께서 그로 하여금 북한 선교를 거부할 수 없는 명확한 증거로 삼고자 준비하신 일이었다.

그 이후 강 목사는 단동의 김 집사와 북한 선교에 뜻을 같이하면서 십여 년 이상을 함께 사역했다. 주로 북한에서 건너온 북한 주민들에게 성경을 가르치며 제자 양육을 하면서, 신의주 지역의 탁아소 같은 곳에 양식과 약품과 학용품 등을 지속적으로 지원하는 일을 지속했다.

꾸준히 북한 사역을 해온 지 약 10여 년 만인 2003년 4월, 강 목사는 또 한 번 놀라운 섭리를 체험하게 되었다. 1993년에는 김복순 할머니를 찾는 일로 인해 북한 신의주에 생존해 있는 지하 교회 성도를 간접적으로 확인하게 하셨던 하나님께서 또 다른 만남을 준비해 두셨던 것이다.

하나님께서는 정현숙이라는 매우 연로한 신앙인을 직접 만나 대면할 수 있도록 준비해 두셨다. 아쉽게도 정현숙 할머니는 강 목사가 찾아 헤매던 김복순 할머니와는 다른 신의주제1교회 출신의 여인이었다. 그 할머니는 팔십 평생 신앙을 지키며 살아온 신실한 기독교인이었으며, 나오미처럼 숱한 고난 속에 피어난 복된 믿음의 여인이었다.

한국 방문을 마치고 단둥으로 돌아온 강 목사는 김 집사에게 전화를 걸었다. 그렇지 않아도 김 집사는 그가 언제 오나 기다리고 있던 차였다. 그녀는 강 목사의 목소리가 들리자 마치 무슨 큰일이라도 생긴 듯 반가운 목소리로 말했다.

"강 목사님! 그렇지 않아도 언제 오시나 하고 기다렸습니다. 긴히 만나서 상의할 일이 있으니 내일 아침에 꼭 뵈어요. 저희 집으로 오세요."

평상시와는 퍽 다른 말투였다. 무슨 일인지 더욱 궁금해진 강 목사가 다급히 물었다.

"그동안 무슨 안 좋은 일이 있었나요?"

"제가 얼마 전에 북조선에서 오신 어떤 할머니를 만나게 되었어요. 일제강점기에 신의주교회를 다니셨다고 하시더군요. 한경직 목사님도 잘 알고 있고, 해방 전 신의주 지역의 교회에 대해서도 아주 상세히 알고 계신 노인네세요. 목사님께서 꼭 만나 보셔야 할 분이에요."

그 말을 듣는 순간 강 목사는 정신이 번뜩 들면서 한 가지 기억이 떠올랐다. 몇 년 전 영락교회 북한 선교를 담당하는 하충엽 목사로부터 신의주의 어느 교회 출신이자, 찬양대에서 피아노 반주를 했던 노인이 아직 생존하고 있다는 소식을 들은 것이 생각난 것이다.

당시에는 그 얘기를 귀담아 듣지 않았던 강 목사였다. 그런 일은 현실적으로 불가능하다고 판단했기 때문이었다. 그는 몇 년 동안 기억 속에서 지워 버렸던 그 주인공을 내일이면 대면할 수 있다는 사실이 몹시 기대됐다.

강 목사는 약속 시간에 맞추어 김 집사의 집으로 갔다. 현관에 들어서자 소파에 매우 왜소하고 연약해 보이는 노인이 앉아 있었다. 그의 허리는 활처럼 휘어져 있었고, 안경을 쓴 채 머리에는 챙이 달린 모자를 쓰고 있었다. 그 노인은 집에 들어서는 강 목사를 물끄러미 바라보았다.

김 집사가 강 목사를 소개했다.

"할머니, 이분이 제가 말씀드렸던 강 목사님이세요."

강 목사는 공손히 머리 숙여 노인께 자신을 소개했다.

"할머니, 뵙게 되서 반갑습니다. 저는 한경직 목사님이 섬기신 교회를 다녔던 강 목사라고 합니다."

그 말을 들은 노인은 자리에서 일어나 허리를 더욱 굽히며 인사를 했다. 김 집사는 그 노인을 편의상 권사님이라고 존칭했다. 그분은 평안도 사투리로 말했다.

"반갑수외다. 하잘것없는 늙은이를 위해 이처럼 시간을 내주시니 뭐라고 해야 할지…. 그저 고맙수다."

그분은 평북도 선천 출신이었고 1919년생이었다. 노인의 얼굴과 말투에서 질곡의 세월이 느껴졌다. 거친 손이며 깊이 주름진 얼굴이 수많은 세월의 풍상을 겪은 나무의 나이테처럼 보였다. 노인의 가련한 모습을 바라보는 것만으로도 마음 한구석이 아릿해져 왔다.

"권사님, 이처럼 만나게 된 것이 다 하나님의 인도하심이라고 생각합니다. 그렇지 않아도 지금까지 김 집사님하고 10여 년 이상 북한 사람들을 대상으로 복음 사역을 해왔었는데, 이처럼 오래전부터 하나님을 믿어 왔던 연로하신 분을 만난 것은 처음입니다. 참으로 기적 같은 일입니다."

노인은 강 목사의 말에 깊이 공감하며 입을 열었다.

"저도 정말 생각지 못한 가운데 오랫동안 북한 선교를 해오신 목사님을 뵙게 된 것이 감사하고 놀랍습네다. 그런데 한경직 목사님의 교회를 다니셨다고 하시니 마치 제가 다닌 교회의 목사님을 뵈온 듯하여 더욱 기쁩네다. 한 목사님은 제가 아주 어렸을 때와 여고 시절에 선천북교회에서 뵈온 적이 있었습네다. 그런데 오늘 그 한 목사님의 교회 출신인 분을 이곳에서 뵙게 되다니. 거저 감격스러울 뿐입네다."

강 목사는 마치 이산가족이라도 만난 양 기분이 고조되었다. 이 뜻 깊은 순간을 그냥 흘려보내면 안 되겠다는 생각에 강 목사가 찬송가를 펼쳐 들며 말했다.

"권사님, 저희가 이같이 하나님의 은혜로 만나게 되었는데 먼저 찬송가를 함께 부르죠."

노인 또한 흔쾌히 응했다.

"좋습네다."

그 말을 듣고 있던 김 집사는 방에 들어가 성경찬송가를 들고 나왔다. 강 목사가 물었다.

"권사님께서 평소에 제일 좋아하는 찬송가가 있으면 말씀해 주세요. 어느 찬송가를 부를까요?"

"'지금까지 지내 온 것'을 부릅세다."

지금까지 지내 온 것 주의 크신 은혜라
한이 없는 주의 사랑 어찌 이루 말하랴

자나 깨나 주의 손이 항상 살펴 주시고
모든 일을 주 안에서 형통하게 하시네

　노인은 눈을 지그시 감은 채 무언가 음미하듯 진지하게 찬송을 불렀다. 이 찬송은 그녀가 살아온 삶의 굴곡진 인생에 대한 본인의 고백이었다. 그 음성은 연로한 나이로 인해 매끄럽지 않았지만 박자와 음정은 정확했다.

　노인은 강 목사와 함께 여러 찬송을 불렀다. 그 찬송가 중에는 해방 후에 새로이 편성된 것도 있었는데, 그런 것도 낯설어하지 않고 정확히 불렀다.

　"권사님, 처음 보는 찬송일 텐데 잘 부르시네요."

　"네, 악보를 보고 불렀습네다."

　"아니, 지금도 악보를 보고 그렇게 정확하게 부르시다니 놀랍습니다."

　노인은 젊은 시절 평양교향악단의 피아노 연주자였었다고 말하며 겸연쩍게 웃었다. 찬송을 함께 부른 후 김 집사가 이 자리를 마련한 이유를 설명했다.

　"강 목사님, 권사님이 중국에 오신 목적은 한국과 미국에 있는 친척을 찾고자 하는 것이에요. 그동안 권사님께서 혼신의 힘을 다해 그들을 찾고자 했지만 번번이 허탕이었어요. 그래서 강 목사님이 오시면 말씀을 드리고 권사님께서 그렇게도 원하시는 이산가족 찾는 일을 부탁드리려고 하는 것이에요. 그동안 한국에서 오신 몇 분들께 부탁드려 보았지만, 아무 회답이 없는 데다가 중국 체류 기간 만기일이 얼마 남지 않아 곧 조선으로 돌아가야 하는 그런 촉박한 처지에 있어요. 강 목사님께서 좀 힘을 써주셨으면 합니다."

그 말을 옆에서 듣고 있던 노인이 강 목사에게 말했다.

"강 목사님, 초면에 너무 어려운 일을 부탁드려 정말 죄송합네다. 강 목사님께서는 한국에 자주 가시고, 미국에도 가신다고 들었습네다. 거저 이 늙은이의 마지막 소원 외면치 마시고 도와주시라요."

"알겠습니다. 제가 힘 닿는 대로 최선을 다해 보겠습니다. 마침 제가 다음 달에 한국에 다시 다녀올 일이 있습니다. 쉽지는 않겠지만 하나님께서 도우시면 얼마든지 가능할 것입니다. 할머니께서 평생을 기도해 오신 일인데, 하나님께서도 그 마지막 소원에 꼭 응답하실 겁니다. 그러니 이제 낙심치 마시고 힘내어 기다려 보세요."

강 목사는 노인이 왜 이토록 간절히 한국에 있는 이산가족을 찾으려 하는지 궁금했다.

"권사님, 그런데 실례지만 한국에 계신 이산가족과는 어떤 관계이신가요?"

강 목사의 질문에 노인은 잠시 눈을 감더니 이내 사연을 이야기하기 시작했다.

"내가 이번에 많은 어려움을 무릅쓰고 강을 건너온 것은 해방 전에 저와 결혼한 남편의 후손을 찾기 위해서입니다. 그 양반이 해방이 되면서 남쪽으로 피신하여 떠났는데, 그만 그것이 우리의 영영한 이별이 되었습니다. 그 이후로 이번에 중국에 함께 온 아들과 60여 년의 세월을 보냈지요. 내 인생 살 날 얼마 남지 않았고, 아들도 어느덧 나이 예순이 되었지요. 이제는 내가 이 아들에게 남한의 남편 후손과 상봉을 시켜 주는 것이 어미로서의 마지막 도리라 생각되어 이처럼 건너온 것입네다. 강 목사님께서 이 주소지를 찾아내 주시어 우리 남편의 후손들을 꼭 좀 만나게 해주시라요."

그 권사님이 꺼내어 보여 준 주소 쪽지는 여러 번 접혀 있었다. 그 쪽지를 받아 쥔 강 목사는 주소지를 안 이상 별 어려움이 없을 것이라고 생각했다. 자신의 목적과 처지를 허물없이 다 털어 놓은 할머니의 간절함을 생각하니, 강 목사도 그 일이 마치 자신이 감당해야만 하는 일인 양 생각되었다. 그 일의 성사 여부를 떠나서 평생 하나님을 믿어 온 연로한 북한의 신앙인을 직접 만났다는 자체가 매우 의미 있는 일이라는 마음이 들면서 하나님의 인도하심이 더욱 절실히 느껴졌다.

노인의 인생 여정은 그야말로 기구한 '여자의 일생'이었다. 태어나면서부터 나라를 빼앗긴 일제강점기에 암울한 시절을 보내야 했고, 해방된 지 얼마 안 되어 엄습해 온 공산 치하의 격랑을 몸으로 저항하면서 거친 세파에 시달리며 살아온 사연 많은 일생이었다.

강 목사는 하나님께서 이 일을 어떻게 인도하실지 전혀 예측할 수 없었지만, 북한 상식으로는 거의 불가능한 중국 방문을 이루어 주신 것 자체가 두 모자에 대한 각별한 하나님의 인도하심이라는 생각이 들었다.

노인과의 만남 후, 강 목사는 그분에 대한 생애를 떠올려 보며 부탁받은 일을 곰곰이 생각해 보았다. 그날 밤 늦은 시각 김 집사로부터 전화가 왔다.

"목사님, 오늘 그 권사님을 만나 주셔서 감사해요. 목사님 덕분에 그분이 큰 힘을 얻었습니다. 제가 갑자기 전화를 드린 것은 재정 문제 때문인데요, 두 모자께서 지금 생활에 많은 어려움을 겪고 계세요. 당장 생활비가 다 떨어졌는데 다음 주에는 방세도 내야 하고…. 목사님께서 그분들을 좀 도와주셨으면 해요. 지금 그 노인이 묵고 있는 집은 너무 불편하고 비위생적인 곳이에요. 죄송하지만 제가 가까이에서 돌봐 드릴 수 있는 곳에 방을 새로 얻어 드렸으면 해요."

김 집사의 간곡한 부탁을 받은 강 목사는 쾌히 승낙을 하고 내일 그 할머니를 다시 만날 수 있도록 약속을 잡아 줄 것을 요청했다. 그리고 가능하다면 당장 내일이라도 좀 더 나은 집으로 이사를 해드리라고 말했다.

　다음 날 저녁, 김 집사 집에서 함께 식사를 하며 여러 시간에 걸쳐 노인의 인생 여정을 들었다. 어린 시절부터 지금까지, 어느 한 순간도 순탄치 않았던 고난의 삶이었다.

　북녘의 나오미, 정현숙. 그 기구한 여인이 몸으로 엮어 나간 한 편의 인생 파노라마였다.

2장

꿈에도 잊은 적 없습네다

구하옵나니 나를 건너가게 하사 요단 저쪽에 있는 아름다운 땅, 아름다운 산과 레바논을 보게 하옵소서 하되(신 3:25).

기도하면 됩네까?

"현숙아! 네가 합격했단다. 그것도 일등으로 합격했다니 도저히
믿기지 않는구나. 꿈인지 생시인지 모르겠다. 명신학교 유사 이래
최초의 성적이라며 학교에서도 경사가 났다고 한다."

풍금 소리 울리면

"땡그랑 땡그랑."

선천의 어느 작은 마을에 예배당 종소리가 울려 퍼지며 주일 아침 예배 시간을 알렸다.

"애, 현숙아! 일어나야지. 오늘 주일인데. 빨리 일어나거라. 그 래야 할머니하고 같이 예배당에 가지."

할머니는 나를 흔들어 깨웠다.

그제야 눈을 비비고 일어난 나는 말했다.

"할머니, 빨리 예배당에 가야 해요. 오늘 선생님께서 새로운 율동과 찬송을 가르쳐 주신다고 했어요."

우리 온 가족 삼대가 다니는 교회는 선천북교회다. 1897년에 선천에서 제일 먼저 세워져 그 지역의 모교회가 되었고, 휘트모어, 베어드 등의 선교사들이 이 교회를 평안도와 이북 지역의 선교 거점지로 삼아 활동했다. 그리고 신성학교와 보성여학교를 설립해 교육, 문화, 의료 분야에도 기여했다.

온 가족이 교회에 예배 드리러 가는 주일에는 마치 봄날에 소풍이라도 가는 양 모든 식구들이 들떠 있었다. 나는 교회를 걸어가는 도중에 할머니에게 생떼를 부렸다.

"할머니, 나 다리 아파요. 업어 주세요."

때로는 거리에 주저앉기도 했다. 할머니는 으레 그러는 나를 등에 업고는 찬송가를 흥얼거리며 예배당으로 향하셨다.

예배당에 당도한 우리 가족은 나를 주일학교 유년부 예배실에 내려놓고 본당으로 예배를 드리러 갔다. 나는 선생님의 손을 붙잡고 풍금 소리가 제일 크게 들리는 맨 앞자리에 앉았다. 예배가 시작되자 고사리 같은 두 손을 모으고 기도했다. 이어서 풍금 소리에 맞추어 어린이 찬송가를 불렀다.

> 예수께로 가면 나는 기뻐요
> 걱정 근심 없고 정말 즐거워
> 예수께로 가면 나는 기뻐요
> 나와 같은 아이 부르셨어요

내 시선과 마음은 온통 풍금을 향해 있었다. 선생님의 손과 발에 맞추어 나오는 노래가 마치 하늘에서 들려오는 소리 같았고,

선생님의 모습은 마치 하늘에서 내려온 선녀 같아 보였다.

예배당을 다녀온 그날 밤에도 할머니는 잠자리에 들기 전 나를 무릎 위에 앉혀 놓고 기도해 주셨다.

"사랑이 많으신 하나님 아버지. 오늘 온 식구들이 아버지의 거룩한 전에 나아가 예배를 드리게 하심을 감사드립니다. 하나님 아버지께서 저희 온 가족을 늘 은총의 날개 아래 품어 주시고 사랑하는 손주들 예수님의 어린 시절같이 키가 자라나고 지혜가 날로 자라나 하나님 앞에 귀하고 복되게 쓰임 받게 하옵소서. 사랑이 많으신 우리 주 예수님의 이름을 높이 받들어 기도 드리옵나이다. 아멘!"

기도가 끝나자 내가 할머니께 물었다.

"할머니, 나도 풍금을 치는 선생님이 되게 해달라고 하나님께 기도 드리면 내 소원을 들어주시나요?"

할머니께서는 나를 보며 기특하다는 듯 웃으셨다.

"그럼! 하나님께서는 믿음 있는 어린이에게 못해 주실 것이 없지. 교회에서 풍금을 치고 싶으면 지금부터 열심히 기도하고 착하고 바르게 살면 된단다. 그러면 그 꿈을 꼭 이루어 주실 거야."

"정말이죠? 할머니, 그러면 이제부터 그렇게 기도할게요."

할머니의 말에 자신감을 얻은 나는 그날부터 열심히 기도했다. 예배당에서 풍금을 치는 선생님의 모습을 떠올리면서 나도 그렇게 될 수 있게 해달라는 기도를 하며 잠자리에 들었다. 그렇게 내 꿈은 조금씩 커져 갔다. 하지만 우리 아버지는 동네에서 자전거를 고쳐 주는 조그만 점포를 하고 있었기에, 풍금을 살 만한 형편이 못 되었다.

어느 날 집 근처의 소학교에 새로운 음악 선생님이 오신다는 소문이 돌더니, 정말 새 선생님이 학교에 부임했다. 마침 그 선생님이 이사 온 집이 우리 집과 매우 가까웠다. 그 선생님이 이사 온 뒤로 저녁이면 풍금 소리가 들려 왔다. 교회에서만 들을 수 있었던 풍금 소리를 매일 들을 수 있어 행복했다. 나는 저녁이 오기를 손꼽아 기다렸다. 교회에서는 들어 보지 못한 새로운 곡조들이 싸리문 사이로 들려 올 때면, 그 소리가 그렇게 아름답고 신비로울 수 없었다. 풍금 소리만 나면 강아지처럼 귀를 쫑긋 세우고 귀동냥하듯 집중하여 들었다.

그러던 어느 날 저녁, 처음 보는 여자가 우리 집을 찾아왔다. 그녀는 할머니와 함께 툇마루에 앉아 있었는데, 그 옷차림이나 몸가짐이 우리 동네의 여자들과는 달리 신여성의 모습을 하고 있었다. 정말이지 신식 멋쟁이였다. 그녀는 다름 아닌 그 동네 소학교의 음악 선생님이었다. 그분이 할머니를 찾아온 이유는 그 선생님의 아기를 돌봐 줄 사람을 구하기 위함이었다. 할머니는 갑작스런 부탁에 바로 대답을 못하고 그저 동네에서 알아보겠다고만 말씀하셨다. 그날 밤 잠자리에 들기 전 기도를 마친 나는 할머니에게 졸라 댔다.

"할머니! 오늘 오신 그 선생님의 아기, 제가 돌봐 주면 안 될까요? 제가 그 아기에게 교회에서 배운 노래도 들려주고 동생처럼 업어도 줄게요."

막무가내로 떼를 써보아도 할머니는 빨리 자라고 하시며 섣불리 대답을 안 하셨다.

할머니께서는 동네 곳곳을 다니며 애 볼 사람을 찾으셨다. 하지만 조그만 동네에 그런 적임자가 있을 리 없었다. 그러자 할머니도 몹시 걱정을 하셨다. 이를 눈치챈 나는 더욱 보챘다. 내가 그처럼 할머니를 졸라 댄 것은 돈을 벌기 위함이 아니었다. 바로 선생님의 집에 있는 풍금 때문이었다.

결국 동네에서 사람을 구하지 못한 할머니께서는 날마다 보채었던 나를 데리고 그 선생님 집에 가셨다.

"선생님, 참으로 죄송스럽게 되었습니다. 선생님께서 부탁한 사람을 다 알아는 보았는데 적당한 사람을 못 구했어요. 그래서 제 손녀딸이라도 될까 해서 이렇게 데리고 왔습니다."

선생님은 잠시 나를 보더니 탐탁지 않은 말투로 물으셨다.

"얘야, 너는 몇 살이냐?"

그러자 할머니께서 갑자기 손으로 나를 막으시며 대답하셨다.

"우리 손녀가 벌써 학교를 다녀야 할 나이지만 집안 형편상 아직까지 학교를 못 보내고 집안일을 시키고 있습니다."

마치 큰 잘못을 저지른 죄인이라도 된 듯 부끄러워하셨다.

그 선생님은 측은하게 생각되었는지 다시 나의 나이를 물어보셨다. 나는 당장이라도 아기를 보라고 허락할 것 같아 조금도 부끄러움 없이 당차게 말했다.

"네, 저는 열 살이에요. 힘도 세고 튼튼해서 아기 잘 볼 수 있어요. 제가 내 동생도 업어 주고 잘 돌보고 했는데요!"

그리하여 아이 보는 일이 내게 맡겨졌다.

그다음 날 나는 마치 상장을 받으러 가는 학생처럼 그 선생님이 아침 일찍 학교로 가기 전에 그 아기를 받아 안았다. 나는 마치 어린 동생을 다시 본 것처럼 그 아기를 잘 돌보아 주었다. 그러나 처음부터 내 관심거리는 오직 풍금이었다. 아기를 업고도 풍금 근처에서만 왔다 갔다 했다. 그 집에서 풍금은 마치 보물과도 같은 것이었다. 다행히도 그 풍금은 선생님 방이 아닌 마루에 놓여 있어 접근하기가 좋았다.

처음에는 풍금을 가까이에서 바라보는 것만으로도 만족스러웠고 가슴이 두근거렸다. 그러던 어느 날 나에게도 배짱이 생겼는지 풍금을 만져 보고 싶어졌다. 나는 조심스레 뚜껑을 열어 건반을 눌러 보았다. 그 풍금은 선생님들만이 소리를 내는 것으로 알고 있었는데, 내가 건반을 눌러도 소리가 나는 것이 마냥 신비로웠다. 나는 마치 도둑질하듯 처음으로 풍금을 만져 보았고, 콩닥거리는 가슴을 억제하면서 건반을 가까이 하게 되었다.

풍금 건반에 익숙해지면서 교회에서 배운 찬송가 멜로디를 건반으로 눌러 대자 찬송가 곡조의 음이 흘러나왔다. 정말 신기하고 놀라운 일이었다. 나는 잠든 아기를 눕혀 놓고는 내가 아는 찬송가 멜로디를 따라 건반을 눌러 소리를 내면서 곡조를 흥얼거렸다. 정말이지 경이로웠다. 이제 아기 보는 일은 안중에도 없었다. 어느 날부터인가는 아기가 자지 않는 시간에도 포대기에 업은 채로 건반을 눌러 대는 일로 시간을 보냈다.

그러던 어느 날, 아기를 등에 업은 채 풍금을 치고 있는데 그만 포대기 끈이 느슨해지면서 아기 몸이 등에서 허리로 자꾸만 흘러내렸다. 자세가 불편해지자 아기가 마구 울어 대었다. 혹시 내가 잘못해서 큰 병이 난 건 아닐까 겁이 났다. 몇 번을 얼러 보아도 여전히 울음을 그치지 않았다. 이러다 아기가 죽을 수도 있다는 생각이 들자 울컥 눈물이 났다. 나는 아기를 내려놓고 함께 울었다. 그러다 갑자기 선생님이 오실까 덜컥 겁이 난 나는 그 집 앞마당 꽃밭에 숨고 말았다. 아기는 여전히 소리 내어 울었다.

그때, 갑자기 문소리가 들리더니 할머니가 헐레벌떡 집으로 뛰어 들어오셨다. 아기 혼자 마루에서 울고 있는 것을 발견한 할머니가 얼른 아기를 업고는 내 이름을 불러 대셨다. 나는 그제야 안심을 하고 할머니에게 달려가 품에 안겼다.

그날 저녁 나는 할머니께 모든 자초지종을 털어놓으며 내 속마음을 고백했다.

"할머니, 제가 잘못했어요. 풍금이 너무 치고 싶었어요. 그래서 아기를 보겠다고 한 거예요."

할머니는 내 마음을 이미 알고 계셨는지 훌쩍거리시면서 눈물을 닦아 내셨다.

"현숙아, 앞으로 내가 아기를 보는 대신 너에게 풍금을 가르쳐 달라고 선생님께 부탁해 보마. 우리 집 형편에 네게 풍금을 가르쳐 줄 순 없지만, 내가 대신 애 보는 품값을 풍금 배우는 것으로 하면 될 것 같다. 내일 선생님께 간청해 보마. 선생님이 허락하시면 너는 풍금을 배우기만 해라."

할머니의 말씀에 나는 하늘을 나는 기분이었다. 아직 결정된 일은 아니었지만 이미 그렇게 다 된 것같이 기뻤다. 그다음 날 저녁, 할머니께서 밝은 표정으로 들어오시면서 내 이름을 크게 부르셨다.

"현숙아! 선생님께서 너에게 풍금을 가르쳐 주시겠다고 했다. 그뿐만 아니라 너를 학교까지 보내 주시겠단다. 하나님께서 너의 기도에 응답해 주신 거야. 이렇게 좋을 수 없구나."

그 이야기를 옆에서 듣던 어머니가 기쁨의 눈물을 터뜨리셨다. 딸이 학교에 갈 나이임에도 궁핍한 가정 형편 때문에 보내지 못한 것을 늘 가슴 아파하셨던 어머니께서는 생각지도 못한 이 선물이 믿기지 않는 모양이었다. 우리는 꿈인지 생시인지 실감이 나지 않아 계속 눈물만 흘렸다.

사실 나도 이웃집 또래 아이들이 아침에 책가방을 메고 학교에 가는 모습을 보면 부럽기 그지없었다. 부모님께 나도 학교에 보내 달라고 여러 번 앙탈도 부려 보고 울면서 떼를 쓰기도 했지만 소용없는 일이었다. 아버지의 벌이로는 내 아래 남동생만 학교를 보낼 수 있는 형편이었기 때문이다. 가까스로 글을 읽고 쓰는 것을 터득했지만, 내게 학교는 어떤 방법으로도 갈 수 없는 머나면 곳일 뿐이었다. 그저 교회의 주일학교가 내게 유일한 학교였다. 그런데 이제부터 학교에 가게 되었다니…. 내가 기도하지 않은 것까지도 하나님께서 이루어 주신 것이다.

할머니께서 말씀하셨다.

"너에게는 선생님이 일생일대의 큰 은인이시다. 내일 선생님께 인사를 드리러 가자."

할머니께서는 없는 돈을 마련하여 시장에서 계란 한 꾸러미를 사다 놓으셨다. 그날 밤, 할머니와 함께 눈물의 기도를 드렸다.

"나의 기도에 응답해 주신 하나님 아버지, 소원을 이처럼 빨리 들어주셔서 감사합니다. 그리고 다른 애들처럼 학교 다니게 해주셔서 고맙습니다. 앞으로 하나님도 더 잘 믿고 공부도 열심히 해서 하나님이 기뻐하시는 딸이 되겠습니다."

아버지께서는 우리 믿음의 딸을 하나님께서도 매우 사랑하신다는 증거로 학교에 보내 주신 것이라며, 공책과 연필 등 학용품을 사가지고 오셨다. 어머니께서는 책가방은 너무 비싸서 못 사주신다며 꽃무늬가 있는 보자기를 주셨다. 나는 어머니가 주신 그 보자기에 학용품을 쌌다 풀었다 하기를 수십 차례 했다.

선생님이 집으로 돌아오실 시간에 맞추어 할머니 손을 잡고 길을 나섰다. 선생님 댁으로 가는 도중에 할머니가 말씀하셨다.

"현숙아, 네 평생의 은인인 선생님께 공손히 인사드리고, 앞으로 열심히 공부해서 훌륭한 사람 되겠다고 말씀드려라."

선생님은 우리를 반갑게 맞아 주셨다. 나는 할머니가 말씀해 주신 대로 감사 인사를 드리며 그 앞에 넙죽 엎드렸다.

"선생님, 큰절 받으세요."

선생님께서는 당황해하시면서 내게 말씀하셨다.

"현숙아, 이제 내일부터는 학생이 되니 부모님께 기쁨을 드리도록 열심히 공부하거라. 할머니 말씀으로는 풍금 치는 선생님이 되는 게 네 소원이라던데, 내가 시간 나는 대로 가르쳐 주마."

나는 선생님의 말씀에 귀를 의심했다. 학교에 다니도록 해주시는 것만 해도 감지덕지한 일인데, 풍금까지 가르쳐 주신다니 너무도 감사할 뿐이었다. 이로써 나의 모든 꿈이 단번에 이루어졌다. 나는 선생님의 말씀에 다시 한 번 큰절을 드렸다.

그날 밤 나는 세상에 누구보다도 행복한 공주가 된 양 잠을 이룰 수 없었다. 이제 오늘 밤만 자고 나면 책보를 메고 학교에 가게 된다. 학교 다니는 친구들과 함께 어울리며 학생이 된다는 일이 도무지 실감나지 않았다. 그날 밤 나는 책보를 가슴에 꺼안은 채 잠이 들었다.

이른 아침에 일어난 나는 부산을 떨었다. 학교 친구들에게 예쁘게 보이고 싶은 욕심에 다음에는 학교 입고 갈 예쁜 옷을 사달라며 어머니께 미리 닦달을 해댔다. 할머니는 내 머리 위에 나비 모양의 핀을 꽂아 주셨다. 나는 아침을 먹는 둥 마는 둥 하다가 이내 숟가락을 놓고 학교에 오라는 시간보다 훨씬 앞당겨 집을 나섰다. 문 앞까지 나와 주신 할머니와 어머니께서는 내 뒤에 대고 당부하셨다.

"넘어지지 말고, 잘 공부하고 오너라."

책보를 허리에 질끈 맨 나는 마치 날개 달린 새처럼 학교로 날아갔다. 이제는 부러울 것 없는 세상이 되었다. 늦깎이 학생이었지만 누구에게도 지지 않으려고 공부를 열심히 했다. 그뿐만 아니라 수업이 끝난 후에는 약속대로 선생님께 풍금을 배웠다. 나는 선생님의 아기를 업고 학교에 다시 가서 풍금이 있는 교실에서 개인 지도를 받았다. 선생님은 악보 보는 법과 음악 이론을 가르쳐 주셨다.

"너는 다른 아이들과는 다르게 박자와 음정 감각이 매우 뛰어나구나. 다음 달부터는 풍금 말고 피아노를 가르쳐 주마."

선생님의 칭찬에 내 귀를 의심했다. 풍금이라도 족한 내게 분에 넘치는 피아노를 가르쳐 주신다니. 믿기지 않는 말이었다. 그당시 피아노는 큰 예배당과 도심지 학교에나 있었기에 감히 만져볼 수 없는 악기였다.

바이엘로부터 시작된 피아노 학습은 달을 거듭하면서 실력이 일취월장했다. 선생님께서도 나의 피아노 연주 실력을 놀라워하시면서 그 재능을 한껏 높여 주셨다. 방학 때에도 학교에 나오게 하여 집중 지도를 해주신 덕분에 피아노 소나타 곡도 연주하게 되었다. 피아노뿐만 아니라 학업에서도 뛰어난 실력을 발휘해 전교에서 우등을 늘 유지해 동네에서도 이웃들의 부러움을 샀다.

나의 꿈은 이렇게 영글어 갔다. 선생님께서는 나에게 교회에서도 어른들 예배에 피아노를 반주할 수 있도록 알선해 주셨다. 그 당시 피아노는 어른들이나 다루는 악기였기에 소학교 학생이 교회에서 반주하는 일은 없었다.

어느 날 선생님께서는 나에게 노래를 한 번 불러 보라고 하셨다. 선생님은 내게 음성도 좋고 노래도 매우 잘한다고 하시면서 노래 공부도 시켜 주셨다. 몇 년 전만 해도 코흘리개로 교회의 풍금을 바라보며 막연히 꿈만 꾸던 내가 피아노까지 연주하게 된 것은 놀라운 기적이었다. 선생님은 나를 친딸처럼 사랑해 주시며 재능을 한껏 펼칠 수 있도록 나의 앞길을 닦아 주셨다.

선생님은 방학이 되면 찬양단을 만들어 선천과 가까운 지방의 학교와 교회를 다니며 순회 공연도 추진하셨다. 그때 선생님께서는 나를 댁으로 불러 자신이 평소에 입었던 옷을 뜯어서 다시 재단을 하여 공연 무대의 옷을 만들어 주셨다. 그 옷을 입은 나는 마치 동화 속에 나오는 공주가 된 듯했다.

선생님은 나에게 피아노 연주뿐만 아니라 공연 무대에서 독창을 하도록 자리를 마련해 주시기도 했다. 나는 많은 회중 앞에서 노래 솜씨도 뽐내었다. 방학이 되면 이런 순회공연을 했다. 그 공연단은 학교와 교회에서 악기와 노래와 춤 등에 재능이 있는 아이들을 뽑아서 꾸려진 것이었다. 그 공연은 시골 학교 수준이었으나, 공연 대상이 시골 사람들이었기에 그런대로 많은 이들에게 관심을 끌었고 극진한 환영을 받았다. 이러한 공연 소식이 다른 지방에도 알려지면서 난생 처음 철마를 타고 가슴 설레는 지방 여행도 하게 되었다. 그때의 경험은 잊을 수 없는 좋은 추억거리로 내 기억에 새겨졌다.

특히 여러 공연 중에 국경을 넘어 중국 만주의 조선 동포들이 살고 있는 북간도의 연변 지역과 독립투사들이 많이 활동했던 용정 등 먼 곳까지 열차를 타고 외국 공연도 했다. 그때 내가 부른 노래 가운데 많은 사람들의 심금을 울린 노래가 두 곡 있었다.

월사금

1절
상학종이 쳤는데 어떻게 할까
집으로 돌아갈까 들어가 볼까
월사금이 없어 학교 문 밖에

나 혼자 섰노라니 눈물만 나네

2절
집으로 돌아가면 우리 어머니
쫓겨 온 나를 붙들고 또 울겠지
월사금이 없어서 학교 문 밖에
나 혼자 섰노라니 눈물만 나네

이 노래를 부를 때면 다른 친구들처럼 학교에 못 가서 늘 기가
죽어 있었던 얼마 전의 시간이 떠올랐다. 어느 때는 학교에 너무
가고 싶어서 애들과 함께 학교 문까지 갔다가 울면서 다시 돌아
오기도 하고, 학교에 들어가 교실에서 공부하고 있는 동무들을
보고 돌아와서 어머니께 학교 보내 달라고 울고불고 했던 기억들
이 새록새록 생각나면서 감정이 복받쳐 올랐다. 슬픔을 억제하
지 못해 울먹이며 이 노래를 부를 때면, 공연장 여기저기서 눈시
울을 붉히며 눈물을 닦는 사람들도 있었다.

봉선화

1절
나는 조그만 봉선화 씨외다

까만 몸 홀로 떼굴 굴러서
검은 흙 속에 묻히는 것은
새봄을 다시 보렴이외다

2절
나는 조선의 어린이외다
배우고 배우고 배우는 것은
슬기롭고 담대한 조선을
다시 보렴이외다

　이 노래를 특별히 자주 불렀던 이유는 교회에서 나라와 민족을 사랑하고 이 나라를 바로 세워야 한다는 애국 애족 정신을 배웠기 때문이다. 또한 일본의 압제에서 벗어나 어느 나라보다 강한 나라를 세우기 위해서는 열심히 배우고 선진 문화를 익혀야 한다는 계몽적인 노래였기 때문이기도 하다.

　일제의 강압에 눌린 채 열등한 민족으로 무시를 당하며 살아온 아픈 역사를 생각하며, 나는 누구보다도 열심히 배우고 자랑스러운 조선인이 되어야 한다는 꿈을 어린 가슴에 새기었다. 특히 만주 간도 지방에 흩어져 사는 조선 동포들은 어린 내가 보기에도 무척 힘겨운 삶을 살아가고 있었다. 압록강과 두만강 건너편의 북간도, 남간도⋯. 황무지였던 그 땅에 벼농사와 밭농사를 개간하여 근근이 살아가는 조선 동포들은 일본인들과 중국인들에게 멸시를 받으며 한 맺힌 삶을 살 수밖에 없었다. 그들에게 이 노래는 새싹들의 희망의 노래나 다름없었다.

소학교 어린이 공연단은 흡사 시골 유랑악단 같은 허술한 공연을 선보였지만, 보기 드문 어린이들의 공연에 많은 동포들이 관심을 가졌고 아낌없는 갈채를 보내 주었다. 공연 일정은 예정보다 길어지게 되었다. 생각지도 않은 곳에서 우리를 초청해 준 덕분에 우리는 만주의 북쪽인 신경(장춘)과 하얼빈까지 가서 공연을 했다. 우리가 가는 곳은 대부분 우국충정의 뜻을 새기고 나라를 되찾겠다는 독립투사들이 많이 활동하는 곳이기도 했다. 선생님께서 이처럼 만주 지역으로 인도하신 것도 이런 공연 활동을 통해 애국 애족 정신을 깨우쳐 주기 위한 목적도 있었다.

어린이 공연단은 일찍이 집을 떠나 본 적이 없었으나, 대장정의 공연에도 피곤해하거나 불평 불만을 품지 않고 모든 공연을 즐겁게 잘 감당했다. 이런 공연을 본 적이 없었던 그 지역의 우리 동포들은 마치 자기 자식같이 아껴 주고 격려해 주었다. 공연이 끝나면 많은 사람들이 우리를 찾아와 먹을 것과 학용품 등을 선물로 사주고 갔다.

어떤 아주머니는 선생님께 양해를 구한 뒤 나를 상점으로 데리고 가서 그렇게도 입어 보고 싶던 세라복과 등에 메는 가죽 가방, 가죽 구두를 사주었다. 이러한 용품들은 아주 부잣집 애들

아니면 일본 애들이나 소유할 수 있는 것이었다. 그야말로 꿈속에서나 가져 볼 수 있는 물건들이었다. 우리 가정 형편으로는 도저히 살 수 없는 고급 용품들을 전혀 모르는 사람을 통해 선물받았다. 나는 세라복과 어깨에 메는 가죽 가방을 걸친 채 거울을 보면서 동화 속의 공주가 된 듯한 기분에 흠뻑 취하곤 했다.

모든 공연 일정을 성황리에 마친 후 기차를 타고 압록강 철교를 건너서 선천역에 당도했다. 우리가 돌아온다는 소식을 접한 학교와 교회와 학부모들은 마치 승전고를 울리며 개선하는 군인들을 맞듯 대대적으로 환영해 주었다. 그날 어머니는 나를 알아보지 못했다. 세라복에 가죽 가방을 메고 가죽 구두를 신은 부잣집 딸의 모습이었기 때문이다. 늘 누추한 차림으로 들판을 뛰어다니던 딸을 못 알아본 것은 어쩌면 당연한 일이었다.

꿈에 그리던…

　명신소학교 졸업을 몇 달 앞둔 어느 날 선생님께서는 나를 조용히 부르시더니 조심스레 말씀하셨다.

　"현숙아, 너도 이제 이 학교를 졸업할 때가 다 되었구나. 다른 학생들은 상급 학교 입학을 위해 준비하고 있는데, 너는 부모님과 학교 가는 문제를 상의해 보았느냐?"

　그 말에 갑자기 눈물이 핑 돌아 고개를 떨궜다. 근근이 살기에도 어려운 형편에 남동생과 여동생도 학교에 다니고 있었기에 상급 학교까지 욕심을 낼 수는 없었다. 혹여 부모님의 마음이 더욱 아플까 하여 상급 학교에 대해서는 감히 입도 떼지 못하고 있던 터였다. 그렇지 않아도 그 문제로 혼자 가슴앓이를 하고 있었기에 잠도 제대로 이루지 못하던 요즘이었다. 선생님께서 이처럼 내게 관심을 가져 주신 것은 너무도 감사한 일이었지만 가난한 우리 가정 형편으로는 불가능하다는 것을 알았기에 나는 선생님 앞에서 주체할 수 없는 눈물만 줄줄 흘렸다. 선생님께서는 내 등을 어루만지며 위로해 주셨다.

"현숙아, 내가 부모님을 만나서 학교 문제를 상의해 보마."

"선생님, 부모님이 왜 상급 학교 진학을 생각하지 않으셨겠어요. 저를 생각해 주시는 것은 감사하지만, 아무래도 저희 집에 오시지 않는 게 좋을 것 같아요."

나는 부모님의 마음을 상하게 하고 싶지 않았다. 선생님께서는 우리 가정 형편을 어느 정도 알고 계셨기에 애써 위로의 말을 건네 주셨다.

"현숙아, 너무 걱정하지 마라. 좋은 방법이 있을 수도 있단다."

선생님과 면담을 마친 후 나는 더 큰 고민에 잠겼다. 정말 선생님이 우리 집에 오시면 어떡하나 하는 새로운 걱정을 떠안게 된 것이다. 저녁 시간에 문소리만 나면 선생님이 꼭 집 안으로 들어오실 것만 같아 마음을 졸였다. 그러나 며칠이 지나도 선생님은 우리 집에 오시지 않았다.

아마 선생님께서도 우리의 어려운 가정 형편을 알아보시고 나의 진학 문제를 포기한 것이라고 짐작했다. 그러나 내 가슴 깊은 곳에는 학업에 대한 열망이 사그라지지 않고 있었다. 다시 집에서 허드렛일만 하면서 살게 될 것인지, 아니면 피아노를 배우게 되었던 그런 기적이 다시 일어나게 될지는 하나님만이 아실 것이었다. 그 상황에 내가 할 수 있는 것이라고는 기도밖에 없었다.

"하나님 아버지, 가난한 우리 가정 형편으로는 상급 학교를 갈 수 없다는 것을 하나님은 아십니다. 저는 꼭 여중학교에 가고 싶습니다. 몇 년 전에 저를 소학교에 가게 하시고 피아노까지 배우도록 도와주셔서 내 기도의 소원을 다 이루어 주셨습니다. 다시한 번 더 하나님의 도우심을 소원합니다. 저도 다른 아이들처럼 세라교복을 입고 학교에 다니고 싶고, 피아노도 더 배우고 싶습니다. 저는 봉선화 씨앗처럼 작은 소녀이지만 다시 저를 불쌍히여겨 주셔서 조선의 훌륭한 사람이 되도록 도와주시고, 저의 배움의 길을 열어 주세요."

나는 밤마다 이불을 뒤집어쓴 채 할머니 몰래 눈물을 훔치며 기도했다. 주일이면 누구보다도 일찍 예배당에 가서 마룻바닥에 엎드려 하나님 앞에 눈물로 간절히 나의 소원을 아뢰었다.

만일 내가 상급 학교에 가게 되면 두 동생 중 하나는 학업을 포기해야 했다. 우리 가정 형편으로는 세 명 모두가 다 학교에 다니는 것이 불가능했다. 그러니 장녀인 내가 막무가내로 고집을 부릴 수 없었다. 아무래도 내가 학업을 포기하고 두 동생의 학업을 위해 돈벌이를 하는 것이 현명한 일 같았다.

며칠 후 대낮, 아버지께서 상기된 표정으로 집에 들어오셨다. 문에 들어서시자마자 내 이름을 다급히 부르시던 아버지는 나를 가까이 오라 하시더니 말씀을 시작하셨다.

"현숙아! 그동안 학교 가는 문제로 얼마나 마음고생이 심했니. 애비로서 어찌 네 마음을 몰랐겠냐. 누구보다 더 영특하고 착한 딸을 마땅히 상급 학교에 입학하도록 해주어야 했는데, 너도 잘 알다시피 우리 가정 형편상 그럴 수가 없었단다. 이게 다 이 못난 애비 때문이다. 네 엄마도 속이 까맣게 타 들어가도록 마음고생이 이만저만이 아니었다."

아버지의 말씀을 듣고 있는 동안 내 가슴은 콩닥거렸다. 아버지가 아예 상급 학교 진학을 포기하라는 이야기를 하시려는 것인지, 아니면 공부를 더하라는 허락을 하시려는 것인지 분별이 되지 않았다. 아버지는 곧이어 밝은 목소리로 말씀하셨다.

"현숙아! 조금 전에 선생님께서 우리 점포에 찾아오셨다. 너의 입학 문제를 불쑥 꺼내시기에, 우리는 가난해서 더 이상 공부를 시킬 수 없다고 단호하게 말씀드렸다. 그랬더니 너는 학업 성적도 뛰어난 데다 피아노도 잘 쳐서 장래가 촉망되는 학생이라며 그냥 포기하기에는 너무 아깝다고 하시지 않겠니. 월사금이 없더라도 학업을 계속할 수 있는 방법이 있다고 하시기에 그런 방법도 있냐고 물었다. 그랬더니 학업 성적이 좋으면 장학금을 받을 수 있어 돈을 안 들이고도 공부를 할 수 있다고 하는구나. 첫 입학금만 내고 그 이후에 우수한 성적을 유지하면 그 이후에는 월사금을 내지 않고도 공부를 할 수 있다는 거다. 그래서 내가 첫 입학금은 내 몸뚱이라도 팔아서 입학금을 해결하겠다고 했다. 그러자 선생님께서 그럼 상급 학교를 가는 것으로 알고 준비 시키겠다고 하시면서 기뻐하며 돌아가셨다. 그러니 너는 오늘부터라도 상급 학교에 붙을 수 있도록 열심히 공부하거라."

전혀 상상치도 못한 이야기를 들은 나는 마치 구름에 떠 있는 기분이 들었다. 이 말을 부엌에서 듣고 계시던 어머니께서는 뛰어나와 그게 정말이냐며 나를 붙들고 한참을 우셨다. 나 또한 어린애처럼 엉엉 소리내어 울었다. 다음 날 나는 학교에 가서 선생님께 큰절을 올리며 인사를 드렸다. 그날부터 나는 매일 늦은 밤까지 등잔불을 켜놓고 공부에만 집중했다.

선생님께서 몇몇 학교를 추천하며 설명해 주셨다. 황해도 개성 근처에 있는 학교로서 이북 지방에서는 명문이었다. 미국 선교사가 1899년에 주일학교로 시작하여 세운 호수돈여학교였다. 생전 처음 듣는 이름이었다. 부모님 역시 그 학교의 이름을 모르셨다. 하루하루 먹고살기에도 빠듯한 생활을 해오신 부모님이 명문 학교에 대해 잘 모르는 것은 당연한 일이었다. 또한 나 같은 시골뜨기 소녀가 전국의 명문 학교에 응시한다는 것 또한 상상치도 못한 일이었다. 선천의 조그마한 소학교에서는 늘 우등생이었지만, 이번 시험은 달랐다. 전국의 우등생들이 응시하는 학교에 과연 합격이 될까 싶어 두렵기까지 했다.

나 자신이 앞으로 꿈을 펼치는 사람이 되기 위해서는 실력을 배양하고, 다른 사람들과의 경쟁에서 반드시 이겨야 한다는 생존 경쟁 의식을 이때부터 갖게 되었다. 호수돈여학교에 들어가는 것만이 대대로 이어 온 가난을 물리치고, 남들보다 당당하게 살 수 있는 유일한 길이라는 것을 상기하며 스스로 마음을 다졌다. 할머니께서도 성경의 에스더 이야기를 들려주시면서 내게 많은 격려와 위로와 기도를 해주셨다.

입학시험까지는 약 세 달 정도의 시간이 남아 있었다. 나는 수면을 줄여 가며 이른 새벽까지 공부하고, 잠자리에 들기 전에 간절한 기도를 습관처럼 했다. 입학시험일이 다가오자 긴장감이 더해 갔다. 그럴수록 나는 벼랑 끝에 매달려 있는 양 죽을 힘을 다해 시험 준비를 했다.

드디어 입시 소집 날짜가 잡혔다. 나는 하루 전날 개성으로 가는 열차를 타야 했다. 역전까지 배웅을 나온 어머니는 삶은 달걀과 밥을 사먹으라며 쌈짓돈을 손에 쥐어 주셨고, 할머니께서는 꼭 합격하라며 엿을 가방에 넣어 주셨다. 선생님께서도 역까지 나와 격려해 주셨다. 선천역에는 나와 같은 호수돈학교에 시험을 치르러 가는 학생들이 몇 명 있었다. 그들과 함께 한 열차를 타고 개성으로 향했다.

개성에 도착한 우리 일행은 호수돈여학교를 둘러보았다. 교정에는 아름다운 4층짜리 석조 건물이 우뚝 서 있었다. 외국 학교처럼 멋스러운 모습에 압도되었다. 내가 다녔던 조그만 소학교 건물과는 비교가 안 되었다. 이런 훌륭한 학교에서 공부한다면 평생의 소원을 다 이루는 것이나 다름없겠다는 생각을 했다.

다음 날 시험을 치렀다. 내가 이전에 풀어 보지 못한 고난이도의 문제들이 출제되었다. 최선을 다해 시험에 임했지만, 과연 합격이 될지는 자신이 서지 않았다. 그날 시험 치르러 온 아이들과 함께 따라온 부모들의 옷차림에 더욱 위축감이 들었다.

그날 저녁 기차를 타고 사리원을 거쳐 집으로 돌아왔다. 호수돈여중에서 시험을 치른 뒤로 내가 한낱 우물 안 개구리였다는 사실을 알았다. 앞으로 큰 사람이 되기 위해서는 더 넓은 세상으로 나가야 된다는 새로운 각오도 들었다.

이제 한 달 정도 지나면 선천 명신학교로 시험 결과 통보가 올 터였다. 하루하루 날이 갈수록 가슴이 타들어 가는 듯했다. 그날이 언제인지를 모르기에 더욱 긴장이 됐다. 만약 합격이라면 선생님께서 알려 주실 것이었다. 시험은 끝났지만 책을 놓을 수 없어서 방안에 틀어박혀 공부를 하며 간간이 소일도 했다. 합격발표 날짜가 바짝 다가오자 더욱 초조해졌다.

그러던 어느 날, 아버지가 나를 부르는 목소리가 들렸다.

"현숙아! 네가 합격했단다. 그것도 일등으로 합격했다니 도저히 믿기지 않는다. 꿈인지 생시인지 모르겠다. 명신학교 유사 이래 최초의 성적이라며 학교에서도 경사가 났다고 하는구나."

나 역시 그 말이 믿기지 않았다. 합격만 해도 감지덕지한데, 한낱 시골 학생에 불과한 내가 수석 합격을 했다니… 꿈속에서나

들을 수 있는 말 아닌가. 그런데 아버지께서 전해 주시는 소식은 분명 생시였다. 나는 아버지께 달려가 품에 안겨 큰 소리로 엉엉 울었다. 부모님도 마당에 주저앉아 상갓집 상주처럼 우셨다.

1934년, 드디어 자랑스러운 호수돈여중의 학생이 되었다. 나는 세라복을 입고 입학식에 참석하여 상도 받았다. 우아한 유럽식 석조 건물인데다 현대식 기숙사 시설도 갖춘 학교에서 나는 지금까지 생활해 온 것과는 전혀 다른 선진 문화 환경을 맛보았다. 시골뜨기 소녀가 하루아침에 신데렐라가 된 듯한 기분이었다. 마치 애벌레가 껍질을 벗고 나와 나비가 된 것 같은 감격적인 일이었다. 나는 다른 아이들에게 시골 티 내지 않고, 가난한 모습도 안 보이려고 나를 관리하는 일에 온 신경을 쏟았다.

호수돈학교에는 조선인 선생님들뿐만 아니라 미국에서 온 선교사들이 영어와 음악 등을 지도했다. 그중 음악 선생님은 어렸을 때부터 피아노 교육을 받아 실력이 상당히 수준급인 학생들을 개인 지도했다. 이를 알게 된 나는 그 미국인 선생님을 찾아가서 나도 선생님께 피아노 개인 교습을 받고 싶다고 말했다. 선생님은 피아노 악보를 보이시면서 나더러 연주해 보라고 하셨다.

다행히도 어렵지 않은 곡이었다. 긴장된 마음으로 피아노 앞에 앉아 음표를 보며 차분히 연주했다. 연주를 마치고 심판대 앞에 선 사람처럼 긴장하고 있자, 그 선생님은 "원더풀!"이라고 외치셨다.

"매우 탁월하구나. 기초를 조금만 더 닦으면 훌륭한 피아니스트가 될 수 있겠어."

선생님은 내 어깨를 두드리며 격려해 주시더니, 일주일에 두 번씩 개인 교습을 해주겠다고 약속하셨다. 그 후 미국 선생님의 개인 교습을 정기적으로 받으면서 자연스레 영어 회화 실력도 늘어 선생님과 영어로 대화도 하게 되었다.

하나님께서는 나의 학업뿐만 아니라 피아노 연주 실력도 키울 수 있도록 명문 학교로 인도해 주셔서 더 높이 날 수 있게 날개를 달아 주신 것이었다. 나는 도심지 출신인 아이들, 부잣집 아이들과의 경쟁에서 지지 않으려고 지나칠 정도로 공부와 피아노 연습에 열중했다.

그리하여 3학년이 된 1936년, 전국 피아노 콩쿠르에서 일등을 거머쥐게 되었다. 그 소식이 사진과 함께 신문에 소개되어 선천의 많은 사람들에게 알려지게 되었다. 이 일로 동네 사람들은 우리 집을 가리켜 '개천에서 용난 집'이라 불렀다.

배워야 한다

학업에 열중하던 어느 날, 청천벽력 같은 편지 한 통을 받았다. 집안의 가세가 기울어 더 이상 두 동생의 학비와 나의 기숙사비를 대줄 수 없으니, 이제 학업을 그만두고 집으로 돌아오라는 어머니의 편지였다. 그동안 나는 우수한 성적으로 장학금을 받아서 월사금을 내지 않고 공부해 오고 있었다. 그때 할머니와 어머니는 세 자식을 뒷바라지하기 위해 동네의 허드렛일을 도맡다시피 하여 부족한 아버지의 벌이에 보탬을 주고 있었다.

그러나 해가 갈수록 교육비가 늘어나자 부모님께서도 더 이상 버틸 수 없으셨는지 내게 학업을 포기하라고 말씀하신 것이었다. 그동안 어머니께서는 매달 기숙사비로 15원씩 보내 주었는데, 당시 그 돈은 쌀 다섯 말을 살 수 있는 상당한 액수였다. 우리 가정 형편으로는 결코 적은 돈이 아니었다. 그 정도의 돈은 우리 부모님의 등골을 휘게 하기에 충분한 크나큰 액수였다.

이런 소식을 전하시는 어머니의 마음은 얼마나 괴로우실지 충분히 짐작이 갔다. 지금까지 얼마나 힘이 드셨기에 그런 모진 결정을 하셨을까 생각하니 어머니의 결정을 더 이상 모른 척할 수가 없었다. 내가 더 이상 못 배우더라도 두 동생들만큼은 희생시키지 말아야겠다 판단했다. 특히 남동생을 생각하면 더욱 그러했다. 그 아이는 어렸을 때부터 수재라는 소리를 들었고, 학업에 특출한 성적을 유지하고 있었다. 부모님은 아들의 장래를 위해 힘에 부치는 학비를 대가며 평양에 보내어 공부를 시키셨다. 두 자녀의 유학비에 세 식구가 매달려도 학비를 지탱할 수 없어 결국 주변 사람들에게 많은 빚을 지고 있는 상황이었다.

그동안 이런 어려운 가정 형편에도 오직 학업에 열중할 수 있었던 것은 학교의 사감이신 전선애 선생님 때문이었다. 나를 끔찍이도 사랑해 주시고 늘 물심양면으로 많은 도움을 주셨다. 만일 이 편지를 보여 드리고 학교를 떠난다면 전 선생님이 뭐라 하실지 두려웠다. 그렇다고 몰래 도망칠 수도 없는 노릇이었다. 그러나 지체할 수 없는 일이기에 일단은 물건을 정리하기 시작했다. 짐을 싸면서도 흐르는 눈물을 주체할 수 없었다.

이런 나의 모습을 본 룸메이트가 사감 선생님께 그 사실을 알린 모양이었다. 갑자기 방문이 열리더니 전 선생님이 들어오셨다. 그분은 평소답지 않게 큰 소리를 지르셨다.

"현숙아, 왜 짐을 싸고 있느냐? 그럴 만한 이유가 있으면 선생님한테 와서 상의를 해야지. 네 맘대로 짐을 싸서 학교를 떠나려는 거냐? 도대체 무슨 연유냐?"

화를 내시는 선생님께 가만히 그 편지를 내밀었다. 선생님은 그 편지를 다 보시고는 눈물을 흘리며 나를 감싸 안으셨다.

"네 형편이 이처럼 어려운 줄 몰랐구나. 가정에 더 많은 어려움이 있을지라도 학업을 포기해서는 안 된다. 어서 짐을 풀어라. 이럴수록 마음을 더 새롭게 하고 학업에 열중하거라. 지금까지 너는 모든 면에 모범적으로 잘 해오지 않았느냐. 내가 힘 닿는 대로 도와줄 테니 학업에 대해 걱정하지 말거라."

전 선생님의 극진한 배려로 나는 다시 마음을 다잡고 학업에 더욱 몰두할 수 있었다. 전 선생님은 아침에 기숙사 예배를 인도하실 때마다 우리에게 늘 좋은 말씀을 들려주셨다. 그분은 내 생애에 잊을 수 없는 은인이자 영적 어머니였다.

그 이후 나는 틈만 나면 시간을 내어 뜨개질을 했다. 부잣집 친구들에게 장갑과 양말, 스웨터를 만들어 팔아 적은 돈이나마 집으로 송금을 했다. 모쪼록 동생들의 학비에 보탬이 되길 바라는 마음이었다.

어머니의 품처럼 넓고 따스한 호수돈학교는 내 인생의 못자리와도 같았다. 그곳은 내 꿈을 힘껏 펼칠 수 있는 배움의 터전이었다. 1937년 어느 날, 온 학교가 뒤숭숭했다. 백두산 밑 혜산 보천

보라는 곳에서 독립투사들이 무장 투쟁으로 일본군을 물리치고 승리를 거두었다는 동아일보 기사 내용이 학생들 사이에 삽시간에 전해졌다. 학생회장은 학급 부장들을 소집했다. 학생회장은 삐라 한 뭉치씩을 나누어 주면서 내일 종소리가 나면 일제히 독립 만세를 외치며 교문 밖으로 나가라고 지시했다. 회장은 그 자리에 모인 학급 부장들에게 속히 일본의 속박에서 벗어나야 한다며 새로운 민족정신을 일깨워 주었다.

다음 날 수업 도중 갑자기 요란한 종소리가 나자 온 학생들이 교실을 박차고 나갔다. 하지만 학교 정문 앞에는 이미 긴 칼을 찬 일본 순사들이 가로막고 있었다. 우리 앞에는 이미 다른 학교 남학생들이 진을 치고 있었다. 그 대열에 끼지 못한 채 마음만 앞선 여학생들은 숨 가쁘게 "조선독립만세! 조선독립만세!"를 외치고 있었다. 우리는 더 이상 앞으로 나갈 수 없었다. 잠시 후 학생들의 궐기 대열은 더 증원된 일본 헌병대에 의해 무력으로 진압되고 말았다.

연약한 여학생들이 독립 만세를 외친다고 해서 독립이 주어지는 것은 아니었지만, 우리의 가슴속에도 조국의 독립을 향한 끓는 정신이 있다는 것을 그들에게 보여 주었다는 것으로 만족해야 했다. 그다음 날 학교 게시판에는 선생님 한 분이 투옥되었다는 것과 학생회장 외 세 명이 정학 처분을 당했다는 가슴 아픈 소식이 내걸렸다. 그 후에는 호수돈학교에 일본인 선생 세 명이 더 부임했고, 일본어로 수업을 못 하는 교사는 철직되어 교단에서 물러나야 했다. 그뿐만 아니라 일본 순사 같은 사람이 수시로 학교를 감찰하고 다녔다.

그해 어느 날 충격적인 소식을 들었다. 그동안 내가 어머니만큼이나 의지하고 따랐던 사감 선생님께서 갑자기 학교를 그만두신다는 것이었다. 고당 조만식 장로님과 결혼하게 되었기 때문이라고 했다. 그 당시 전 선생님은 미국으로 유학을 가시기 위해 준비 중이셨다. 나의 정신적 지주였던 분과 영영 이별하게 된다는 사실에 갑자기 고아가 된 기분이었다. 전 선생님께서는 나를 자신의 사무실로 부르셨다.

"현숙아, 네가 누구보다도 나를 따르고 의지했던 걸 왜 내가 모르겠니. 사람은 누구나 만남과 헤어짐 속에 살게 되어 있단다. 네 졸업 때까지 내가 곁에 있으면 서로가 좋겠지만, 인생사가 그렇게 맘대로 되는 것은 아니잖니. 나도 전혀 생각지 못한 일을 선택하게 되었단다. 내가 결혼하게 되는 분은 우리 조선의 해방과 계몽운동을 위해 헌신하고 계시는 조만식 선생님이란다. 다음 주에는 모든 걸 정리하고 평양으로 가야 하는데, 그곳에서도 결코 너를 잊지 않을 테니까 너무 상심치 말아라. 이번 여름방학이 되면 꼭 놀러 오너라. 내가 수시로 너에게 편지할 테니 서신으로 피차 왕래를 하자."

전 선생님은 어깨를 들먹이며 우는 나를 진정시키시려 애를 쓰셨다. 그분이 학교를 떠나는 날 학교 전체가 텅 빈 것 같았다. 나에게는 너무도 큰 빈자리가 되었지만, 축복된 새 삶을 찾아가시는 것이기에 기쁘게 보내 드려야만 했다. 나는 슬픈 마음을 지우려 애쓰느라 한동안 홍역을 앓듯 아팠다.

그해 여름방학 집으로 내려간 나는 선천북교회에서 피아노 반주와 찬양대 지도로 봉사를 했다. 그때 마침 신의주제2교회 담임인 한경직 목사님께서 우리 교회 사경회를 인도하시기로 했는데, 찬송가 반주를 내가 맡게 되었다. 한 목사님이 교회에 오신 날, 나는 직접 찾아뵙고 인사를 드렸다. 그분은 우리 고모부 목사님과 개인적인 친분 관계가 있으셨다. 나의 어린 시절 고모부와 한 목사님이 우리 집에 오신 적이 있었다. 그때 한 목사님께서 우리 할머니께 포도주 담그는 방법을 알려 주셨던 기억이 선했다. 그 후 할머니는 정성스럽게 포도주를 담가서 선천북교회 목사님께 갖다 드렸고, 그 포도주가 성찬식 때 사용되었다. 사경회 때 한 목사님께서는 내게 피아노 연주 실력이 매우 뛰어나다며 칭찬해 주셨다. 또 떠나시는 날 내게 작은 선물을 주시기도 했다. 그 후 한 목사님에 대한 소식은 전혀 들을 수 없었다.

전 선생님이 학교를 떠나가신 지도 일 년이 넘었다. 어느 날 전 선생님으로부터 편지가 왔다. 이번 겨울방학에 평양에 꼭 놀러 오라는 다정한 내용이었다. 그동안 여러 차례 편지를 주고받으며 선생님으로부터 많은 격려와 사랑을 받았었다. 나는 전 선생

님과 남편 되시는 분인 조만식 장로님께 무슨 선물을 해드리는
게 좋을지 고민이 되었다. 그분 뜻에 어울리는 특별한 선물을 하
고 싶었다. 고민 끝에 조선 반도 바탕에 무궁화 꽃송이가 피어 있
는 수를 놓아 드리기로 결정하고, 밤잠을 줄여 가면서 수를 땀땀
이 놓아 갔다.

　마침내 기다리던 평양 방문 날짜가 바짝 다가왔다. 난생 처음
가보는 평양이었다. 선생님께서는 몸소 평양 역전까지 나오셔서
나를 반갑게 맞아 주셨다. 전 선생님을 보자 울컥 눈물이 쏟아져
내렸다. 반가운 마음과 동시에 그간의 힘겨웠던 일들이 떠올라
만 가지 감정이 한꺼번에 솟구쳤다. 선생님 품에 안긴 나는 두 손
으로 선생님의 허리를 감은 채 한참을 있었다. 선생님 앞에 나는
한낱 어린아이 같았다.

　"그동안 네가 마음고생이 많았나 보구나."

　부드럽게 내 등을 두드려 주시던 선생님께서는 장로님께서 기
다리시니 빨리 가자며 걸음을 재촉하셨다.

　조 장로님께서는 나를 반갑게 맞아 주셨다. 장로님을 처음 대
면한 나는 다소 긴장한 상태였는데, 그분은 자애로운 표정으로
나를 바라보시며 자상한 할아버지처럼 대해 주셨다. 당시 조 장
로님은 조선 모든 사람들에게 존경받는 민족 지도자였다.

　전 선생님께서는 손수 저녁 식사를 준비하여 대접해 주셨다.
장로님의 모습과 집 곳곳에서 근검한 분위기가 그대로 느껴졌다.

식사를 마치자 전 선생님이 다과를 준비해 주셨다. 장로님께서는 내게 평생 잊지 못할 귀한 말씀을 해주셨다.

"조선 청년들이 배워야 하는 것은 나라를 되찾고, 다른 나라보다 부강한 나라를 건설하기 위한 것이다. 이 시대 청년들에게는 역사적 사명이 있어야 한다. 비록 지금은 일본 치하에 있지만 백의민족의 명예를 떨쳐야 한다. 우리나라는 오래전부터 예의 도덕이 밝은 동방의 예의지국이었다. 지금 학교에서 일본 말을 배운다고 하여 일본에 정신적으로 예속되어서는 안 된다. 나라 없는 설움이 집 없는 설움보다 더한 것이다. 우리 조선에 교육을 받지 못한 여성들이 많은 것이 우리의 가슴 아픈 현실이다. 너는 누구보다도 열심히 공부하여 신학문을 많이 배워서 장차 조선 여성 계몽 운동에 앞장서서 일하거라. 그래야만 우리 조선이 일본의 압제에서 벗어나고 우리도 일본 못지않은 나라를 세울 수 있는 것이다."

조 장로님은 일찍이 일본에 건너가 명문 대학에서 법학을 공부하고 오신 분으로, 시대의 선각자이자 많은 이들에게 신앙적 사표가 되신 분이었다. 그날 저녁 조 장로님께서는 장시간에 걸쳐 청년들이 가져야 할 애국 애족의 사상과 신앙적인 많은 덕담을 들려주셨다. 그날 조 장로님은 나의 향학열에 많은 자극을 주셨을 뿐만 아니라, 앞으로 살아가야 할 도리에 대한 규범도 많이 이야기해 주셨다.

조 장로님과 대화를 마치고 난 후, 정성스럽게 준비해 간 선물을 내밀었다. 장로님께서는 선물을 펴보시더니 매우 흡족한 표정을 지으며 칭찬을 아끼지 않으셨다.

"정 양은 피아노만 잘 치는 것이 아니라, 손재주도 아주 뛰어나구만. 어떻게 이런 훌륭한 작품을 만들었을까! 이 자수는 내가 소중히 잘 보관해 두고 보마. 수고 많이 했을 텐데, 고맙구나."

그 말씀을 하신 뒤 조 장로님은 전 선생님께 준비해 둔 선물을 갖고 오라고 하셨다. 전 선생님은 장롱에서 작은 상자를 꺼내시더니 고급 만년필을 내게 건네주셨다. 난생 처음 만져 보는 귀한 것이었다. 그때부터 나는 그 만년필을 늘 몸에 지니고 다녔다. 나의 영원한 스승인 전 선생님과 조 장로님이 주신 값진 정표였기에, 그 만년필을 나의 분신과 같이 여겼다. 그런데 23년 후인 1961년, 그것을 내 손에서 떠나보내고 말았다. 조선 전역에 불어닥친 성분 검열과 숙청 사건 당시에 정치범으로 몰려 감옥에 갈 때 압수당했던 것이다.

조 장로님을 뵙고 난 후, 일본의 사찰계 형사들이 조 장로님을 연금 상태로 가두었다. 그뿐만 아니라 그분과 친밀한 주변의 청년들을 뒷조사하기까지 했다. 해방 후 조선에 공산정부가 수립된 후에는 김일성이 조 장로님과 손을 잡으려 했다는 소문을 들은 바가 있었다. 그 후에는 조 장로님과 전 선생님에 대한 소식을 전혀 들을 수 없었다. 아마 월남하셨거나 다른 나라로 망명했을 것이라고 생각해 볼 뿐이었다. 그런데 50여 년이 지난 후, 중국에서 만난 강사무엘 목사님의 이야기를 듣고 내 가슴이 무너지는 것만 같았다. 6·25전쟁 중 연합군의 반격에 인민군이 후퇴할 때 조 장로님을 처형했다는 것이다. 그래도 전 선생님과 세 자녀는 미리 남으로 내려왔기에 화를 면했다는 것이 조금이나마 위로가 되었다.

조만식 장로님께서는 자신의 생명이 어떻게 될지 모르는 위급한 가운데서도 북에 있는 동포들과 생사고락을 함께하기 위해 피신을 마다하시고 그 땅에 남으셨다. 정녕 그분은 위대한 민족 지도자로서 역사에 길이 남을 위인이다.

날개를 치며

　호수돈여고를 졸업한 내가 가야 할 길은 오직 하나였다. 피아노를 전공하여 조선에서 제일가는 피아니스트가 되는 것. 그 꿈을 이루기 위해서는 더 넓은 세상으로 나가서 최고의 음악인이되어 조국에 돌아와 후진들을 양성하는 것이었다. 그 당시 많은여성들은 여고 졸업 후 대부분 결혼을 하여 자신의 능력을 더 이상 펼치지 않는 것이 예사였다. 그러나 꿈 많은 학생들과 개화된집안에서는 대학 진학과 유학까지 감행하기도 했다. 물론 그런사람은 극히 일부에 지나지 않았다.

　여전히 고루한 봉건 사상과 인습에 갇힌 사회 속에서 여자는현모양처로서 가사와 육아에만 전념하는 게 현실이었다. 그러한과정이 당연한 것으로만 알고 자라났던 나는 호수돈여고에 가서신여성에 대해 눈을 떴다. 나는 조만식 장로님의 권면의 말씀에 따라 앞으로 무슨 난관이 있더라도 반드시 신여성이 되어야 한다는 각오를 다지게 되었다. 호수돈여고의 동급생 대다수는 부잣집, 상류층 자녀들이었다. 그들과는 비교조차 할 수 없는 남루한 집안 출신이었던 나는 장차 나도 그들 못지않은 삶을 살아야겠다는 각오로 스스로를 더욱 강하게 단련했다. 고향으로 돌아가 부모님이 정해 주시는 고루한 길을 갈 것이 아니라, 불효자 소리를 듣더라도 더 큰 세상으로 나가야 한다는 포부를 품었다. 어린 시절 즐겨 불렀던 '봉숭아'라는 노래 속 까만 봉숭아 씨처럼 보잘것없는 존재지만, 내 삶의 꽃을 피우기 위해서는 모험이라도 해야 했다.

최종적으로 내가 선택한 길은 일본 유학이었다. 내 가슴속에는 일본으로 가서 선진된 음악을 공부하고자 하는 열망만이 채워져 있을 뿐이었다. 그러나 이런 나의 결행이 부모님에 대한 배신은 아닌가 싶어 죄책감이 들었다. 돈도 없는 무일푼의 내가 일본 유학을 계획할 수 있었던 것은 당시 일본의 진학 제도 덕분이었다. 전교에서 일등을 한 학생은 조선이나 일본의 상급 학교에 진학할 수 있다는 특혜가 있었다. 나는 호수돈여고를 수석 입학하고, 또 일등으로 졸업했기에 그 혜택을 받을 수 있었다. 내가 원서를 제출하여 입학 허가를 받은 학교는 도쿄 우에노음악대학교였다.

나는 배편으로 일본을 건너가기 위해 부산에서 출항하여 시모노세키를 왕래하는 관부선에 몸을 실었다. 이 배는 현해탄을 건너가는 배로서 우리 민족의 많은 애환이 서려 있었다. 배 안에는 수많은 조선 사람이 있었다. 새로운 삶의 거처를 찾아 떠나는 남루한 옷차림의 조선인들이 대부분이었다. 나처럼 어린 나이에 혈혈단신으로 떠나는 여자는 보이질 않았다.

삼등칸은 마치 난민선 같았다. 혼잡하기 이를 데 없는 가운데 역겨운 냄새가 진동했다. 마음이 심란해진 나는 갑판 위로 올라갔다. 힘찬 뱃고동 소리는 멀어져 가는 부산항을 향해 이별을 고하는 외침 같았다. 점차 멀어져 가는 부두의 모습을 바라보니 나도 몰래 눈물이 흘렀다. 나의 일본행은 스스로에 대한 몸부림이었다. 가난에 대한 저항 의식, 누구보다도 성공해야 한다는 강박감으로 나를 더욱 강하게 몰아친 것이었다.

바닷바람을 맞으며 멀어져 가는 부산항을 바라보는 많은 사람들로 갑판 위가 북적였다. 머리 위로는 갈매기들이 끼룩거리며 날아다녔다. 그 갈매기들의 날갯짓은 나를 향해 작별 인사하는 흰 손수건 같았다. 나는 슬픔을 가누며 시 한 편을 적어 나갔다.

현해탄 거친 파도에 눈물 뿌리며 조국을 떠날 제
기어이 성공하고 돌아오라 손 저어 주는 듯
갈매기들이 나를 향해 날개 치누나

일본 수도인 도쿄는 조선의 경성과는 비교가 안 될 정도로 크
나큰 도시였다. 서구 문명화된 그곳에 서 있노라니 내 모습이 한
없이 초라해 보였다. 입학 허가서를 손에 쥔 나는 우에노음악대
학에서 피아노 실기를 치른 뒤, 마침내 최종 입학을 하게 되었다.
그 당시 음악학도라면 누구나 도쿄 우에노음악대학교에 들어가
서 공부하는 것을 꿈꿨다. 조선 최초로 서양 음악을 접한 홍난파
선생도 이 학교 출신이었다. 이 학교에서 음악을 공부하게 되었
다는 것만으로도 내 꿈의 절반을 이룬 것이나 다름없었다.

당시 그 대학에서 피아노를 전공하는 조선 학생은 내가 유일
했다. 성악부에는 평양에서 온 김관우라는 선배와 몇 명의 학생
이 더 있었는데, 그 선배와는 해방 후 같은 음악인으로 함께 활
동하기도 했다. 바리톤 성악가였던 그는 동양 사람이 내기 힘든
힘 있는 음역을 지니고 있어 이름난 예술인이 되었다. 평양에서
명망 있는 가문의 자제였던 그는 외모 또한 귀공자 같았다.

나는 먼 친척의 소개로 개인 교사 자리를 얻었다. 학비와 생활
비를 홀로 감당해야 했던 나는 숙식을 겸할 수 있는 자리가 필요
했기에 일본인 가정 교사로 들어가 피아노 교습을 해주게 되었
다. 그 집은 도쿄에서도 중심가에 위치해 있었는데, 그 집 주인과
부인은 매우 교양 있는 재력가였다. 나는 생각지도 못한 그 부잣
집에서 상류층 생활을 경험하게 되었다. 정원이 딸린 큰 집이며
유럽산 고급 피아노며, 내 분에 넘치는 생활 환경을 누릴 수 있었

다. 그 주인 부부가 없을 때면 홀로 피아노 앞에 앉아 찬송가를 연주하고 부르며 이국 생활의 고달픔을 달랬다.

학업도 쉽지 않았다. 치열한 경쟁자들 속에 둘러싸여 있었기에 늘 긴장하며 공부해야 했다. 급우들 중 몇 명은 나를 조선인이라며 멸시했다. 음대생들 대부분은 늘 고급스러운 옷차림을 하고, 기사가 데려다 주는 자가용으로 등하교를 하는 귀족들이었다. 내가 그들보다 우월할 수 있는 것은 단 하나, 피아노 연주 실력뿐이었다. 그렇기에 나는 피나는 연습을 해야 했다. 그 당시 모두가 어려워했던 리스트와 차이코프스키의 피아노 소나타 곡 등을 연습하면서 연주 기량을 키워 나갔다. 덕분에 교수들로부터 인정을 받았는데, 그중에는 유럽에서 온 외국인 교수도 있었다.

우에노음악대학에서 나의 피아노 연주 실력은 일취월장해 갔다. 그럴수록 더욱 자신감이 붙어 나의 꿈이 무르익어 갔다. 모진 현실은 나를 더욱 강하게 단련시켰고, 그럴수록 내 신앙도 성숙해져 갔다. 이국의 고달픈 생활에서 내가 의지할 분은 오직 주님뿐이었다.

비 내리던 어느 날, 학교의 피아노 연습실에서 나와 비가 그치기를 기다리고 있었다. 때마침 주인집 아저씨가 직접 차를 몰고 나를 데리러 왔다. 너무도 갑작스러운 일이라 당황스러웠지만 감사한 마음으로 함께 집에 돌아왔다. 그런데 그 모습을 목격한 그의 부인이 차가운 눈초리로 나를 대하기 시작했다.

며칠 후 밤에 그 부부가 언성을 높이며 싸움을 했다. 그의 부인은 왜 조선 여자아이를 집에 데려다 놓았냐며 따지고 있었다. 그 말을 들은 나는 참을 수 없는 모멸감을 느꼈다. 그날 밤 나는 베개를 적셔 가며 눈물을 흘렸다. 내 조국을 강점한 적국에 와서 공부하고 있다는 자체가 편치 못했는데, 그 부인은 나를 비천한 조선 시녀쯤으로 생각하고 있는 것이 아닌가 하는 열등감을 떨쳐 낼 수 없었다. 그 일 이후로 그 부인의 눈초리는 점점 더 차가워졌다. 응당 그 집을 박차고 나가야 할 상황이었지만, 그럴 수 없는 현실이 더욱 나를 비참하게 만들었다.

그런 수모를 겪은 후 나는 학업에 대한 의욕마저 상실해 가고 있었다. 그러던 어느 날 집에서 피아노 연습을 하고 있는데, 그 집 가정부가 내게 와서 웬 손님들이 왔다고 전해 주었다. 의아해하며 대문 밖에 나가 보니 처음 보는 세 사람이 서 있었다. 그들은 사각모를 쓴 조선 남자 대학생들이었다. 나는 그들을 보자마자 몹시 긴장했다. 혹 내가 무슨 잘못을 해서 추궁하러 온 것인지, 아니면 고향집에 무슨 일이 생겨서 소식을 전하려고 심부름을 온 것인지 도무지 알 수 없었다.

놀란 눈으로 그들을 바라보자, 그들 중 한 남학생이 내 이름을 대면서 본인이 맞냐고 물었다. 나는 더욱 놀란 표정으로 답했다.
"그렇습니다. 그런데 무슨 일로 여기까지 찾아오셨나요?"
그들은 내게 잠깐 할 이야기가 있으니 시간을 내달라 했다. 그들의 표정은 자못 심각했다. 셋 중 한 사람이 자신을 소개했다.

"초면에 이같이 찾아온 것을 양해해 주시오. 우리는 도쿄에서 학업 중인 조선인 유학생 학생회 대표단입니다. 일단 우리가 여기 온 것은 사생활에 대해 간섭하려는 것이 아님을 말씀드리오. 얼마 전 우리에게 한 가지 정보가 들어왔는데, 지금 정 양이 가정 교사로 있는 그 집 주인이 우리 조선에서 식량 자원을 수탈하는 사업에 관여하고 있다고 하오. 그런 집에서 조선인으로서 함께 기거하며 학업을 하고 있다는 것은 누가 보기에도 좋지 않소. 물론 정 양은 오직 학업을 위한 순수한 마음으로 가정 교사로 일하고 있지만, 우리 조선 유학생들은 이를 매우 못마땅하게 생각하고 있소이다. 가정 교사로 일하는 것이 조국에 대한 배신 활동은 아니지만, 가능하면 본인을 위해서라도 그 집에서 속히 나와 주시기 바라오. 음악을 전공하는 학생으로서 일본에 와서 공부를 하고 있는 점은 우리와 다를 바 없소이다. 우리도 다 장차 조국의 해방과 발전을 위해 청운의 뜻을 품고 일본에 와서 공부하고 있지만, 그 뜻을 이루기 위해 우리 조선인으로서의 명예와 자존심마저 포기할 수는 없는 문제요. 우리 유학생 대표단에서 이 문제를 놓고 고심 끝에 이처럼 찾아와 간청드리오. 정 양이 이 집에서 나오더라도 학업을 계속할 수 있도록 우리 유학생 대표단에서 그다음 학기부터 학비를 지원할 의향이 있소이다. 그러니 어려운 결정이겠지만 속히 결단해 주기 바라오."

그들의 장황하고도 진지한 말에 내 온몸이 얼어 버리는 듯했다. 한 여자로서, 그리고 조선인으로서의 자긍심을 헌신짝처럼 버리고 마치 나 하나의 출세와 야망만을 위해 조국을 배신한 매국노가 된 듯한 기분이었다. 나는 수치심에 몸을 떨었다.

조선의 많은 애국지사들이 어려운 여건 속에서도 나라를 찾고자 이국 만 리에서 자신의 생명을 아끼지 않고 있다. 몸 바쳐 독립 운동을 하는 투사들에 비하면 분명 나의 처신은 비굴한 것이었다. 그들의 요구는 나의 민족적 자긍심과 신앙적 양심에도 크나큰 수치심을 안겨 주었다.

도쿄의 유학생들 사이에 나라는 존재가 이같이 알려진 이상 일본에서의 음악가의 꿈은 무의미한 것이 되어 버렸다. 나는 그들 앞에서 죽을죄를 지은 것처럼 머리조차 들지 못한 채 그렇게 하겠노라고 확답을 했다. 지금껏 가난하고 어려운 환경 속에서 자라면서도 이처럼 내 자신이 미워지고 모멸감을 느꼈던 적은 없었다. 특히 남학생들에게 그런 지적과 요구를 받았다는 것이 너무도 수치스러웠다. 얼마 전 집주인의 부부 싸움으로 마음이 늘 불편했었는데, 설상가상으로 그들이 나를 벼랑 아래로 밀쳐 낸 것이나 다름없었다.

그들에게는 내가 보잘것없는 동생뻘 여자아이로 보였겠지만, 내게 그들은 감히 말도 못 붙일 만큼 어려운 부잣집 도련님들이었다. 그들은 모두 부유한 집안 자제들이었기에 일본인들 밑에 들어가 기생할 필요가 없었을 것이다. 그들은 그저 집에서 보내 주는 학비와 생활비로 걱정 없이 공부에만 집중할 수 있었겠지만, 나는 어느 누구에게도 손 내밀 수 없는 고아와 같은 존재였다. 심지어 일본 유학을 도둑질이나 하고 있는 것인 양 부모에게 알리지도 못하고 있던 처지였다. 그러던 차에 이런 부끄러운 일을 당하니 삶의 의욕마저 상실하게 되었다.

일본인은 물론 조선 유학생에게까지도 무시를 당하는 존재가 된 이상 일본에 더 머물 이유가 없어졌다. 유학생회에서 제공하는 학비를 받는 것은 내 자존심이 허락하지 않았다. 상전이 던져 주는 돈을 굽실대며 받는 종 같은 존재가 될 것이 뻔하기 때문이었다. 또 자칫 잘못하면 남학생들 사이에서 불미스러운 소문에 휘말릴 것 같은 생각도 들었다. 그저 이 시점에서 깨끗이 일본 유학 생활을 접는 것만이 현명할 것 같았다.

나는 그날 밤 이불을 뒤집어 쓴 채 밤새도록 눈물을 흘리며 내 자신을 돌아보았다. 내가 이런 시련을 겪게 된 것이 부모님 뜻을 거역하고 나만의 욕심만을 채우고자 한 대가인 것 같았다. 나를 향한 하나님의 징계의 채찍이 아닌가 하는 생각도 해보았다. 어버이의 극진한 사랑을 저버리고 자신의 욕심을 쫓아 집을 나간 성경 속 탕자 이야기가 생각났다. 내가 바로 그런 탕자와 같은 인간이 아닌가 하는 자책감이 들었다.

이제 나의 인생행로를 어떻게 다시 잡아야 할지 막막하기만 했다. 어렵게 시작한 나의 삶을 다시 원점에서 시작해야 하는 것이 너무도 막막했고 두렵기까지 했다. 그렇다고 아무 대책도 없이 뛰쳐나갈 수도 없는 노릇이었다. 앞으로도 일 년 이상 더 공부를 해야 하는 마당에 엄청난 학비와 생활비를 감당할 방법이 없었다. 그렇다고 내 야심에 눈멀어 다시 다른 일본인 집에 들어갈 수도 없었다. 그들의 처마 끝에 둥지를 틀고 사는 철새 같은 그런 삶은 다시 반복하고 싶지 않았다. 결국 고민 끝에 그 집 부인에게 가정교사를 그만두겠노라고 전했다.

"사모님, 죄송한 말씀을 드려야겠습니다. 고국에 계신 어머니께서 갑작스레 병세가 위중하게 되어 조선으로 돌아가게 됐습니다. 그러니 따님의 피아노 교사를 구해 보세요. 죄송합니다."

그 말을 들은 사모님은 기다렸다는 듯이 매몰차게 말했다.

"어머니 때문이라니 안됐군요. 우리 딸아이 문제는 내가 알아서 해결할 테니 준비가 되면 떠날 날짜만 알려 주세요."

그 여자의 싸늘한 대답이 다시 내 가슴에 비수로 꽂혔다. 그날 저녁, 집 주인이 나를 불러 정감 어린 위로의 말로 격려해 주었다. 그는 자신의 딸이 내게 피아노 지도를 받은 뒤로 연주 실력이 많이 향상되었다며 많은 사례금을 건네 주었다. 생각지도 못한 일이었다.

다음 날 학교의 학장님과 담당 교수님의 사무실로 찾아가 학업을 그만두게 되었다고 말했다. 교수님은 안타까워하면서 진심 어린 동정의 말로 위로해 주었다.

"그동안 그런 어려운 가정사가 있었군요. 정 양은 누구보다도 성실한 학생이었고, 연주 기량이 탁월했어요. 앞으로 지속해서 교육을 받으면 분명히 피아니스트로 대성할 수 있으니 피아노 배우는 일을 결코 포기하지 말아요. 어머니의 병세가 나아지면 언제든지 다시 복학을 하세요. 우리 학교에서는 언제든지 받아 줄 거예요. 나는 정 양이 앞으로 훌륭한 피아니스트가 될 것을 확신하고 있어요. 정 양 같은 훌륭한 제자가 있다는 것은 내게도 자랑이었어요."

그 담임 교수님의 말에 나는 그만 참아 왔던 눈물을 쏟아 내었다. 내 어려운 처지를 어느 정도 알고 계셨던 교수님은 진정 안타까운 표정을 하며 나를 격려해 주었다. 나는 그날 정든 교정을 둘러본 뒤 연습실에 들어가 내가 늘 연주했던 피아노 앞에 앉아서 쇼팽의 이별곡을 쳤다. 아무도 없는 연습실에 울려 퍼지는 이별곡의 피아노 선율은 내 눈물처럼 슬프게 흘러내렸다.

어디로 가야 합네까?

이제는 나의 인생행로를 어떻게 다시 시작해야 할지 막막하기만 했다. 어렵게 시작한 나의 삶을 다시 원점에서 시작해야 하는 것이 너무도 막막했고 두렵기까지 했다. 그렇다고 아무 대책도 없이 뛰쳐나갈 수도 없는 노릇이었다.

또 다른 시련 앞에

결국 나는 1년 반 전에 내 몸을 실었던 관부선에 다시 올라탔다. 일본에 가서 음악가로 대성하겠노라 했던 부푼 꿈은 산산이 부서진 후였다. 나는 누가 나를 알아볼까 두려워 선실 한구석에 자리를 잡았다. 여호와의 낯을 피하여 도망했던 요나와 같은 심정이었다.

늦은 밤이 되자 풍랑이 심해지면서 크나큰 배가 요동치기 시작했다. 배 안에 있는 사람들은 온통 뱃멀미를 시작했다. 나 또한 일생 겪어 보지 못한 뱃멀미로 산송장이 되었다. 거친 풍랑이 마치 내 앞날에 닥칠 시련을 예고하는 것이 아닌가 하는 불길한 생각까지 들었다.

그 배는 거친 물결이 이는 현해탄을 건너 마침내 부산항에 도착했다. 나는 마땅히 고향 선천으로 가야 했으나, 이런 초라한 모습으로 돌아가고 싶지 않았다. 부산역에서 히카리호라는 열차를 타고 경성을 향해 갔다.

내가 먼저 들르고자 한 곳은 이화여자전문학교였다. 호수돈여고 출신 친구들이 그 학교에서 학업 중에 있었기 때문이었다. 그곳에서 학교 친구들을 만나 본 다음, 어느 누구도 알아보지 못할 만주로 가서 신경(장춘)이나 대련의 음악대학에 입학하여 다시 공부를 시작할 심산이었다. 전혀 새로운 곳에 가서 내 꿈을 꼭 성취하고 싶었다. 일본에서 받은 깊은 상처를 회복하고 다시 새로운 모습으로 변신하고 싶은 간절한 마음이었다.

경성역에 도착한 나는 경성 사대문 밖의 연희면에 있는 이화여전으로 친구들을 만나러 갔다. 당시 그 학교에는 음악부가 있었다. 여고 졸업 후 처음 만나 보는 친구들은 갑자기 바람처럼 나타난 나를 보고 반가워했다. 그들은 그동안 내가 어디에 있었는지도 모르고 있었다. 그간의 내 모든 사정을 들은 내 친구는 음악부 과장 교수님을 만나도록 주선해 주었다. 긴 사연을 진지하게 경청하시던 교수님께서 잠시 침묵하시더니 이윽고 내 손을 꼭 잡으며 말씀하셨다.

"정 양은 날 처음 보았겠지만, 나는 정 양을 기억하고 있어요."

그 말에 소스라치게 놀란 내가 물었다.

"아니, 저를 어떻게 알고 계세요? 전 교수님을 처음 뵙는데요."

그러자 과장 교수님은 빙그레 웃으며 답하셨다.

"몇 년 전 전국 피아노 콩쿠르 때 내가 심사위원으로 참여했지요. 그때 정 양의 피아노 연주를 매우 인상 깊게 들었어요. 당시 나는 정 양이 앞으로 크게 대성할 수 있는 재목이라고 생각했어요. 그런데 이렇게 마주 대하게 되었네요. 정 양과는 각별한 인연이 있나 봐요."

놀라운 일이었다. 몇 년 전의 일을 기억하고 이렇게 따뜻하게 대해 주시는 그 마음이 너무도 감사했다.

"정 양은 우리 학교에도 꼭 필요한 학생이라고 생각돼요. 이곳에도 피아노를 전공할 수 있는 학부가 있으니, 만주까지 가지 말고 여기서 학업을 계속해 봐요. 지난날 피아노 콩쿠르에서 최우수 성적을 거두기도 했으니 특례로 편입학을 시켜 줄게요."

나는 정녕 내 귀를 의심할 수밖에 없었다. 생각지도 못한 일이 벌어진 것이다. 내가 믿을 수 없다는 표정을 짓자 교수님께서는 다시 내 손을 꼭 잡으시며 말씀하셨다.

"정 양, 입학이 준비되는 대로 학교에 나와요. 내가 최대한 힘이 되어 줄 테니 열심히 해봅시다."

그 교수님의 말씀에 나는 울먹이며 허리 굽혀 인사했다.

"감사합니다. 교수님의 큰 배려 잊지 않고 꼭 성공하여 보답하겠습니다."

그분은 몇 년 전에 독일의 음악대학에서 피아노를 전공하고 오신 교수님이셨다. 내가 그런 분 밑에서 지도를 받게 되었다는 것이 무엇보다 감사했고 크나큰 행운이라 생각되었다.

이화여전은 음악과, 영문과, 보육과 등이 설치된 종합여자전문대학이었다. 기숙사는 진선미관으로 이루어져 있었는데, 음악과 학생은 영문과 학생들과 함께 미관을 사용했다. 음악부 교수중에는 미국인 여자 교수님도 계셨다.

나의 새로운 삶은 이화여전에서 다시 시작되었다. 다행히도 입학금은 일본을 떠나올 때 집 주인이 준 돈으로 해결할 수 있었다. 그리하여 나는 경성이라는 조선의 수도에서 다시 새로운 삶의 둥지를 틀게 되었다.

내 친구는 나에게 아현동 지역의 어느 장로님의 집에 가정 교사로 들어가 일할 수 있도록 소개해 주었다. 덕분에 나는 학업과 생활에 안정을 찾고 공부에 열중할 수 있었다. 그뿐만 아니라 틈틈이 개인 교습을 하면서 부수입도 거두어 적은 돈이나마 동생들의 학비도 보낼 수 있게 되었다.

어느 날 오후였다. 호수돈여고 선배였던 윤은혜 언니가 나를 찾아왔다. 내가 이화여전에 입학했다는 소문을 듣고 온 것이었다. 여고 시절 학비에 보태려고 틈틈이 양말과 목도리 등을 짜서 친구들과 선배들한테 팔았을 때 가장 많은 물건을 사주었을 뿐만 아니라, 친언니처럼 나를 극진히 사랑해 주었던 언니였다. 그 언니는 작년에 이화여전을 졸업하고 독일 유학을 준비하는 중이라며 그간의 일들을 내게 이야기해 주었다. 나 또한 일본에서의 일들을 넋두리하듯 털어놓았다.

그 언니는 나에게 진지하게 권면했다. 이곳에서 학업을 마치면 너도 고전 음악의 본고장인 독일에 가서 수준 높은 음악 공부를 하라는 것이었다. 그러나 일본 유학에 실패하고 상처받아 돌아온 내게는 언감생심 같은 까마득한 일이었다.

졸업을 거의 앞둔 그 시기에는 대동아전쟁(태평양전쟁)이 발발하여 온 나라가 어수선해졌고, 생활상에도 많은 어려움이 먹구름처럼 덮쳐 오기 시작했다. 그로 인해 학업을 중도 포기하는 학생들도 부지기수로 생겨 재학생 수가 점점 줄어들고 있었다. 또 조선 내의 모든 서양인 선교사들이 추방을 당했고, 학교 내 외국인 교수들도 본국으로 돌아가게 되었다. 이로 인해 수업이 제대로 이루어지지 않았다.

전쟁에 광분한 일본은 조선 청년들을 전쟁터로 끌어들이고자 수많은 조선 지식인들을 통해 참전만이 천황과 일본제국을 위한 충성이라고 설파했다. 이때 호수돈여고와 이화여전의 선배인 시인 모윤숙은 노골적으로 선동에 앞장섰다. 그녀는 "조선 청년들은 일장기 아래 모여라"는 선전 구호까지 외쳤다. 그의 아버지는 독립투사였지만 그녀는 그 집안의 이단아였다. 그녀는 신문을 통해 시와 산문으로써 지원병에 참여하도록 독려했다.

오냐! 지원을 해라 / 엄마보다 나라가 중하지 않으냐 / 가정

보다 나라가 크지 않으냐 / 생명보다 중한 나라 그 나라가 / 지
금 너를 나오란다 너를 오란다 _ '내 어머니 한 말씀에'(《매일신보》
1943. 11. 12) 중에서

아들의 생명 다 바치고 나서 우리 여성마저 나오라거든 생명
을 폭탄으로 바꿔 전쟁마당에 쓸모 있게 던집시다._ '여성도 전사
다'(《대동아》 1942. 5) 중에서

그 혼자만의 입신양명을 위해 이화여전의 명예를 헌신짝처럼
던져 버린 추한 선배였다. 그 당시 많은 지식인들과 기독교인들도
그 대열에 앞장섰다. 일본은 심지어 영화배우까지 동원하여 영
화를 제작해 참전을 선동했다.

이때 이화여전을 배경으로 배우 문예봉을 내세워 촬영을 했
다. 일제강점기에 그 배우는 3천 만 조선인의 연인으로 불렸다.
그녀는 시대를 앞선 신여성으로 영화계에서 추앙받는 배우였다.
당시에는 그녀도 수많은 지식인들처럼 친일본 대열에 설 수밖에
없었을 것이다. 그녀는 해방 후에 남편과 월북했지만 북조선에서
그리 평탄한 삶을 살지 못했다. 한때는 인민배우로 명성을 날리
기도 했지만 역사의 격랑기에 사상적인 문제로 비운의 여인이 되
어 영화처럼 살다 간 인물이었다.

미국과의 전쟁이 장기화되면서 온 나라가 전시 상태로 머물러

있었다. 당시 한 여성으로서, 또 신앙인으로서 가장 괴로웠던 건 수시로 전쟁터에 내몰리는 조선 청년들이 학도병으로 강제 징집되어 가는 행사에 동원되었던 것이었다. 환송식 현장에 나가 살아 돌아오지 못할 수도 있는 같은 또래의 청년들을 향해 일장기를 흔드는 것이 가슴 아픈 일이었다. 또한 신앙인으로서 괴로운 일은 신사참배였다. 삼대째 기독교인으로 성장한 나는 고모부가 목사임에도 불구하고 신사참배에 적극적으로 저항하지 못한 것에 대한 신앙적 괴로움을 안고 살았다.

조선총독부는 급기야 우리의 학업까지도 중단시키고, 반년이나 앞당겨 강제 졸업시켰다. 일본에서의 유학을 중도 포기하고 조국에 돌아와 학업을 마치려 했던 나의 꿈은 다시 한 번 산산이 깨어졌다. 그 당시 나와 같은 세대의 청년들은 모두가 시대의 희생양이 되었다.

정상적으로 학업을 마치지 못한 나는 이대로 주저앉지 말아야겠다는 오기를 품었다. 문득 윤 언니의 권면이 떠올랐다. 졸업 후에는 독일 유학을 생각해 보라 했던 조언이 크나큰 자극이 되었다. 나는 그 언니에게 편지를 보내 만남을 청했다.

당시는 경성의 부잣집 자제들 중 소수의 학생들만이 유럽으로 유학을 떠났다. 윤 언니 역시 친오빠와 함께 독일 유학을 가려고 수속을 밟는 중이었다. 나는 윤 언니를 만나 유학에 대한 자세한 정보를 받았다. 일본 유학 때도 부모님께 알리지 않은 채 결행했던 것처럼 독일 유학도 그렇게 홀로 추진해 나갔다.

만일 부모님께 이 일을 알리고 상의한다면 결코 승낙을 받지 못할 것이었고, 속히 결혼하라는 압박을 받을 것이 뻔했다. 우리 부모님은 간신히 편지 정도 쓸 수 있을 만큼 학식이 빈한한 분들이었기에 자녀 교육에 그다지 열성을 품지 않으셨다. 물론 그 시대의 많은 부모들이 다 그러하기는 했다. 다시금 부모님을 속이는 것 같아 죄스러웠지만, 미처 이루지 못한 꿈을 위해서는 어쩔 수 없었다.

나는 독일에 가면 학과장님처럼 음악 박사학위까지 받아 가지고 와야겠다는 야문 각오를 했다. 스스로가 계획하고 노력하면 무엇이든 이룰 수 있다는 자신감으로 충만했던 시절이었다.

받아들여야 한다

윤 언니를 만난 후 나는 어느 때보다도 들떠 있었다. 다행히도 혼자가 아닌 선배 언니와 함께 유학을 가게 되어 더욱 자신감이 생겼다. 학교의 과장 교수님께서 추천서까지 써주셔서 모든 것이 순조롭게 진행되고 있었다.

그러던 어느 날이었다. 가정교사로 있는 집에 전보가 도착해 있었다. 어머니의 건강이 위급하니 집으로 돌아오라는 것이었다. 하늘이 무너지는 것 같았다. 집을 떠난 지도 몇 해가 되었지만, 오직 학업에만 전념하느라 찾아뵙지 못한 지 오래였다. 나만의 삶에 집착해 온 것에 대한 죄책감이 드는 동시에 그동안 부모님께 너무 무관심했다는 생각이 들어 너무 괴로웠다. 우리 삼 남매 교육을 위해 동네의 궂은일을 마다 않고, 집에서 늦은 밤까지 삯바느질을 하시던 어머니의 모습이 떠올라 주체할 수 없는 눈물이 쏟아져 내렸다. 그동안 장녀로서의 구실도 못하고 나만의 욕심을 채우며 살았던 것이 결국 어머니의 중병으로 이어졌다는 생각이 들었다.

나는 당장 우체국으로 달려가 내일 아침 기차로 가겠노라고 전보를 보냈다. 그간 오매불망 독일 유학에만 매달려 왔던 나는 입학 허가를 기다리고 있던 터였다. 어머니의 병세가 빨리 호전되어야 유학도 계획대로 이루어질 것이기에 마음이 착잡했다. 어디에 더 마음을 두어야 할지 도무지 갈피를 잡을 수 없었다.

선천역에 도착하니 뜻밖에도 어머니께서 마중을 나와 계셨다. 어머니의 모습에는 병색이 전혀 없었다. 그 모습에 안도하면서도 뭔가 이상하다는 생각이 들었다.

"어머니, 괜찮으신 거죠?"

나는 어머니의 표정을 살피며 조심스럽게 물었다.

"그래, 괜찮다. 그런 전보를 보내서 미안하구나. 그간 너에게 말 못할 사정이 집에 있었단다. 그래서 너와 상의하려 한다."

나는 더욱 의아해졌다.

"어머니, 집에 무슨 안 좋은 일이 생긴 건가요?"

어머니께서는 심각한 표정을 지으시며 상세한 이야기는 집에 가서 하자고 하신 뒤 더 이상 말문을 열지 않으셨다. 나는 어머니의 손을 꼭 잡고 말없이 집으로 갔다.

집에 들어서니 마치 잔칫날처럼 동네 사람들과 친척들이 와 있었다. 도대체 어떻게 된 영문인지 어리둥절했다. 아버지께서는 나를 아주 반갑게 맞아 주셨다. 확실히 이상한 기운을 느낀 나는 아버지께 물었다.

"우리 집에 무슨 일이 있기에 이렇게 손님들이 와 계신가요?"

"경사스러운 일을 치르게 되었다. 자세한 건 어머니께 들거라."

말끝을 흐리시는 아버지에 이어 어머니가 말씀하셨다.

"얘야, 지금 와 계신 친척 어르신 분들과 상의할 게 있다."

어머니가 손을 잡아 끌어당기며 나를 안방으로 데리고 갔다. 방에 들어서자 놀랍게도 친척 어르신들이 앉아 계셨다. 엉겁결에 그분들께 인사를 드리니 큰고모 되시는 분이 말씀하셨다.

"현숙아, 먼 길 오느라 고생 많았다. 이처럼 너를 갑자기 부른 것은 다름 아닌 결혼 때문이다. 너에게 미리 알리는 게 마땅하지만, 어쩌다 보니 일이 그렇게 되었단다. 불가피한 집안 사정 때문에 이렇게 된 것이다. 내가 그간의 집안일을 얘기해 주마."

나는 귀를 의심했다.

"고모님, 결혼이라뇨? 누구의 결혼을 얘기하시는 것인가요? 설마 제 얘기는 아니지요?"

"우리 집안에 결혼 대상이 너 말고 누가 있겠느냐?"

그 말에 정신이 혼미해졌다. 나는 반쯤 정신이 나간 듯한 상태로 다시 고모님께 물었다.

"고모님, 제겐 결혼 대상도 없고 또 결혼할 생각을 해본 적 없어요. 저는 공부를 더 해야 해요. 지금 유학을 준비하고 있어요."

그러자 모두가 긴장한 표정으로 나를 바라보았다. 고모님은 나에게 마음을 고정하라 하시면서 차분하게 설명을 하셨다.

"현숙아, 집안 사정을 네가 누구보다도 잘 알고 있지 않느냐? 그간 아버지와 할머니와 어머니께서 너희 삼 남매 교육을 위해 온갖 고생을 다하셨다. 구체적으로 말하지 않아도 알지 않느냐? 동생들 교육비는 매년 더 들어 가는데 아버지의 자전거 점포 장사가 잘 안 되지 않았니. 만주에 가서 새로운 일을 하시려 했지만 그조차 시원치 않아 오히려 많은 빚을 지고 지금까지 버텨 왔단다. 네 동생들 교육비를 더 이상 감당할 수 없어 그 애들의 학업을 중단시켜야 할 지경까지 왔단다. 네 아버지는 이 일로 밤잠도 못 주무시고 괴로워하셨다. 그런데 어느 날 선천 시내에 살고 있는 지주 집 아들이 아버지를 찾아와 너와 결혼하고 싶다고 하지 않겠니. 따님과 혼사를 성사시켜 주면 아버님 빚도 다 갚아 주고 너의 동생 학업도 마칠 때까지 보장해 주겠다며 사정을 해왔단다. 아버지께서도 처음에는 그 청을 불쾌하게 생각하고 거절했단다. 그러다 당장 자식들의 학업을 중단할 수밖에 없게 되자 그 청년을 다시 만나서 너와의 결혼을 약속하셨단다. 아버지께서도 너와 사전에 상의를 해서 결정해야 될 일이라고 생각했지만 네 성격을 잘 아시는 아버지께서 일방적으로 결정해 버린 것이란다. 이번 혼사 결정은 결국 이 집안 모두, 특히 네 동생들의 장래를 위해 결정된 것이니, 마음 내키지 않더라도 받아들이거라."

그 말끝에 나는 지옥 끝으로 떨어지는 듯 혼이 나가 버렸다. 나는 울화를 못 이기고 소리쳤다.

"아니에요! 저는 그럴 수 없어요. 결혼은 학업을 마친 다음에도 얼마든지 할 수 있는 것인데, 왜 이 마당에 제가 마음에도 없는 결혼을 해야 돼요?"

나는 주체할 수 없는 눈물을 흘리며 어른들에게 반항하듯 내 입장을 호소했다. 그 자리에 함께 앉아 계신 분들 중 몇 분은 고개를 떨군 채 눈물만 흘리셨다. 어머니는 그 자리에 계시지 않았다. 잠시 침묵이 흐른 뒤, 다른 어르신이 내게 말씀하셨다.

"얘야, 이 자리에 와 있는 어른들도 괴롭기는 다 마찬가지다. 너도 이제 어엿이 결혼해야 할 만혼의 나이가 되었다. 게다가 집안 형편이 더 이상 미룰 수 없는 절박한 처지에 와 있기에 이런 결정을 내린 거다. 너도 잘 알고 있는 효녀 심청이 이야기가 있지 않니. 착한 효녀 심청이가 봉사인 아버지의 눈을 뜨게 하기 위해 공양미 삼백 석에 자신을 팔아 인당수에 몸을 던져서 결국 아버지 눈도 뜨게 하고 심청이도 팔자 피어 모두가 다 행복하게 되지 않았느냐. 네 처지와는 좀 다른 이야기지만, 네가 이 집안의 장녀니 마음을 고쳐먹어 보아라. 지금은 내키지 않더라도 어차피 결혼하게 될 거 행복하게 앞당겨서 한다 생각하면 안 되겠니. 이미 양가 어르신들이 결정해 놓은 것이니 온 식구들을 위해 받아들이면 모두가 잘될 수 있는 거다."

나는 그 말에 더욱 서럽고 비참한 기분이 들었다. 나는 그 자리에서 어린아이처럼 엉엉 울어 버렸다. 무엇보다도 독일 유학을 포기해야만 하는 일이 너무도 억울하여 받아들일 수 없었다. 왜 내게만 학업의 운명이 피해 가는 것일까. 일본에서의 가슴 아픈 중도 포기와 이화여전의 강제 졸업…. 너무도 원통했다. 결혼을 하면 모든 꿈은 다 사라질 터였다. 한 남자의 아내로서 선천이라는 촌에서 묻혀 살게 될 내 인생이 너무도 비참하게 다가왔다. 또 다른 어른께서 결혼할 대상에 대해 이야기를 들려주었다.

"현숙아, 결혼이라는 것이 꼭 내가 원하는 시기와 원하는 대상으로 결정되는 것은 아니다. 우리 때에도 당사자들의 의사와는 상관없이 혼사를 치르게 된 경우가 다반사였다. 물론 요즘은 세태가 많이 변하여 본인들이 결정하는 일도 많지만, 이 집안에서는 부모님들이 어쩔 수 없이 너의 결혼 대상을 정하게 된 것이니 그저 주어진 운명이라 생각하고 어른들의 뜻을 따르거라. 네 아버지께서 너의 배필자를 결정하시게 된 것이 꼭 돈 때문만은 아니란다. 그 사람은 네게 충분히 어울리는 대상이다. 우리 선천 지역에서 알아주는 뿌리 깊은 지주 집안이고, 그 집안 자제들도 다 신학문을 배운 지식층 가문이란다. 너와 결혼할 그 사람도 일본에 가서 신학문을 공부하고 돌아와 관직에 있다고 한다. 누구의 소개로 그 청년이 너를 신붓감으로 생각하게 된 것이 아니다.

호수돈여고 시절 네가 피아노 콩쿠르에서 수상한 적이 있지 않니. 그때 신문에 실린 수상 소식과 사진을 오려 놓고는 너를 신붓감으로 마음에 품고 짝사랑하듯 너를 흠모해 왔었단다. 어찌 보면 이것이 한 여자의 복이 될 수도 있는 것이다. 우리도 그 청년에 대해 알아보았는데 어디 하나 흠 잡을 데 없는 상대란다. 여기 선천에 그런 신랑감 흔치 않다. 사람이란 모든 면에 다 흡족할 수는 없는 거다. 네 의사와 상관없이 결정된 것이 너로서는 서글프겠지만, 이 모든 것이 다 하늘에서 짝지어 준 것이라 생각하고 받아들이거라. 부부라는 것이 처음부터 맘에 다 충족될 수 없단다. 하지만 세월을 두고 살면서 정을 붙이면 행복한 부부가 될 수 있다. 그 청년은 네 피아노 솜씨에 몹시 반했는지 이미 피아노도 집에 사놓고 너와 같이 살 집도 양옥식으로 다 지어 놓았다. 어디 그뿐이냐. 네 동생들의 학업까지도 다 책임지겠다고 했으니 그 아이들 앞날은 다 보장된 것 아니냐. 지금의 네 마음을 다스리는 데 시간이 좀 필요하겠지만, 이 현실을 받아들이거라."

친척 어른의 말씀은 다 옳았다. 이를 뿌리친다면 불효 자식이 될 거라는 게 상식적으로 판단되었지만, 나로서는 내가 그리도 원하는 피아니스트의 꿈을 포기할 수 없었다. 그것은 내게 사형 선고나 마찬가지였다. 내 얼굴 혈색이 창백해지자 어른들은 걱정이 되었는지 냉수를 떠다 마시게 했다.

심청이는 자발적으로 아버지의 눈을 뜨게 하기 위해 공양미 삼백 석에 인당수로 몸을 던졌지만, 나는 이야기 속에 나오는 극진한 효녀 심청이와 달랐다. 신교육을 받은 내가 왜 심청이처럼 내 인생을 희생해야 되는지 도저히 수긍할 수 없었다. 하지만 결국 자식 된 도리로 부모님의 빚과 동생의 학업을 생각하여 내 몸이 부서져 나가더라도 감내해야 했다. 이 혼사 문제로 나의 배움에 대한 야망의 불꽃은 가난한 가정 형편과 봉건적 관습 앞에 허망히 꺼져 버리고 말았다.

여자 일생에 더없는 기쁨으로 치러야 할 일생일대의 혼례식은 새장 속에 갇히는 절차에 불과했다. 결혼식은 양가의 계획대로 진행되었다. 나는 그저 꼭두각시처럼 아무 표정도 없이 부모님이 하라는 대로 순종했다. 이제 나라는 존재는 새장 속에 갇힌 채 날개를 접고 살아야 하는 불행한 여자가 될 것이었다.

나의 가장 큰 고민은 함께 유학을 가기로 약속한 윤 언니와의 문제였다. 그 언니는 내게 친언니와도 같은 선배였다. 여고 시절 내가 힘들어할 때마다 위로해 주고 물심양면으로 도와주며, 독일 유학을 결심할 수 있도록 권고해 준 그 언니에게 무엇이라고 이유를 대어 유학을 같이 못 가게 되었다고 할지 막막하기만 했다. 시간은 자꾸 흘러가는데 편지를 보낼 용기가 나지 않아 피가 마르는 듯했다. 결국 갑작스런 혼사 결정으로 유학을 포기하게 되었다는 사유를 넣은 만리장성 같은 편지를 보냈다. 죄인 된 마음으로 구구절절 새겨 넣은 편지였다.

나중에 알게 된 일이지만 윤 언니는 함께 유학을 떠날 자신의 친오빠와 나를 맺어 주려는 생각을 품고 있었다. 이로 인해 그 언니에게 나는 배신자가 되었다.

결혼 날짜가 다가오자 가만히 있을 수 없었다. 신랑 될 사람이 만들어 놓은 청첩장을 학교와 친구들에게 보냈다. 유학을 주선해 주시고 힘써 주신 음악과 과장 교수님과 학교 친구들에게 무슨 면목으로 보내야 할지 망설여졌지만, 결국 용기 내어 우편으로 청첩장을 보냈다. 결혼식 전날, 과장 교수님과 학교 친구들이 기차를 타고 선천역에 도착했다. 마중을 나간 나는 교수님 앞에 고개를 들 수 없었다. 교수님께서는 내 처지를 이해한다는 듯 묵묵히 안내를 받으셨다. 친구들은 나를 꼬집으며 이렇게 말했다.

"너는 어쩌면 그렇게 우리를 감쪽같이 속이고 결혼을 하니?"

과장 교수님과 친구들은 나에게 서양식 면사포를 만들어 주었다. 애써 결혼식 분위기를 맞춰 보려 노력해 보았지만 우울한 마음은 어찌할 수 없었다. 나는 마치 무대 위에 선 연극배우처럼 그저 시키는 대로 행동했다. 동네 사람들은 가난한 집 딸이 부자 신랑 만나서 복 받았다며 수군거렸다.

과장 교수님께서 와그너의 결혼 행진곡을 피아노로 연주해 주셨다. 만국기가 펄럭이며 서양식으로 성대하게 치러진 나의 결혼식은 그야말로 마을 잔치가 되었다. 혼수품을 실은 마차가 다섯 대나 와서 세간을 채웠다. 그러나 내게는 아무 기쁨이 없었다.

예식을 마친 뒤 나는 교수님과 친구들에게 감사를 표하고 선천역까지 배웅했다. 그 일행과 함께 경성으로 올라가고 싶은 기분이었다.

과장 교수님께서 나를 위로하듯 말씀하셨다.

"현숙아, 이제 좋은 신랑 만났으니 행복하거라. 네 간절한 꿈은 이루어지지 않았지만, 다시 좋은 기회가 올 수도 있단다. 한 남자의 아내로서도 얼마든지 행복할 수 있는 거다."

교수님은 신랑이 기다릴 텐데 어서 들어가라며 등을 떠미셨다. 나는 떠나는 그들의 모습이 사라질 때까지 바라보고 있었다. 이제 행복이란 파랑새는 내게서 멀리 떠나갔다고 생각했다.

집에 오니 신랑은 몹시 부산을 떨면서 신혼여행을 가야 한다며 보챘다. 우리는 집 앞에 이미 대기되어 있던 차를 타고 멀리 떨어진 양덕 온천으로 향했다. 이로써 나는 한 남자의 아내로 여자의 일생을 시작하게 되었다.

신혼여행 이후, 우리는 결코 행복하지 않았다. 다섯 살 위인 신랑은 태생적으로 매우 착하고 인품이 있는 남자였다. 그는 매우 자상했고, 내게 기쁨을 주려는 듯 많은 정성을 기울였다. 객관적으로 보면 그는 나에게 과분한 남편감이었다. 나 자신도 그에게 잘 대해 주려 나름대로 애를 썼다. 하지만 그와 나는 정서적으로 취향이 달랐다. 그 역시 일본에 유학을 다녀온 지식인었고, 음악을 좋아하여 기타를 치며 일본 가요를 부를 정도로 시대를 앞서 가는 남자였다. 그러나 그는 고전 음악에 대해서는 관심이 없었다. 어느 날부터인가 나는 피아노 앞에 앉아도 집중이 잘 안 되어 점점 피아노를 멀리하게 되었다. 이러한 결혼 생활로 인해 나의 상실감은 더욱 깊어만 갔다.

그러던 어느 날 생각지도 못한 일이 터지고 말았다. 윤 언니로부터 온 편지 때문이었다. 남편은 그날 술에 취한 상태로 들어와서 분노에 찬 얼굴로 나를 쳐다보며 편지를 던져 주었다. 그 답장은 내 가슴에 비수로 꽃혔다. 윤 언니는 유학을 함께 가기로 해놓고는 결혼 사실을 숨겨 자신을 기만했다며 분노를 표했다. 자신의 오빠를 나와 짝지어 주려 했는데 이렇게 배신할 수 있느냐는 증오에 찬 편지였다. 편지 말미에는 앞으로 너와는 절교라는 가슴 아픈 통첩이 담겨 있었다.

이미 그 편지를 뜯어 본 신랑은 모든 내용을 알고 있었다. 그 이후 그는 밤마다 늦게 들어왔고, 술에 취하여 주사와 혈기를 부리며 나를 분노케 했다.

"당신은 나를 철저히 기만했고 과거까지 속였어. 그 남자하고 결혼하기로 약속되었으면 지금이라도 당장 그놈에게 가라고! 나도 이제 당신 비위 맞추며 살고 싶지 않아. 그렇게 하고 싶은 피아노 공부 이제라도 하면 되잖아. 그 남자에게 간다면 보내 주지."

자존심이 상할 대로 상한 남편은 술에 취하여 이성을 잃고 내게 분노를 뿜어 내었다. 그렇다고 그에게 사실은 그렇지 않다고 변명하거나 호소하고 싶지 않았다. 그는 술기운에 의존하여 거친 말을 해대었지만, 아침에는 멀쩡하게 나를 대했다. 그는 내가 그 언니의 오빠를 마음에 품고 서로 결혼까지 생각했던 사이인 것으로 오해하고 있었다. 어느 누구라도 분노와 원망을 품을 법한 일이었다.

하지만 윤 언니의 오빠와 나는 깊은 사이가 아니었다. 내가 이화여전에 다니던 시절 학교 음악회 연주를 준비할 때면 그 오빠가 윤 언니와 함께 와 연주곡에 대한 조언을 해주었고, 유성기까지 갖고 와서 연주할 곡을 들려주는 등 내게 관심을 가져 주었었다. 그 두 남매가 내게 정성을 다한 것은 사실이지만, 나는 그 오빠에 대해 이성적인 마음을 품어 본 적이 없었다. 그 집안은 우리와는 감히 비교도 할 수 없는 명문 가문이었고, 나는 가정교사며 개인 교습 활동으로 바쁘게 살아가는 가난한 고학생일 뿐이었다. 내 마음은 늘 힘겹게 살아가는 부모님과 어렵게 학업을 이어 가는 동생들 생각으로 늘 차 있었기에 그런 낭만적인 생각이 자리 잡을 겨를이 없었다.

나의 신혼생활은 창살 없는 감옥 같았다. 외출할 곳도 마땅히 없었고 사회적 활동을 펼칠 수도 없었다. 그저 신랑이 사다 준 고급스러운 일제 옷을 나날이 갈아입고 그를 기다리는 것만이 내 일과의 전부였다. 그것은 의미 없이 무미건조한 지루한 삶에 불과했다. 나는 나대로 불만과 원망을 느끼고 있었기에 서로 사사건건 부딪칠 수밖에 없었다. 나는 그에게 그저 예쁜 인형에 불과했다. 남들은 부자 신랑 만나서 팔자에 없는 호강을 한다고 말했지만, 남편만을 바라보고 살아야 하는 삶은 복받은 삶이 아니라, 내 자신이 서서히 무너져 가고 퇴보해 가는 삶이나 다름없었다.

나로 인해 친정아버지의 크나큰 부채도 해결되고 동생들의 학업이 보장되어 앞길이 열린 것은 사실이었지만, 나는 그에 대한 대가를 치르기 위해 저당 잡힌 담보물에 불과했다. 신랑은 나에게 자존심이 상할 만한 이야기는 추호도 꺼내지 않았으나, 나로서는 자격지심을 숨길 수 없었다. 처음부터 남편과 나와의 동등한 관계는 사실상 불가능한 것이었다.

이렇게 무의미하고 진부한 삶을 계속해서 살 수가 없었다. 나는 나만의 삶을 살고자 선천의 음악 선생 자리를 알아보았다. 다행히 남편도 동의해 주어 새장 속의 삶에서 벗어나 재능을 펼칠 수 있게 되었다. 또 그동안 교회 나가는 것도 반대했던 남편이 주일날 교회에 나가 찬양대에서 피아노 반주를 하도록 허락해 주었다. 선천남교회의 목사님께서 남편을 몇 번씩 찾아와 교회에서 피아노 봉사를 하도록 허락해 달라는 부탁을 해주신 덕분이었다. 목사님께서는 내가 찬양 지도와 반주를 하게 된 뒤로 찬양대 수준이 높아졌다며 좋아하셨다.

교회와 학교에서 새로운 활동을 하게 되면서 내 생활도 활력을 얻게 되었다. 돌처럼 굳어져 있던 마음도 점점 풀어지면서 아내로서의 의무를 다해 보려 노력했다.

하지만 수개월째 결혼 생활이 이어져도 도무지 넘어설 수 없는 문제가 하나 있었다. 바로 신앙생활이었다. 주일이면 결혼한 여자가 남편 없이 홀로 교회에 나간다는 것이 몹시 어색하고 목사님과 교인들에게 눈치가 보였다. 담임목사님께서도 남편을 잘 전도해서 함께 교회 나오도록 힘써 보라는 권면의 말씀을 하셨다. 나는 먼저 남편의 마음을 돌이켜 주셔서 함께 교회에 다니게 해달라고 기도했다. 하지만 내 나름의 노력이 무색하게 신앙적인 접근이 어려웠다. 어느 날 나는 굳게 작정하고 남편에게 말했다.

"당신과 나의 가장 깊은 골이 신앙생활이라 생각돼요. 서로가 서로를 좀 더 이해하고 가까워지려면 함께 신앙생활을 해야 된다고 생각해요. 당신에게 정겹게 못 대해 주는 나의 습성을 스스로도 고치려 하고 있어요. 우리가 언제까지 이렇게 한 지붕 밑에서 냉전을 치르듯 살 수는 없다고 생각돼요. 당신도 가까운 시일 내에 함께 신앙생활을 했으면 해요. 물론 쉬운 문제는 아니지만 함께 노력하면 될 일이라 봐요. 나도 당신을 좀 더 이해하고 아내로서 당신의 마음을 얻고자 노력할 테니 진지하게 생각해 보세요."

남편은 나의 갑작스러운 제안에 가만히 내 얼굴을 응시하더니 정색을 하면서 대꾸했다.

"당신도 알다시피 우리 집안은 무교요. 여기 선천에 많은 남자들도 예배당에 다니고 있지만, 나는 우리 집안의 전통을 벗어나 마음에도 없는 기독교에 몸을 담고 싶지 않소. 당신은 어렸을 때부터 신앙생활에 익숙해져 당연한 습관이 들었겠지만, 나는 우리 부모님과 형제들도 안 다니는 교회를 다니고 싶지 않소. 당신의 신앙생활에 간섭하지 않을 테니 당신도 내 생활에 관여치 마시오. 아무리 부부일지라도 서로의 이상과 삶은 존중되어야 된다고 봐요. 그러니 앞으로 더 이상 종교 문제를 갖고 거론하지 말아 주길 바라오."

남편의 냉소적인 말에 나는 다시 한 번 마음에 상처를 받았다. 정말 자존심이 상하는 일이었다. 나는 그날 남편의 완악한 그 언질을 곰곰이 생각해 보았다. 만일 내가 양처가 되어 그를 극진히 대해 주고, 여자로서 좀 더 지극정성의 태도를 보여 주었다면 어땠을까. 어쩌면 이같이 냉랭하지는 않았을 것이라는 생각이 들면서, 그동안 쌀쌀맞은 언행으로 남편의 마음을 더 굳어지게 한 건 아닌가 하는 생각이 들었다. 그러나 나는 다른 여자들과 달리 사근사근하지 못하고 정감 있는 언행에 익숙하지 않았다. 그러니 남편 또한 나에게 정감 있게 대해 줄 것이라는 기대도 하지 않는 것이 마땅했다. 그와 나의 관계는 마치 동쪽에서 서쪽의 거리만큼 크게 벌어져 있었다.

남편은 앞으로도 신앙에 관한 이야기가 다시 나올지 모른다고 판단했는지 자신의 분명한 의지를 못 박아 놓았다.

"당신이나 나나 연애 과정 없이 만났기에 앞으로 화목한 가정을 이루려면 서로가 진지한 노력을 해야 할 것이오. 지금부터라도 서로가 상대에 대한 이상과 취향을 간섭하지 않고 존중해 주었으면 하오. 나는 다른 남편들처럼 봉건적이고 가부장적인 모습으로 당신에게 군림하려거나 그런 대접을 받는 것도 원치 않소. 나도 당신의 신앙생활과 취향과 사회 활동에 일체 간섭 안 할 터이니 당신도 나의 뜻을 충분히 존중해 주길 바라오."

남편은 마치 내 생각을 벌써부터 읽고 예상하고 대비해 온 듯이 작심한 의중을 드러내었다. 그는 내게 매우 너그러웠으나 신앙 문제에서만큼은 확연히 다르고 분명한 태도를 취했다. 물론 그가 기독교에 대해 부정적이거나 비판적인 생각을 하는 것은 아니었다. 남편 친구들 중에는 교회 다니는 사람들도 적지 않았다. 그럼에도 그는 신앙생활에 분명한 선을 긋고 살았다. 그 대화 이후로 우리 부부는 왠지 더 멀어진 것 같았다.

그 당시에 부부가 함께 신앙생활하는 경우는 드물었고, 혼자 믿는 여자들이 상대적으로 많았다. 남편이 교회를 다니면 당연히 여자도 함께 신앙생활하는 것으로 인식되었으나, 역으로 부인에 의해 교회에 나오는 남편들은 흔치 않았다. 설사 그런 경우가 있다 해도 부인에게 잡혀 사는 남자로 오해하기 일쑤였다.

그 후로 나는 더 이상 그에게 신앙에 대한 이야기를 하지 않았다. 그 또한 그러했다. 그러나 내가 첫아이를 갖게 되자 그는 이전보다 세심한 배려와 관심을 베풀었다. 그러나 이것은 나를 위한 것이 아니라 복중의 자식을 위한 것이었다. 나는 남편이 아기 아빠가 되면 더욱 가정적인 사람으로 변화될 것이라 생각했다. 그렇게 되면 그도 자연스럽게 신앙의 길로 접어들 것이라는 막연한 기대감도 생겼다. 나는 그가 신실한 신앙인이 되게 해달라는 기도를 끝까지 포기하지 않았다.

과연 아기가 태어난 후 가정 분위기가 조금씩 달라졌다. 우리 부부 사이도 점차 가까워졌다. 그러나 신앙에 대해서는 조금도 달라진 것이 없었다. 하지만 그는 주일에 내가 온종일 교회에 나가 있어도 아무 불평 없이 아기를 돌보아 주었다. 남편은 다른 남자들과는 다르게 매우 가정적이었고 건실한 사람이었다.

영원한 이별

　결혼 생활이 1년 6개월에 접어드는 해인 1945년 8월 15일, 그렇게도 온 겨레가 열망하던 해방이 되면서 나의 가정은 크나큰 역사의 격랑 속에 휘말리게 되었다.

　그날 선천에서는 교육자로 목사로 또 독립 운동가로 많은 활동을 하셨던 백영엽 목사님이 갑자기 예복을 차려 입으시고 지팡이를 휘두르면서 "조선은 해방되었노라" 외치시며 길거리의 사람들에게 해방 소식을 알렸다. 그 목사님은 중학교 운동장에 사람들을 모아 놓고 함께 "조선독립만세!"를 외치셨다.

　처음에 사람들은 그 목사님이 정신이 잘못되어 저런가 보다 하며 수군거리기도 했다. 수시로 경찰서에 잡혀 가고 많은 고문도 받으셨던 터라 정신 이상이 온 건 아닌가 하고 이상한 눈초리로 바라보는 사람들도 있었다. 그러나 오후가 되자 여러 곳에서 해방의 소식을 들은 사람들이 거리로 쏟아져 나왔다. 일본 천황이 미국에게 항복하겠노라고 방송을 통해 선포했다는 것이었다. 일본 식민지하에 있던 나라들이 모두 해방되었다는 믿기 어려운 소식이 라디오를 통해 전해졌다.

이 소식을 접한 선천 사람들은 숨겨 두었던 태극기를 들고 나와 흔들면서 "조선독립만세!"를 목이 터져라 외쳤다. 해방 소식을 접한 신성중학교 학생들은 취주악대를 동원하여 애국가를 연주했다. 삽시간에 구름떼처럼 모여든 백성들은 목이 터져라 애국가를 부르고 또 불렀다. 나 또한 눈물을 흘리며 거리에 나온 사람들과 함께 감격에 겨워 애국가를 불렀다. 자발적으로 거리에 나온 교인들이 "삼천리 반도 금수강산" 찬송을 부르며 기뻐했다. 선천교회 청년들은 그날로 기세를 몰아 일본 천황을 섬기는 신사로 달려가서 불을 질러 잿더미로 만들어 버렸다. 교회에서는 그날로부터 동방요배와 일장기도 사라졌다. 이 신사 참배로 많은 기독교인들이 수난을 받고 순교까지 하였는데, 마침내 그 증오스러운 우상들이 훼파된 것이었다.

그러나 해방의 감격은 오래 가지 못했다. 일제의 압정으로 숨죽여 살아왔던 백성은 참된 자유가 무엇인지도 모른 채 무질서에 휘말렸다. 그러한 가운데 갑자기 공산주의자들이 등장해 판을 쳤다. 그들은 위세를 떨치며 많은 사람들을 선동했다.

만주에서 살던 조선 동포들이며 독립투사들도 해방을 맞아 고향을 찾아 들었고, 일본으로 징용되어 갔던 청년들과 전쟁터에서 살아남은 군인들, 사할린 등지로 강제 노역을 갔던 사람들이 선천으로 몰려들기 시작했다. 또 어디론가 떠나는 사람들도 있었다. 조용하기만 하던 작은 지역이 온통 혼잡스럽기만 했다. 전쟁터와 노역장에서 살아 돌아와 가족을 만난 사람들은 재회의 큰 기쁨을 누렸지만 그렇지 못한 가족들은 비탄에 빠져 초상집이 되었다.

해방이 된 지 얼마 후 이북 지방에 소련이 점령해 들어왔다. 삽시간에 사회 분위기가 얼어붙기 시작했다. 많은 사람들이 불안에 떨었고 흉흉한 말들이 나돌았다. 평양에 진주한 소련 군인들이 여자들을 겁탈하고 물자들을 약탈할 뿐만 아니라, 새로이 수립되는 공산 정권에 협조하지 않거나 반발하는 인사들을 집단으로 시베리아로 추방하고 있다는 무서운 소문이 돌았다.

얼마 전까지만 하여도 "조선독립만세"를 함께 외치던 사람들이 시간이 지나자 좌익과 우익으로 갈라졌다. 심지어는 교회 내에서도 빨갱이 분자들이 뱀처럼 머리를 들고 설쳐 대었다. 이러한 혼돈과 무질서의 상태가 곳곳에서 소용돌이쳤다. 나중에는 생전에 들어보지도 못한 신탁이니 반탁이니 하면서 이념을 달리하는 내분을 겪게 되었다. 해방의 기쁨은 온데간데없어지고 갈등과 분열로 치닫고 있었다.

그러한 가운데 선천에서 가장 존경받던 백영엽 목사님은 혼란한 나라의 질서를 바로잡기 위해 국가 재건위원회 교육국장을 맡아 주야로 수고하셨다. 그분의 선행 실화 중, 한겨울에 옷 없는 거지에게 옷을 벗어 준 사건은 모두가 기억하는 미담이다.

어느 추운 겨울, 설교하러 교회를 가던 중 전봇대 밑에서 덜덜 떨고 있는 거지를 본 목사님은 자기 옷을 벗어 주고는 집으로 돌아갔다. 옷이 한 벌밖에 없었던지라 교회에 갈 수 없었기 때문이다. 그리하여 이 사실을 알게 된 교인들이 급히 옷을 빌려 준 뒤에야 교회에 가 설교를 할 수 있었다는 사연이다.

그 목사님과는 해방이 된 후에도 인연을 이어 갔다. 당시 남동생이 경성제국대학 이학부에 재학 중이었는데, 방학을 맞아 선천에 와 있던 중에 해방을 맞았다. 그때 백 목사님이 남동생을 신의주 교원대학의 교원으로 추천해 신의주로 내려가게 되었다.

목사님들을 중심으로 국가 재건회가 활동을 했지만 점차 요동치는 사회의 무질서는 더욱 가중되었다. 어제만 해도 머슴살이 했던 자들과 노동자 농민 출신들이 연맹을 결성하여 붉은 완장을 차고 큰 벼슬이나 한 것처럼 행사를 했다. 그들은 돈 좀 있는 사람들을 부르주아니, 지주 계층이니 하면서 적대시하며 일본에 유학 다녀온 사람들이나 관청에서 일했던 조선인들까지 매국노니 친일파니 몰아세우며 온 세상을 들쑤시기 시작했다.

조선 전체가 갑자기 서로 물고 뜯는 아비규환이 되어 버린 가운데 우리 가정에도 불안과 두려움의 그림자가 드리워지기 시작

했다. 특히 내가 시집온 집안은 위험할 수밖에 없었다. 나는 물론
이고 남편과 그의 형제들이 일본 유학을 다녀온 데다, 대대로 내
려온 큰 지주 집안이었기 때문에 공산분자들의 표적이 되었던
것이다. 이로 인해 불안해진 시댁의 형제들은 긴급히 남으로 내
려갔다. 이렇게 되자 남편도 좌불안석이었다. 이런 분위기 속에
서 나도 불안해지기는 마찬가지였다. 결국 신변에 위험을 느낀
남편이 비장한 표정을 지으며 내게 말했다.

"여보, 지금 조선의 형세를 보아서는 우리 집안의 재산은 물
론 우리 가정의 앞날이 어찌될지 모르는 풍파 속에 휘말릴 것 같
소. 빨갱이들이 그 칼끝을 우리에게 들이댈 것은 시간문제 같소
이다. 공산주의 사회에서는 사유 재산을 인정하지 않고 모두 국
유화한다는 소문이 돌고 있소. 그렇게 되면 땅뿐만 아니라 집까
지도 그 무리들에게 빼앗기게 될 것이오. 그러면 우리가 어찌되
겠소. 게다가 그놈들이 일본에 가서 공부하고 온 것과 관청에서
일했던 것을 빌미로 정치범으로 몰아붙이면 우리는 빠져나갈 틈
없이 그대로 당할 수밖에 없소. 조선의 형세가 어찌될지 모르는
정황이니 일단 우리 가족의 안전을 위해 남으로 피하는 것이 좋
을 것 같소."

그러나 당시 나는 학교 선생이었고, 내 출신은 보잘것없는 노
동자 가정이었기에 그렇게까지 위기의식을 느끼지 못했다. 이런
형세에서 남편과 나는 신변 위험을 느끼는 데에도 차이가 있을

수밖에 없었다. 당시 남편과 같은 처지의 사람들 중에는 신변의
위험 때문에 일단 남으로 피신한 경우가 꽤 있었다. 그때 우리에
게는 세 살 된 아들이 있었고, 내 복중에는 또 하나의 생명이 자
라고 있었기에 몸 상태가 양호하지 못했다. 이런 상태에서 먼 길
을 떠날 용기가 나지 않았고, 복중에 있는 아기에게 안 좋은 영향
을 줄 것도 같았다.

사실 선천이 내 고향임에도 불구하고 나는 마음속으로 늘 큰
도심지로 가고 싶다는 생각을 품고 있었다. 그러나 안정되지 않
은 상태에서 기약도 없이 선천을 떠나고 싶지는 않았다. 나는 남
편에게 나의 생각을 말했다.

"여보, 우리가 서로 합당한 직업과 생활 여건이 갖추어지면 함
께 서울로 가는 것이 마땅하겠지만 이런 어수선한 시국에 모두
가 함께 새로운 곳으로 간다는 것이 합당치 않다고 생각해요. 지
금은 해방된 지 얼마 되지 않아 이런 난국이지만, 오래지 않아 안
정될 거예요. 당신이 공산당원들에게 부르주아의 지주 집안이니
친일파니 하면서 비난의 대상이 되고 있는 건 사실이지만, 정세
가 안정되면 모든 것이 진정될 것이라 봐요. 우리 같은 집안 대부
분은 남편들만 남으로 피신했더군요. 아무래도 모든 식구들이
전토와 집을 놔두고 간 경우는 별로 없는 것 같아요. 일단 당신부
터 남에 가 계세요. 만일 꼭 남으로 가야 될 위급한 상황이 생기
면 내가 위험을 무릅쓰고라도 당신에게 갈게요."

그 말에 남편도 더 이상 나를 설득하려 하지 않았다. 평소 그와 의견이 대립될 때마다 쉽게 고집을 꺾지 않았던 나를 잘 알고 있었기 때문이다. 게다가 남편도 앞일이 어떻게 될지 장담할 수 없던 터였다.

"그러면 일단 내가 먼저 누님이 가 계신 대전으로 내려가 정세가 가라앉을 때까지 피신하겠소. 그러니 당신은 당분간 첫 애를 잘 돌보아 주고 가정을 지켜 줘요. 내려가서도 수시로 연락하고 생활상에 지장 없도록 모든 일을 주도면밀하게 준비해 놓겠소."

이로써 조선 전체에 불어닥친 시대적 격변이 우리 가정을 뿌리째 흔들어 놓게 되었다. 결국 남편은 1946년 말 겨울에 나와 아이를 두고 떠났다.

"시국이 안정되면 속히 돌아오겠소. 너무 걱정 마시오."

그는 잠시 내 손을 잡더니 내 등에 업혀 있는 아기를 안아 보고 뺨을 비볐다. 한참 눈물을 글썽거리던 그는 이내 뒤돌아 집을 나섰다. 그것이 남편의 마지막 모습이 되리라고는 상상도 못했다.

남편이 없는 집은 공허했다. 그날 이후 나는 밤만 되면 더욱 불안하여 눈물로 지새우곤 했다. 특히 젖먹이 아기를 볼 때마다 아비 없는 아이의 모습에 가슴이 저려왔다. 남편이라는 존재는 가정에 균형을 잡아 주는 추와도 같다는 것을 남편이 떠난 후에야 가슴으로 느끼게 되었다.

남편이 떠난 지 얼마 후 집으로 소포가 배달되었다. 남편이 개성에서 수달모피 목도리를 사서 성탄절 선물로 보내 준 것이었다. 그 소포를 풀어 보는 순간 코끝이 시큰해지면서 마치 그의 유품이 배달된 것 같은 기분이 들었다. 그 와중에도 나를 생각하여 이 같은 선물을 정표로 보내 준 것이 너무도 감사했다. 한편으로는 평소 그에게 상냥히 대하지 못한 것이 괴롭고 후회스러웠다. 이 마지막 선물이 내게는 평생 동안 남편의 사랑으로 기억되었다.

그동안 냉랭하게 지내 왔던 우리였지만 막상 그가 떠나 버리자 그 빈자리가 너무도 크게 느껴졌다. 아버지의 얼굴 한 번 못 본 채 축복받지 못한 둘째 아이가 가여웠다. 모든 게 내 탓인 것만 같았다. 남편이 내 곁을 떠난 이후 나는 남편의 안전을 기도하며 시국이 속히 안정되어 하루 속히 가정으로 돌아오도록 절실히 부르짖었다.

영영한 민족 분단으로 그어진 38선으로 남과 북의 정치 형세가 더욱 얼어붙어 갔다. 어쩌면 우리 부부 사이도 영원히 갈라질지 모른다는 불길한 생각에 점차 희망이 시들어 갔다. 그런 불안한 삶 속에서 재롱을 피우기 시작하는 첫아이의 모습을 보며 유일하게 위로받고 힘을 얻었다. 그리고 저녁이면 아이를 재워 놓고 피아노를 치면서 찬송가를 부르는 일만이 유일한 낙이었다.

비바람이 칠 때와 물결 높이 일 때에

사랑하는 우리 주 나를 품어 주소서
풍파 지나가도록 나를 숨겨 주시고
안식 얻는 곳으로 주여 인도하소서
나의 영혼 피할 데 예수밖에 없으니
혼자 있게 마시고 위로하여 주소서
구주 의지하옵고 도와주심 비오니
할 수 없는 죄인을 보호하소서

이북 지역에 새로이 세워진 공산정권은 날로 인민들을 억압하고 사사로운 것까지 간섭하며 통제했다. 그 가운데 기독교인들이 핍박의 주된 대상이 되었다. 해방 전의 신앙생활과는 전혀 다른 사회적 분위기였다. 어느덧 모든 교인들의 활동에 압박이 따르기 시작했다.

선천은 이북 지방 중에서도 기독교인의 비율이 가장 높은 곳이었다. 선천에서 70퍼센트를 차지하는 신앙인들은 앞으로 공산 치하에 신앙의 자유를 빼앗길 것을 예측하여 하루가 멀다 하고 어디론가 떠났다. 시댁 식구들도 거의 남으로 내려갔다. 내가 다니고 있는 선천남교회도 매 주일 자리가 비기 시작했다.

나 또한 남편과 시댁들이 다 떠난 선천에 남아 있기가 싫어 남동생과 부모님이 새로 이주한 신의주로 갔다. 그곳에서 나는 신의주고급여자중학교 음악선생으로 교편을 잡게 되었다. 또한 목사이신 고모부의 소개로 신의주제1교회를 소개받아 그 교회의 찬양 반주자로 섬기게 되었다. 당시 신의주의 사회적 분위기도 매우 얼어붙어 있었다. 2년 전 신의주 학생들과 공산당원 간에 반공 반소 투쟁이 발생한 사건이 있었기에 교회에 대한 감시와 통제가 점점 심해져 갔다.

어느 날 저녁 나는 주일 예배 찬양곡을 상의하러 목사님 사택에 들렀다. 사모님께서는 근심 어린 표정으로 목사님께서 보안서에 소환되어 가셨는데 아직 돌아오시지 않았다고 했다. 그다음 날 교회에 찬양 연습을 하러 갔더니 목사님께서 와 계셨다. 목사님의 표정은 매우 어두웠다. 이윽고 목사님은 침통한 표정으로 찬양대원들에게 말씀하셨다.

"앞으로 우리에게 결코 좋은 일만은 없을 것 같습니다. 예상치 못한 어려운 일을 당할 때면 예수님의 십자가를 생각하며 기도하는 가운데 고난을 이겨 나가기 바랍니다. 자! 우리 함께 하나님께 찬양드립시다. 정 선생은 '나 어느 곳에 있든지'를 반주하시오."

그 자리에 모인 우리 찬양대원들은 왠지 불길한 예감을 느끼며 숙연한 분위기 속에 찬양을 드렸다.

나 어느 곳에 있든지 늘 맘이 편하다
주 예수 주신 평안함 늘 충만하도다

나의 맘속이 늘 평안해 나의 맘속이

늘 평안해 악한 죄 파도가 많으나

맘이 늘 평안해

주일 예배 시간에 모인 온 성도들과 찬양대원이 자리에서 일어나 이 찬송을 불렀다. 그러나 어느 누구도 이 찬송이 마지막이 될 줄은 몰랐다. 그 후 우리는 목사님을 뵐 수 없게 되었고, 교인들도 썰물 빠져나가듯 다 떠나 교회가 거의 비워지게 되었다.

1948년 어느 날, 나는 갑작스럽게 평양교향악단의 피아노 주자로 발령을 받게 되었다. 그로 인해 나는 어린아이 둘을 친정어머니께 맡길 수밖에 없었다. 나 또한 아이들과 기약 없이 등지게 되어 아이들에게 또 아픔을 주게 된 것이다. 평양으로 가서 피아니스트로 활동하게 된 것은 기뻤지만 친정에 두고 온 아이들 생각에 늘 우울했다. 음악인으로서의 성취감은 얻었으나 남편과 아이 모두를 잃어버린 것이나 다름없었기에 슬펐다. 평양과 신의주는 거리가 멀어 아이를 보러 자주 갈 수 없었다. 더구나 새로이 구성된 교향악단이라 할 일이 태산같았다. 시간이 갈수록 몸도 마음도 지쳐 갔다.

다행스럽게도 평북 구성에 계시던 고모부 목사님이 평양으로 오시게 되어 정신적으로 큰 의지가 되었다. 나는 주일이면 고모부 집에서 주일 예배를 드렸다. 소수의 사람들이 모여 마치 비밀

결사대처럼 은밀하게 예배를 드렸다. 예배 중 목사님께서는 김일성의 외종조부인 강양욱 목사가 정치적 권력을 맛보면서 완전히 변질되었다고 하시며 개탄하셨다.

고모부 목사님의 말씀에 의하면 해방 후 김일성은 그해 9월에 소련 점령군과 함께 원산으로 들어왔지만, 새로운 공화국을 세우는 데 조선의 지지 기반과 조직이 필요하기에 전국적으로 교회 조직을 이용해 자신의 정권 기반을 견고히 하려 했다고 한다. 이를 위해서 그의 장인 강돈욱 장로의 동생인 강양욱 목사를 통해 조선예수교장로회의 전국적인 조직과 당시 사회에서 지도자적인 위치에 있는 많은 목사와 장로들의 지지를 구했다. 김일성은 이북 지방의 교회 세력을 최대한 활용하고자 강 목사를 전면에 내세워 많은 교회 지도자들을 포섭했다. 그 대열에 참여한 교회와 목사들도 있었으나 대부분의 교회들은 외면했다고 했다.

고모부 목사님도 언제까지 가정에서 예배를 드리게 될지 매우 불안해하셨다. 그분의 신변도 바람 앞에 놓인 등불과 같았다. 이제 많은 사람들이 모여 마음껏 예배 드리는 자유 시대가 저물어 가고 있었다. 이북 지역 교회들은 다시 암울한 제2의 신사참배의 시대로 접어들고 있었다.

평양에 홀로 올라와 교향악단에서 음악인 생활을 하던 나는 순수 예술 활동이 아닌 정치 놀음의 꼭두각시가 되어야 했다. 공산주의 노동당은 주일에도 음악인들을 동원하여 여러 행사와 모

임에 동원시킴으로써 주일 성수를 못하게 했다. 신사 참배로 신
앙생활에 고통을 겪었던 일제강점기를 지나, 이제는 하나님의 존
재를 부인하고 교회를 말살시키려는 공산주의 압정하에 또다시
신앙 탄압을 겪어야 했다.

포탄 속에서

1950년 6월 25일, 소위 '조선해방전쟁'이 발발할 당시 나는 평양에 있었다. 전쟁으로 인해 비상시국이 되면서 나의 신분은 평양교향악단의 연주자가 아닌, 내게는 너무도 어울리지 않는 장교 계급장을 단 군인 신분이 되었다.

남조선 해방이 곧 눈앞에 올 것처럼 요란한 선전을 해대더니, 전세가 어떻게 바뀌었는지 9월쯤 되자 평양이 미국 폭격기에 의해 그야말로 불바다가 되었다. 이렇게 된 바에는 차라리 미군이 조선을 통일시켜 주면 좋겠다는 생각도 해보았다. 그렇게 되면 헤어진 남편과도 다시 상봉하게 될 것 아닌가 하는 마음이었다.

평양의 폭격은 밤낮을 가리지 않고 이어졌다. 마치 요한계시록의 마지막 심판이라는 생각이 들 정도였다. 평양의 시가지는 그야말로 성한 건물이 없을 정도로 초토화되었다. 10월이 되자 상부에서 후퇴 지시를 내렸다. 그리하여 내가 속한 군부대는 중국과 접경 도시인 신의주로 이동하게 되었다. 어머니께 맡긴 두 아이가 있는 곳이었기에 나로서는 잘된 일이었다. 평양에서 신의주까지는 250킬로가 넘는 먼 거리였지만, 죽기 전에 내 아이들을 꼭 만나 보아야 한다는 본능적인 모성애 하나로 걷고 또 걸었다. 만신창이가 된 몸과 발을 이끌며 낮 시간을 피해 부대원들과 함께 이동한 끝에 마침내 신의주에 당도했다.

군인 신분이기는 했으나 장교 지위에 있었던 덕분에 어느 정도 자유가 허용되어 어머니와 아이를 만나 볼 수 있게 되었다. 어머니께서는 나를 보자 마치 죽은 자식이 살아 오기라도 한 듯 목 놓아 우셨다.

"현숙아, 네가 이렇게 살아 돌아온 게 믿기지 않는다. 평양 폭격에 수많은 사람들이 죽었다고 하는데, 네가 머리털 하나 상함이 없이 살아서 왔다는 게 너무도 감사하구나. 나는 이 같은 날이 올 거라 생각을 못했다. 네 두 아들 모두가 무탈히 잘 자라고 있단다."

어머니께서는 나를 방으로 데리고 가시더니 두 아이가 깊이 잠들어 있는 모습을 보여 주셨다. 지옥 같은 전쟁의 참화 중에 두 아이들과 내가 살아 있다는 사실에 하염없이 흐르는 눈물을 주체할 수 없었다. 엄마 품에 안겨 한참 재롱을 피우며 자라나야 할 아이들이 고아처럼 버려져 있다는 생각에 마음이 아팠다. 내가 아이들에게 못할 짓을 하고 있다는 죄책감을 떨칠 수가 없었다. 왜 나는 이처럼 가족과 헤어져 살아야 하는가. 내가 태어난 조선이라는 나라, 그리고 내 인생이 원망스럽기만 했다.

신의주로 피난 온 것이 그지없이 잘된 일이기는 했으나, 아이들을 보자 마음이 흔들렸다. 이제 나는 평범한 아기 엄마도 아니고 음악인도 아니었다. 문득 군복을 입고 있는 내 모습이 기괴하게 느껴졌다. 계속 아이들 곁에 있고 싶었지만 군인의 신분이기에 하룻밤도 채 지내지 못한 채 군막사로 향해야 했다.

신의주에 온 지 한 달 남짓, 신의주에도 폭격이 시작됐다. 중공군이 조선 전쟁에 개입하기 위해 압록강을 도강하게 되면서 신의주도 폭격 대상지가 된 것이다. 이제 이곳도 안전하지 못했다.

1950년 11월 6일, 그날은 내 평생에 잊지 못할 무시무시한 악몽 같은 날이었다. 평양에서 진절머리 나도록 보아 왔던 끔찍스런 폭격이 압록강 철교와 신의주 시내에도 시작되었다. 이북의 수많은 피난민들은 중국과 국경 지대인 신의주는 안전할 것이라는 생각으로 작은 도시에 몰려와 있었다. 그러나 인구가 20만 명도 못 되는 작은 국경 도시에 B29 폭격기들이 쉴 새 없이 폭탄을 퍼부었다. 하늘에서 퍼붓는 폭발음이 지축을 흔들었다. 폭탄이 떨어지는 곳에 불기둥이 생기면서 그 주변이 삽시간에 잿더미가 되었다. 신의주 시내가 금세 초토화되었다. 인민들은 처참히 죽어 나갔다. 그들은 왜 이 땅에 이러한 불의 심판이 임하는 것인지 알지 못했다.

그날 폭격으로 5만 4천 명이나 되는 무고한 백성들이 목숨을 잃었다. 참으로 전대미문의 참혹한 참사였다. 살아남은 가족들은 폭격으로 인해 죽은 가족들을 끌어안은 채 울부짖거나, 잃어버린 가족들의 생사를 확인하느라 헤맸다. 그 참상은 평양보다 더했다. 신의주는 그야말로 노천 화장터가 되어 버렸다.

그 끔찍한 참화 속에서도 신의주제1교회 서상권 장로님과 김순화 여전도사님은 살아남으셨다. 김 전도사님은 두려움에 떨고 있는 양 떼들을 돌보기 위해 위험을 무릅쓰고 광주리에 성경과 먹을 것을 담아 가지고 이곳저곳 돌아다니며 헌신하셨다. 그분은 내 생애에 가장 잊을 수 없는 참된 목자였다.

하나님께서는 바로 이러한 고통스러운 때를 위해 무명의 김 전도사님을 이 땅에 남겨 놓으신 것이었다. 그분도 다른 교인들처럼 신앙의 자유를 찾아 남으로 갈 수도 있었을 텐데, 이를 마다하고 자신의 생명을 초개와 같이 여기며 독신으로 이 땅에 남아 고난당하는 성도들과 끝까지 함께하셨다.

훗날 들리는 소문에는 그 전도사님이 교회에서 홀로 새벽 기도를 드리다가 인민군의 손에 끌려 나와 총살을 당했다는 말도 들렸다. 죽으면 죽으리라는 일사각오의 신앙을 끝까지 견지하신 김 전도사님. 그분은 조선 교회사에 길이 남을 성자다. 그 전도사님은 전쟁 중에 다니시면서도 늘 이 찬송을 부르셨다.

피난처 있으니 환난을 당한 자 이리 오라
땅들이 변하고 물결이 일어나
산 위에 넘치되 두렵잖네
이방이 떠들고 나라들 모여서 진동하나
우리 주 목소리 한 번 발하시면
천하에 모든 것 망하겠네

그러한 극한의 상황에서도 이 땅에 남아 있는 기독교인들은
이런 생지옥 같은 와중에 주일과 수요일마다 서 장로님의 집에
모여 삼엄한 감시를 피해 예배를 드렸다. 나의 친정 식구들도 빠
지지 않고 열심히 모였다. 그 당시에는 오직 예배를 통해서만 위
로와 평안을 얻었다. 나는 군인 신분이었기에 예배를 드릴 때는
민간 복장으로 변장을 하고 참석했다. 예배 기도 시간에 성도들
은 몸부림을 치며 하나님께 울부짖는 기도를 드렸다. 그들은 전
쟁터에 끌려간 남편과 자녀들이 무사히 돌아오도록 간구하였고
조선 전쟁이 속히 끝나게 해달라고 부르짖었다.

전쟁 초기에 김일성은 남조선을 미제국주의 압제에서 해방시
키기 위한 것이라고 말하며, 곧 통일이 되고 새로운 시대가 올 것
이라고 요란하게 선전을 했다. 그러나 통일과 해방은커녕 조선의
강토는 오히려 소돔과 고모라에 내렸던 유황불의 심판보다 더
무서운 불의 징벌을 받았다. 결국 아름다운 강산은 피로 물든 저

주를 받고 말았다. 하나님께서는 왜 이런 불의 심판을 우리에게 내리신 것일까. 조선 민족의 죄가 얼마나 극심하기에 이 같은 천벌을 받는 것인지 이해할 수 없었다.

내가 속한 군부대는 보다 안전한 곳으로 군의 진지를 옮겨 의주군 룡산리의 교회를 차지하고 그곳에 지휘 본부를 세웠다. 나의 친정 부모님과 아이들도 내가 있는 근처로 피난처를 옮겼다. 신의주 성도들 중 일부도 같이 이전했다. 그곳에서도 믿음의 성도들은 정한 날에 은밀한 예배를 드렸다. 장교 신분인 내가 비밀리에 예배에 참석하는 것은 매우 위험한 모험이었다. 전쟁시에 군의 규율을 어기면 더 엄한 처벌을 받는 것은 당연한 것이었다.

당시 그 지역에서도 예배에 모인 성도들은 마치 비밀 결사대와 같이 모여 신앙을 이어 갔다. 교인들 가운데 물심양면으로 가장 큰 역할을 한 최 장로님은 해방 전 의주 지역의 지주 집 머슴이었던 분이었다. 그분은 공산화가 되면서 노동당에서 농지와 기와집도 받아 팔자에 없는 지주가 되셨다.

1950년 12월 25일 성탄절. 그 전쟁 와중에 최 장로님의 집에서 아기 예수 오심을 경배 드리는 성탄 예배를 드렸다. 그날은 김 전도사님이 오셔서 설교를 하셨다. 그 자리에 모인 성도들은 목멘 소리로 성탄 축하 찬송을 불렀다.

그 어린 주 예수 눌 자리 없어

그 귀하신 몸이 구유에 있네
저 하늘에 별들 반짝이는데
그 어린 주 예수 꼴 위에 자네

이날 성탄 예배는 무사히 드렸지만, 다음 날 군부대 상관이 그 장로님을 소환하여 엄한 문책을 했다. 누군가가 밀고를 한 모양이었다. 평상시 같으면 상당한 처벌을 받을 사안이었지만 전쟁시였고, 또 그 장로님이 어려운 이웃들에게 많은 선행을 한 것을 모두가 알고 있었기에 가벼운 경고 처분을 받는 것으로 일이 마무리되었다. 하지만 그 장로님은 그러한 위협에도 굴하지 않으시고 내 동생에게 망을 보도록 하여 산중 토굴에서 은밀히 예배를 드리셨다. 그뿐만 아니라 그분은 굶주리고 부상당한 피난민들을 힘껏 도우셨다. 정말이지 모두가 존경하는 훌륭한 신앙인이셨다.

1951년 초에 나는 상부의 인사 명령에 의해 영예군인학교(상의군)의 문화 지도원으로 발령을 받았다. 장소는 의주의 망향리 예배당이었다. 이처럼 군기관이 교회당을 차지한 것은 미군은 교회를 폭격하지 않는다는 소문이 있기 때문이었다. 예배당을 빼앗긴 교인들은 삼삼오오 자신들의 집이나 은밀한 곳에서 기도 모임을 가졌다.

나는 새로운 지역이라 신분을 노출할 수 없었다. 하지만 장교의 신분으로 간접적이나마 도움을 줄 수 있는 것은 최선을 다해 힘을 보냈다. 어떤 교인은 나에게 이렇게 말했다.

"선생님께서도 옛날에 예수를 믿었던 사람 같습네다."

마침내 그렇게도 몸서리쳤던 폭격이 멎었다. 정전이 되어 평
온함을 되찾은 것이다. 나는 군부대와 함께 평양으로 돌아왔다.

그 전쟁 와중에 나의 부모님도 세상을 떠나셨다. 이제 나라는
존재는 벌판 위에 던져진 고아와 같았다. 북과 남이 갈라져 남편
과 이별하였고, 이 전쟁으로 나의 부모님도 떠나시고 만 것이다.
나는 험악한 민족의 수난사 현장에 버려진 인생이 되었다.

전시 체제가 해체되어 나는 본래의 음악인의 자리로 돌아가게
되었다. 그러나 나의 어깨를 짓누르는 또 다른 멍에를 지게 되었
다. 다름 아닌 두 아이의 육아였다. 어느 누구도 이를 대신해 줄
수 없었다. 나는 새로운 전쟁을 또 치러야 했다. 전쟁 끝이었기에
탁아소 시설도 구비되어 있지 않았다. 결국 아이들은 이웃에게
적당한 수고료를 주어 맡기고 근근이 일상을 지탱해 나갔다. 평
양에서 내가 의지할 유일한 혈육은 고모부 목사님이었다. 그러나
그전처럼 예배를 드릴 수가 없었다.

평양 국립교향악단의 단원으로 복귀하여 음악 활동도 서서히
자리를 잡아 가면서 정상적인 생활에 접어들었다. 평양을 비롯
한 조선의 온 백성들은 전쟁으로 파괴된 시가지며 산업 시설 복
구를 위해 모두가 공사판에 뛰어들었다. 모두가 불철주야로 일
한 덕에 서서히 복구되어 가기 시작했다.

1957년, 내 일생일대에 음악인으로서 잊을 수 없는 가장 화려한 기회가 찾아왔다. 당시에는 공산권 국가와 사회주의 국가 청년들이 모여 국제적인 '세계청년학생축전'이라는 국제 대회를 열었다. 1957년에는 소련 모스크바에서 제6회 청년학생축전이 열렸는데, 바로 그때 내가 조선민주주의인민공화국을 대표하여 예술 단원으로 참여하는 영예를 누리게 되었다.

동화 속에서나 볼 수 있는 아름다운 크렘린 궁에서 화려한 음악 공연을 하여 많은 갈채를 받았다. 나는 차이코프스키의 피아노 협주곡 1번을 연주했다. 이 피아노 곡은 차이코프스키의 가장 대표적인 곡이었다. 슬라브 풍의 장중하고도 화려한 곡으로 현악기와 관악기의 화성이 피아노와 절묘하게 조화를 잘 어우러지는 명곡이다. 피아노를 연주하는 사람이라면 한 번쯤 관현악단과 협연해 보는 것을 소원으로 품을 만큼 뛰어난 작품이었다. 교회에서 풍금 치는 것을 꿈꿨던 가난한 조선인 소녀. 봉숭아 씨처럼 존재감 없던 그 아이는 기적처럼 피아노를 치게 되었고, 전국 피아노 콩쿠르에서 최우수상까지 수상함으로 모든 꿈을 다 이루었다고 생각했다. 그 후에 하나님께서는 일본의 유명한 음악 대학에서 공부할 기회를 열어 주시기까지 했다. 미처 졸업은 못했을지라도 일본 음대생들에게 뒤처지지 않는 실력을 과시한 것도 평생을 두고 과분한 일이었는데, 이처럼 서양 음악의 본고장 중에 하나이자 차이코프스키의 모국인 모스크바 크렘린 궁에서 그와 같은 곡을 연주하게 되었다는 것은 당장 죽더라도 여한이 없을 꿈같은 현실이었다.

화려한 무대 위에 올라 피아노 앞에 앉은 나는 마치 천상에 와 있는 듯 제정신이 아니었다. 이 무대에 오르기 전 대표 단장은 내게 특별히 정치적인 주문을 했다.

"동무는 이 무대에서 전쟁의 잿더미에서 다시 일어선 조선인의 의지와 기개를 한껏 뽐내고 당과 수령님과 인민에게 기쁨을 드리는 마음으로 최선을 다하시오."

준엄한 권고였다. 무대 위에 올라오니 내 일생일대의 기회에 나의 피아노 연주 실력을 마음껏 뽐어 내어야 한다는 비장한 각오가 섰다. 세계 각국에서 온 사람들과 소련의 권력자들 앞에서 조금도 주눅 들지 않아야겠다는 생각이 들었다. 이윽고 나는 피아노 건반 위에 손을 올려놓았다.

나의 혼과 정열을 쏟아 피아노 건반 위에 불꽃을 일으켰다. 때로는 강렬하게, 때로는 물 흐르듯 부드럽게 터치하며 나의 혼을 불어넣어 힘껏 연주했다. 마치 이 순간만을 위해 존재해 온 것처럼 나의 모든 것을 불태워 가며 피아노 음으로 대서사시를 써나갔다. 나는 시간을 의식치 못한 채 몰입했다. 이윽고 내 모든 것을 쏟아 낸 연주를 마치자 마침내 객석에 앉아 있는 모든 사람들이 일어나 기립 박수를 쳤다. 관중들의 환호와 박수에 답례하기 위해 몸을 굽혀 인사를 하는 순간, 내 눈에서 뜨거운 눈물이 흘려내렸다. 나도 모르게 이런 고백이 흘러나왔다.

"오, 하나님! 저를 이처럼 높여 주시고 위로해 주시고 원수의 목전에서 기름을 발라 주심 같이 저를 세워 주시네요. 하나님 아버지 감사합니다!"

연주를 마친 뒤 무대 뒤로 돌아가자 대표 단장은 나에게 다가와 내 손을 꼭 잡으며 울먹이는 목소리로 말했다.

"정 선생, 정말 대단하였소. 우리 조선이 얼마나 위대한지를 몸소 보여 주었소. 귀국하면 대단한 포상이 있을 것이오."

그러나 그의 말은 내 귓전을 스쳤을 뿐이었다. 나는 그저 '이제 음악인으로서 모든 꿈을 다 이뤘다'는 성취감에 젖어 있었다.

대회를 성황리에 마친 우리 음악 대표단은 곧장 조국으로 귀국하지 않고 동부 유럽 국가들을 방문하며 음악당에서 공연을 계속했다. 전쟁 복구 시에 동구권 유럽 나라들로부터 많은 의료와 물자 지원을 받았기에 답례를 하기 위함이기도 했고, 그 국가들과의 우호 증진을 위해 사전에 준비된 공연이기도 했다. 나는 이런 호기를 통해 피아노 연주 실력을 마음껏 발휘했다. 음악 단원들은 난생 처음 해보는 유럽 여행에 한껏 들떠 있었다. 어린 시절 소학교 공연단으로 만주 지역 공연을 해보았던 나로서는 생애 두 번째 해외 공연인 것이었다.

우리 일행은 기차로 동독의 베를린, 체코의 프라하, 루마니아, 불가리아 등의 나라들을 방문했다. 가는 곳곳마다 영화 속에서

나 보아 왔던 아름다운 음악당에서 피아노 독주와 협연을 할 수 있었다. 그때마다 많은 유럽인들에게 아낌없는 갈채를 받았다. 그 순간만큼은 나 자신이 성공한 음악인의 인생을 살고 있다는 자부심이 솟았다.

그 순회 공연 중에 함께한 사람 중 일본 우에노음학대학의 동문이 있었다. 그는 성악을 전공한 김관우 선배였다. 그가 독창을 할 때면 늘 내가 반주를 했었고, 그때 순회 공연 중에도 내가 피아노 반주를 해주었다. 그 선배는 이미 조선에서 최고의 공로 음악가가 되어 있었다. 그는 오스트리아 빈에서 열린 세계 음악 콩쿠르 성악 부문에서 조선인 최초로 최우수 수상자로 선정되어 최고의 영예를 누리기도 했다. 우리는 김 선배의 풍부한 음량과 미성에 대해 "김 선생님의 목소리는 빠다를 바른 것 같습네다" 하고 우스갯소리를 하곤 했다. 그는 정말 대단한 성악가였다.

골짜기의 기도

　전쟁이 끝난 후 음악인으로 전념할 수 있는 환경이 주어졌지만, 또 다른 시련의 광풍이 몰려오고 있었다. 그간 겪은 힘든 일 가운데 고역스러웠던 것은 주변 남자들의 노골적인 치근거림과 청혼의 유혹을 물리치는 일이었다. 그러한 세월 속에 어느덧 내 나이도 40대의 불혹이 되어 있었다.

　한편 정치적으로 엄청난 시련이 엄습해 왔다. 1961년 조선에서는 다름 아닌 정치적 숙청 바람이 불어 공포의 분위기가 조성되었다. 그 잔혹한 칼바람 앞에 내 인생이 두 아이와 함께 뿌리째 뽑히게 되었다. 당시 나는 오직 음악 활동과 자녀 양육에만 전념하고 있었기에 그것을 나와는 상관없는 일로 여겼다.

　어느 날 정치부의 고위직 부장이 인편을 통해 자신의 사무실로 오라는 전갈을 전해 왔다. 그 연락을 받은 나는 왠지 불안하고 초조해졌다. 나는 지체하지 않고 그의 사무실로 갔다. 그 간부는 평소에도 잘 알고 있었던 사람이었다.

"정 동무, 우리 당 주위에서는 동무의 일상에 대해 많은 관심을 갖고 있소이다."

앞뒤도 없는 그의 갑작스런 말에 나는 당황해하면서 조심스럽게 그의 표정을 살펴보았다. 뭔가 심상치 않다는 예감이 들어 긴장된 어조로 그에게 응사하듯 차갑게 말했다.

"나는 누구의 관심을 받는다는 것에 대해 신경 쓰고 싶지 않습네다. 그저 한 음악인으로, 애들을 키우는 여자로서 충실할 뿐입네다."

그러자 그가 기다렸다는 듯이 말했다.

"정 동무! 그래서 하는 말인데, 물론 정 동무는 매사에 주도면밀하여 다 잘하고 있지만 장래의 일도 생각 안 할 수 없지 않소. 물론 지금 애들이 어려서 별 문제 없겠지만, 정 동무의 앞일도 이제는 생각해야 되지 않겠소."

그의 의도를 알아차린 나는 순간적으로 이 사람에게 분명한 뜻을 못 박아 놓아야겠다고 생각했다. 나는 격양된 감정을 억제하지 못하고 쏘아붙이듯 말했다.

"부장 동지, 이 문제는 어디까지나 나의 사생활이고 가정 문제입네다. 왜 이런 문제를 동지께서 간섭해야 하는지 알 수 없군요. 아니, 당과 동지가 내 인생을 책임지고 보장해 줄 겁네까? 행불행은 내가 알아서 할 것이니 관심 놓으시라요. 지금껏 나는 이렇게 살아왔습네다. 내게 남편이 없다 해서 이런 수모 주는 말은 더 이상 하지 마시라요."

그 간부는 나의 흥분된 언사에 자존심이 상하였는지 가시 돋힌 말로 받아쳤다.

"정 동무는 누구보다 더 당과 수령님의 하해와 같은 은덕을 입고 살아왔다는 것을 모릅네까. 몇 년 전 모스크바와 동유럽의 음악 연주회에 다녀온 것도 내가 힘을 많이 썼기에 숱한 경쟁자들 가운데서도 동무가 발탁된 것이었소이다. 당으로부터 그런 은덕을 입었으면 답례도 해야 하는 것이 마땅한 것 아니갔소. 설사 동무 마음에 내키지 않더라도 당과 인민을 위해서는 사사로운 관계를 과감히 버릴 줄도 알아야 되는 것이오. 내가 동무에게 말하려는 것은 내 사적인 권면이 아니라 당의 명령임을 분명히 밝혀 두는 바요."

그는 장황하게 연설하듯 나를 설득하려 했다. 그의 장황한 말의 속뜻은 나의 재혼에 관한 것이었다. 만일 여기서 분명하고도 단호한 의사를 밝혀 두지 않으면 지속적으로 압박해 올 것이 뻔하였기에 나는 날을 세운 어투로 뱉어 내듯 말했다.

"부장 동지께서 나를 생각해 주는 것은 고마운 일입네다마는 나는 이미 아이들의 장래를 위해 재혼 생각을 접고 산 지 이미 오래되었을 뿐만 아니라, 어떤 어려움이 있더라도 당의 도움을 구하지 않을 것이며 나 홀로 애들을 얼마든지 꿋꿋하게 키워 나갈 것입네다. 그러니 이 문제에 대해 더 이상 당 차원에서 관여치 말아 주시기 바랍네다."

나의 독기 서린 말에 몹시 감정이 상한 듯 그 부장은 준엄한 어투로 나를 겁박하려 했다.

"정 동무는 아직도 우리 조국의 혁명 노선과 현실을 제대로 이해 못 하고 있는 것 같소. 우리 인민은 오직 당과 수령의 뜻이라면 사사로운 개인의 생각과 헛된 사상은 반당적이고 반혁명적인 것임을 분명히 알아야 할 것이오. 내가 이처럼 동무를 부른 것은 정 동무 자신뿐만 아니라 두 아이의 장래를 위해서 각별한 배려의 마음으로 권면하는 것일 뿐이오. 다시 한 번 생각할 기회를 줄 터이니 피차 좋게 판단하여 내게 알려 주시오. 기회가 늘 있는 것은 아니오."

그 말에 피가 거꾸로 치솟는 것 같았다.

"부장 동지! 나는 지금까지 살면서 당과 수령님께 조금도 누를 끼치는 일을 하지 않았습네다. 나는 누구보다도 내게 맡겨진 임무에 소홀함이 없었습네다. 앞으로도 그렇게 살 것입네다. 그러니 나의 가정사에 더 이상 관여치 말아 주시라요. 지금까지 주위 남자들에게 시달린 것만 해도 충분합네다. 내가 재혼할 것 같았으면 벌써 했을 것입네다. 나는 앞으로도 아이들 앞에 조금도 부끄럽지 않게 살 것입네다."

홍분을 감추지 못한 나의 모습에 그 간부는 잠시 멈칫했다.

"정 동무의 지조는 정말 대단하오. 그러나 현실이 그렇게 녹록지 않다는 것을 앞으로 살면서 절실히 알게 될 것이오. 동무의 뜻이 그렇게 확고하면 나로서도 당으로서도 더 이상 강요할 수 없는 문제요. 우리 속담에 평양 감사도 싫으면 어쩔 수 없다고 한 것처럼 본인 뜻이 그렇게 완고하면 더 이상 말하지 않겠소이다. 정 동무의 음악적 실력과 충성심은 우리 모두가 잘 아는 바요. 앞으로 이 문제는 더 이상 재론치 않겠소이다."

그 남자는 좀 누그러진 듯한 말투로 그렇게 말하더니 내 앞에 다가와서는 내 손을 슬며시 잡았다. 그 순간 나는 반사적으로 그 간부의 뺨을 후려치고는 문을 박차고 나와 버렸다.

그 일이 일어난 지 몇 달 후, 나는 또다시 칠흑 같은 어둠 속에 묻히게 되었다. 그때 만일 내가 당에서 요구하는 재혼을 받아들였다면 잔인한 칼끝을 비켜 갔을지도 모른다.

당에서는 전쟁으로 남편과 아내와 자식을 잃은 부지기수의 사람들을 고려하여 사회 유지와 정권 안정을 위해 국가적 차원에서 불가피한 정책을 내렸을 것이다. 만약 내가 전쟁으로 인해 남편을 잃었다면 그 문제를 수용하는 데 큰 저항감이 들지 않았을 수도 있다.

그러나 나의 경우는 엄연히 달랐다. 두 당사자 간에 이혼 도장을 찍고 갈라섰다면 모를까, 우리는 시대적으로 어쩔 수 없는 상황에서 갈라진 부부였다. 그러니 남편의 핏줄이 엄연히 존재하는 마당에 재혼을 결정한다는 것은 내 신앙으로 용납할 수 없는 문제였다.

비록 통일이 언제 올지 모르는 상황이었지만 한 아내로서, 두 아이를 둔 어미로서 내 등골이 할미꽃처럼 꼬부라져 있을지라도 두 아이를 앞세우고 남편 앞에 당당히 서야 한다는 것이 나의 확고한 지조였다. 그뿐만 아니라 정치적인 강압에 굴종하거나 이용당하고 싶지 않았고, 강제 결혼이라는 지난날의 상처가 아직도 남아 있었기에 결혼은 두 번 다시 생각하고 싶지 않았다.

그런 불쾌한 일을 겪은 후 나는 주변 남자들과의 공적인 관계에 더욱 신경을 쓰며, 내 자신과 자식을 지키기 위한 본능적인 방어를 하기 위해 스스로에게 날을 세웠다. 얼마 전 재혼에 대해 압력을 행사하려 했던 그 간부의 자존심을 크게 상하게 하였으니 아마 그가 앙심을 품고 꼬투리를 잡으려 할 것이었다. 이에 나는 더욱 긴장하며 경계했다. 그러나 이미 나의 운명은 그의 손아귀에 잡혀 있었다. 나와 두 아들의 생사가 그 흉악한 검열의 명단에 올라 있었던 것이다. 그로 인하여 나와 아들들의 인생 행로는 먹장구름 속에 파묻히게 되었다.

그해 추운 겨울 어느 날 갑작스러운 통보가 날아들었다. 몇 날 몇 시에 정치 강연이 있으니 어느 학교 운동장으로 모이라는 것이었다. 참으로 의아스러운 교육 통보장이었다. 그날 아침 두 아이를 학교로 보내고 출근 복장을 한 채 학교 운동장으로 향했다. 그곳에는 이미 수백 명이 모여 있었다.

잠시 후 마이크를 잡은 사람이 주거지 별로 줄을 서라고 하더니 출석 여부를 확인했다. 출석 점검이 끝나자 연단에 한 사람이 올라섰다. 그는 살기등등한 목소리로 여기에 모인 사람들은 한 사람도 빠짐없이 몸에 지닌 모든 소지품들을 다 꺼내 놓으라고 명령했다. 그제야 불길한 예감이 들었다.

내 소지품 중에는 호수돈여고 시절 조만식 장로님께 받았던 만년필이 있었다. 나는 그것을 전쟁 중에도 늘 몸에 지니고 다녔는데, 어쩔 수 없이 그것마저 발밑에 내려놓아야 했다. 그곳에 모인 모든 사람들은 사상 개조를 받아야 하기 때문에 지정된 곳으로 교육을 받으러 가야 한다고 했다. 교육 장소와 기한도 알려 주지 않고 일방적으로 명령하는 것이 이상했다.

여기저기서 항의조의 질문이 쏟아졌다. 그러나 가보면 안다는 대답뿐 그 이상의 설명이 없었다. 잠시 후 운동장에 군대 트럭이 들어왔다. 군인들이 내려 사람들 이름을 부르더니 트럭별로 무조건 타라고 지시했다. 무장군인들의 엄포에 주변이 험악한 공포 분위기로 바뀌었다. 그 와중에 여기저기서 사람들의 반항이 시작됐다. 그러자 군인들이 사정없이 폭력을 행사했다. 어떤 여자들은 땅바닥에 주저앉아 통곡을 하기도 했다. 한 남자는 몸으로 저항을 했지만 거친 군인들로부터 폭행만 당할 뿐이었다. 삽시간에 생지옥이 된 것이다.

분명 단기간의 교육이 아닐 터였다. 정치범 수용소나 감옥행이 분명하다는 확신이 들자 하늘이 무너져 내리는 것 같았다. 나는 마치 실성한 여자처럼 혼백이 나가 버렸다. 내가 여기서 이들에게 잡혀 간다면 내 자식들은 어찌될 것인가. 아이들의 모습이 눈앞에 어른거려 미칠 것만 같았다.

"오, 하나님 아버지! 어찌 나에게 이런 죽음보다 더한 고통과 시련을 다시 주시나요. 저는 당장 이 자리에서 죽어도 괜찮습니다. 하지만 죄 없는 어린 자식들만큼은 지켜 주세요. 제가 끌려가면 어린 것들은 어찌 되나요? 그 어린 것들까지 부모의 정치적인 죄목으로 고통을 받고 어미 아비 없는 자식으로 버림을 받아야 하나요? 대체 제 자식들은 어찌 하나요? 그 애들을 누가 키워 줍니까? 지금까지 아비 없는 자식으로 키워 온 것만 해도 애들한테 씻을 수 없는 죄를 지었는데, 어찌 아이들에게까지 이런 가혹한 저주를 안겨 주시나요?"

나는 그 자리에서 미친 여자처럼 울부짖었다. 이 사악한 공산당들은 어찌 짐승보다 더 악한 짓들을 하는지, 하나님께서는 저들의 잔악한 짓들에 대해 왜 침묵하시는지 원망스러웠다. 지금까지 수많은 고통과 시련 속에서도 굳건히 믿어 왔던 하나님이 도무지 안 계신 것 같았고 모든 걸 부인하고 싶었다.

"내가 지금까지 믿어 왔던 전능하신 하나님은 정말 공의로운 것인가요? 아무 힘도 없는 내 인생이 이처럼 짓밟히고 있는데, 왜 하나님께서는 얼굴을 돌리시나요? 저들의 짐승같은 짓들을 하나님께서 허락하신 것인가요? 그렇다면 이처럼 무참히 밟히는 것이 내가 치러야 하는 죗값인가요?"

그 순간 하늘은 분명 닫혀 있었고, 하나님은 내게서 얼굴을 돌리고 계셨다. 그곳에 모인 사람들은 사냥질을 당하듯 어디론가 끌려갔다. 나 또한 어딘지 모르는 곳을 향해 실려 나갔다. 거의 반나절 이상을 사방이 가려진 캄캄한 트럭 속에 갇혀 끌려갔다. 함께 갇힌 여자들은 모든 것을 체념한 채 흐느껴 울었다.

나를 싣고 가는 차가 지옥을 향해 가는 것 같았다. 나를 비롯한 모든 사람들은 자신들이 무슨 죄를 지어 이처럼 끌려가는지, 무슨 형벌을 받게 될지, 그 형량이 얼마나 될지도 모른 채 도살장을 향해 가는 버려진 짐승같았다.

조선이라는 나라가 아무리 공산주의 국가라 할지라도 이처럼 인민들을 적법한 심사와 재판도 없이 마구잡이식으로 사냥짓을 해댈 수는 없는 것이다. 나같이 끌려가는 사람들은 외모로 보아 거의 지식분자들 같았다. 그런 이들이 무슨 반국가적, 반당적인 죄를 지었기에 이처럼 잔혹한 형벌을 당하는지 알 수 없었다.

우리가 내린 곳은 높은 담과 철조망으로 둘러 쳐진 감옥이었다. 그곳에 들어왔다는 것을 알게 된 사람들은 이내 공포에 질리고 말았다. 그 위압적인 분위기에 숨도 크게 못 쉴 지경이었다. 절망 그 자체의 순간이었다. 나 역시 온몸에서 피가 빠져나가는 것을 느꼈다.

'오, 하나님! 왜 하필 저를 이 신의주 감옥소로 보내셨습니까?'

신의주는 나와는 너무도 기구한 인연이 있는 곳이었다. 남편과 갈라선 후에 신의주에서 교사 생활을 하며 교회를 다녔고, 전쟁 중에 군인 신분으로 다시 피난을 왔었던 곳 아닌가. 그런데 감옥 생활마저도 왜 이곳에서 하게 된 것인지 또 한 번 원망스러웠다. 좋은 추억이라고는 전혀 없는 곳이기에 다시 오고 싶지 않았는데, 또 다른 형벌을 받은 것이나 다름없었다.

신의주 감옥은 왜정 시기에 많은 독립투사들이 수감 생활을 했던 곳이었다. 압록강 건너의 만주 지역에서 독립운동을 하다 체포된 투사들이 이 감옥에서 형량을 채웠기에 이곳에는 그들의 아픔과 한이 서려 있었다.

또한 이곳은 악명 높은 감옥이기도 했다. 특히 겨울철에는 살을 에는 듯 냉한 삭풍으로 많은 독립투사들이 동상에 걸려 형기도 못 채우고 죽어 나가는 일이 다반사였다. 그런 지옥 같은 곳에 나처럼 무명한 여인이 갇히게 되다니…. 또 다른 훈장이라도 달게 되는 것일까. 그들은 나라를 되찾기 위해 우국충정의 명예스런 일을 행하다가 이곳에 갇혔지만, 나에게는 그런 의로운 명분도 없기에 수감의 의미를 찾을 수가 없었다.

끌려온 사람들은 간단한 신체검사를 마친 뒤 번호가 달린 죄수복으로 갈아입었다. 열 명씩 무리 지은 사람들이 간수를 따라 창고 같은 건물로 향했다. 여러 철창을 지나 손바닥만 한 창이 난 방의 차디찬 마룻바닥에 던져졌다. 이제 나는 더 이상 여자도, 인간도 아니었다. 그저 수인 번호가 찍힌 죄인의 화인을 맞은 존재였다.

하나님이 원망스러웠다. 요셉이 통한의 죄명을 뒤집어쓰고 감옥에 던져졌을 때 이와 같은 심정이었을까. 하지만 그에게는 자식이 없었기에 가슴이 찢어지는 이런 아픔은 덜했을 것이라는 생각이 들었다. 감옥에서의 삶이 내게 무슨 의미가 있을까 싶었지만, 두 아이를 떼어 놓고 온 어미로서 아이들을 위해서라도 희망 줄을 놓지 말아야 했다. 그러나 이 감옥에서 내 생명이 잘 지탱될지 두려워졌다.

나와 같이 이 감옥에 온 죄수들은 수감된 것으로 모든 절차가 끝난 것이 아니었다. 나를 비롯한 사람들 모두가 수시로 소환되어 정밀 심문을 받아야 했다. 나는 그제야 내가 왜 감옥에 수감되었는지를 알게 되었다. 서슬 퍼런 조사관이 마치 지옥의 사자라도 된 양 딱딱거렸다.

"당신이 무슨 죄를 짓고 여기에 오게 되었는지 알고나 있소?"

그의 말에 감정이 격해진 나도 망설이지 않고 쏘아붙였다.

"조선은 법도 없고 절차도 없어서 운동장에 몰아놓고 짐승 취급하며 이곳까지 끌고 왔습네까? 우리 조선민주주의인민공화국에는 엄연히 국법이 있지 않습네까? 최소한 법적 절차를 거쳐서 죽이든 살리든 감옥으로 보내든 해야 할 것 아닙네까?"

나는 흥분을 못 감추고 조목조목 이치를 따져 가며 대들었다. 다른 조사관이 코웃음을 치며 가소롭다는 듯 언성을 높였다.

"당신이 우리 위대한 공화국에 반국가, 반당 역적의 죄를 짓고 있는지 알고는 계시오? 우리 당에서 당신을 법대로 집행했으면 당장 총살감인 것을 모르시는가 보오?"

나는 더 당돌하게 물었다.

"그래요? 내가 나라와 당에 행한 반역도의 죄목이 무엇입네까? 도대체 누가 나를 꺾어 버리려 이런 음모를 꾸민 겁네까?"

그러자 그가 서류를 집어 들며 말했다.

"우리 당에서는 무고한 인민을 음해하는 반인륜적인 짓은 안 하오. 여기 동무의 죄목이 낱낱이 기록되어 있소이다."

그 조사관은 서류를 들고 읽어 주었다.

"첫째, 동무의 남편은 조국이 해방되자 자신의 죄를 알고 남조선으로 도망가는 비열한 반국가적 반인민적 죄를 지었소이다. 자신이 떳떳하면 왜 스스로 줄행랑을 했겠소? 당신은 그 반동분자의 부인이지 않소. 아직 법적으로는 엄연히 그 남자의 아내요. 둘째, 당신네 부부는 일본 유학을 다녀온 친일 세력으로 이 또한 매국노의 과거이외다. 그뿐만 아니라 당신 남편 가문은 오랫동안 지주 노릇을 하면서 부르주아 삶으로 가난한 인민들의 고혈을 수탈하지 않았소. 셋째, 동무는 우리 당의 노선인 맑스 레닌의 공산주의 사상과 어긋나는 유신론의 기독교분자였소. 이 기독교분자들이 우리 조국 통일과 조선 전쟁에 얼마나 반민족적 죄를 지었는지 아시오? 그 이승만 남조선 괴뢰도 기독교분자로 미 제국주의자들을 업고 조선 전쟁을 일으켜 수많은 인민들을 살생하고 우리 강토를 불바다로 만들었소이다. 당신도 몸소 10여 년 전에 다 겪어 보지 않았소이까? 넷째, 당신은 남으로 내려간 남편과 은밀하게 내통하면서 우리 조국을 해하려 스파이 활동까지 하였소이다. 자, 이 정도면 충분히 즉결 재판에서 총살형을 받아야 할 죄목 아니오. 하지만 우리 당에서는 이 같은 반동분자들에게 다시 조국에 충성할 수 있는 기회를 주고자 절차를 좀 생략한 것뿐이오."

이는 분명 전후에 복구된 정치 체제를 새롭게 하기 위해 전 인민을 대상으로 시행한 숙청 작업의 일환이었다. 정치적 순화와 통치자의 권력을 견고히 하기 위해 저들이 판단하는 불순 세력들을 척결하고 반사회주의적인 가능성을 지닌 인민들을 다 솎아 내려는 것이었다. 이미 다 각본에 따라 집행되는 작업이니 내가 아무리 항변하며 부인해 본들 결코 소용없을 것이었다. 나는 마지막으로 그들에게 말했다.

"조사관 동무들이 밝힌 내 죄목에 대해서는 하늘이 다 알고 있습네다. 나는 그 죄목에 대해 하나도 인정할 수 없습네다. 먼 훗

날 누가 죄인이고 아닌지를 역사가 밝혀 줄 것입네다."

그러자 자존심이 상한 그가 이렇게 말했다.

"동무가 이 자리에서 자신의 죄과를 인정하고 용서를 구하면 형량을 어느 정도 봐주려 했소이다. 동무는 이 감옥에서 썩어 보아야 개변될 인간이요. 역사 운운하는데, 어디 그럼 10년 이후에나 봅세다."

결국 나는 이 감옥에서 썩어져야 할 인생이 되어 버렸다. 조사를 마치고 감방으로 돌아오면서 영구한 세월 같은 10년의 형량이라는 판결보다는 아이들의 모습이 눈앞에 떠올랐다.

'내가 이 감옥에서 총살형을 당하지 않는 한 나는 내 자식들을 위해 반드시 살아서 이곳을 나가야 해. 이대로 죽을 수는 없는 거야.'

스스로에게 다짐을 하며 굳게 마음먹었다. 감방에 돌아와 되짚어 보았다. 아무래도 몇 달 전 나에게 당의 명령이라며 재혼을 명한 그 간부의 지시를 거역한 것과 그에게 손찌검을 한 것이 화근이 된 듯했다. 그 당 간부가 나의 오만한 행동에 악심을 품고 나를 찍어 내기 위해 그 숙청 대상에 올려놓은 것이 분명했다. 월남한 남편과 스파이 공작을 했다며 있지도 않은 사실을 음해한 것은 나에 대한 그의 복수였다.

이제 모든 것이 돌이킬 수 없는 현실이 되었다. 나는 날개 꺾인 채 새장 속에 갇힌 새가 되었다. 영영 날 수 없는 불행한 새가 되어 버린 것이다. 이 세상에 태어나 한 여인으로 행복을 누리지도 못한 채 저주받은 존재가 되어 버린 내 인생이 너무도 불행하게 느껴졌다. 차라리 박제된 새보다 못한 인생이 된 것이다.

이 어둠의 삶 속에서 더 이상 하나님을 찾고 싶지도 않았다. 하나님은 꺼져 가는 등불도 끄지 아니하시고 상한 갈대도 꺾지 아니하신다고 했는데 지금의 이 절망스러운 상황은 무언가. 지금까지 불행을 강요당하며 차꼬에 매인 삶을 살아온 것도 부족하여 죄 없는 아이들과 생이별하고 말았다. 무고한 내가 정치적 죄인의 누명을 쓰고 영어의 몸이 된 이 처지를 내 얕은 신앙으로는 수용할 수 없었다. 이처럼 악인이 기승을 부리며 승리의 면류관을 차지하고, 보라는 듯 악행을 저지르는 저들을 어찌 두 눈 뜨고 볼 수 있겠는가.

해방이 되면서 빨갱이들이 설쳐 대는 무법천지였던 조선에 전쟁이 일어나더니, 그 후로 이처럼 더 사악한 아류들이 설쳐대는 것이었다. 이 세상이 원망스러웠다. 공의로우신 하나님께서는 왜 침묵하시는 것일까. 나의 이런 사망의 음침한 골짜기의 삶이 내게 무슨 의미가 있단 말인가. 대체 장차 무슨 일을 이루시려고 내게 이런 고난을 주시는지 알 수 없었다.

나는 요셉과 나를 비교해 보았다. 요셉은 감옥의 삶을 통과해 애굽의 부귀영화를 누리는 총리가 되었고, 이로써 온 가족을 기근에서 구출해 내었다. 하지만 나는 이 고난의 의미를 찾고자 하여도 도무지 감이 잡히질 않았다. 설사 내가 나중에 이 세상에서 제일가는 피아니스트가 된다 한들 자식을 내쳐 버린 여자가 된 마당에 그게 무슨 의미가 있겠는가. 차라리 아들의 죗값을 대신 치른다면 어미로서의 모성애로 대신한다는 명분이 있는 것이지만, 재혼을 거부한 대가로 다시 이 같은 시련을 10년이나 치러야 한다는 사실이 억울하기만 했다.

어느덧 두 번째 추운 겨울을 맞이했다. 신의주는 압록강을 바로 옆에 두고 있었기에 강바람이 드셌고 만주와 시베리아에서 불어오는 북서풍의 차가운 바람이 얼음 가시처럼 살을 찔러 온몸을 움츠리게 했다. 밤이면 감방의 조그만 창살 사이로 비쳐지는 차디찬 별빛과 세찬 바람 소리가 상처난 나의 가슴을 더욱 아프게 했다. 하지만 인간은 모든 환경에도 익숙해지기 마련인 것일까. 세월을 지나며 원망스러웠던 삶에 대해 체념하게 되었고, 이것이 내가 짊어질 십자가라면 기꺼이 져야 한다는 생각이 점차 들었다. 지금까지 야무진 꿈을 성취하기 위해 이기적으로 살아온 내 인생이 보이기 시작했다.

나를 이곳으로 보낸 그 정치부 간부에 대한 분노, 많고 많은 지구상의 나라 가운데 이 악독한 조선이라는 나라에 태어난 것에 대한 원망, 그 어디에도 희망과 기쁨이 없다는 절망과 서러움. 그 모두가 털어내야 할 어두운 감정들이었다. 부글부글 끓던 분노심도 어느덧 그렇게 사그라들기 시작했다. 분명한 것은 하나님께서 수감생활을 통해 나의 모난 부분들을 하나하나씩 깨뜨리시며 다듬어 가셨다는 점이다.

옥중 생활에서도 나를 정신적으로 지탱해 준 것은 목숨보다 더 강한 어미의 모성애였다. 만일 아이들이 없었다면 살아갈 이유가 없었을 것이다. 끊임없는 노동이 강요되는 생활 중에도 나는 아이들을 잊은 적이 한 번도 없었다. 그것은 본능이기도 했지만, 그것만이 내 유일한 희망이었기 때문이었다. 나는 아이들의 음성과 표정을 상상하면서 교감하는 것을 위안 삼았다.

옥중에서도 수시로 가슴 아픈 일들이 생각났다. 전쟁 후 첫아이가 인민학교에 다니던 어느 날, 저녁에 밖에 나가 놀던 애가 갑자기 문을 박차고 들어와서는 엉엉 울어 대었다.

"오마니, 나는 왜 아바지가 없습네까? 우리 아바지는 어디 갔습네까? 애들이 나를 아바지 없는 애라고 놀려 댑네다. 아바지가 정말 없는 겁네까?"

그 말을 듣는 순간 내 가슴이 갈기갈기 찢어져 나가는 것 같았다. 바닥에 주저앉아 마구 울어 대는 아들에게 "얘야, 네 아바지가 왜 없느냐? 네 아바지는 어깨에 왕별을 달고 계신 장군님이야. 아바지는 조국을 지키기 위해 먼 데 나가 계셔. 이제 곧 오실 거야. 그리고 너를 위해 많은 선물도 갖고 오실 거야."

그 말을 들은 아들은 금세 울음을 그치고 밖으로 나갔다. 그 애의 그런 그 모습을 보고 방으로 들어가 가슴을 쥐어뜯으며 통곡을 했다. 어미로서 아비 없이 자식을 키우는 일이 얼마나 아픈 일인지, 그리고 아이에게 그 사실이 얼마나 큰 상처를 주는지를 그제야 몸서리치게 알게 되었다. 그 애가 또래 아이들과 어울리면서 얼마나 위축되고 아팠을까 하는 생각을 할 때마다 그때 남편과 함께 남으로 가지 않은 것이 후회스러울 뿐이었다.

어느덧 8년이 지나갔다. 감옥에서는 세월의 감각도 무뎌졌다. 그러나 기나긴 세월 속에서도 여전히 아이들의 얼굴이 생생한 모습으로 눈앞에 떠올랐다. 죄 많은 어미를 만난 아이들에게 불행을 안겨 준 것에 대한 자책감은 가슴속에 박혀 있는 가시처럼 늘 나를 아프게 했다. 하지만 세월은 모든 것을 회복시키는 힘이 있었다. 어느덧 봄 햇살처럼 내 마음에 평강이 찾아오기 시작했고, 나도 몰래 찬송가를 부르게 되었다.

> 내 영혼의 그윽이 깊은 데서 맑은 가락이 울려나네
> 하늘 곡조가 언제나 흘러나와 내 영혼을 고이 싸네
> 평화 평화로다 하늘 위에서 내려오네
> 그 사랑의 물결이 영원토록
> 내 영혼을 덮으소서

나의 신앙도 흐르는 세월 속에 서서히 회복되어 갔다. 어린 시절 할머니 등에 업혀 예배당에 다녔던 추억, 신의주제1교회에서 훌륭하신 목사님의 가르침을 받았던 기억, 호수돈여고 전선애 선생님으로부터 입은 깊은 은혜, 어려웠던 시절 내게 힘과 용기와 꿈을 주었던 사람들의 극진한 사랑과 가르침이 나의 내면 깊은 곳에서 샘물처럼 솟아나기 시작했다.

우리, 만날 수 있습네까?

"할마니, 진정하시라요. 평생의 소원을 이루게 될지 누가 압네까?
우리가 여행 증명서를 끊어 드릴 테니, 가서 시누도 만나 보시고 남편
소식도 들으시라요. 혹시 영감님이 선물이라도 보내 주었을지도
모르지 않습네까?"

푸른 하늘 열리고

그러던 어느 날, 세월의 흐름도 분별 못하고 지내던 내게 거짓말 같은 출옥 소식이 들려왔다. 드디어 육중한 철문이 열리며 내 눈앞에 파란 하늘이 펼쳐졌다.

한 여자의 황금기라 할 수 있는 사오십 대를 감옥에서 보내며 10년 세월의 풍상을 온몸으로 견딘 나였다. 출옥이 감격스럽기도 했지만 한편으로는 여전히 하나님에 대한 원망스러움을 떨쳐 낼 수가 없었다. 왜 이처럼 가혹한 10년의 어둠의 세월을 내 인생에 허락하셨는지 알 수 없었다. 어쩌면 이런 불같은 시험을 통과해야만 나라는 완고한 인간이 변화될 것이기에 이런 극단적인 연단을 겪게 하신 것일까.

분명한 것은 지난날 나는 관성적이며 습관적으로만 하나님을 믿었을 뿐 성숙한 신앙인은 아니었다는 점이다. 하지만 옥중에서 나 못지않게 수많은 아픔과 좌절을 겪은 여인들의 탄식을 들으며 나는 조금씩 변화되었다. 함께 울고 서로 격려하며 보듬어 줄 줄 아는 성숙한 믿음의 여인으로 거듭난 것이었다.

무엇보다도 10년의 긴 열악한 환경 속에서 건강을 지켜 주신 것이 너무도 감사했다. 어떤 사람은 감옥에서 결핵이나 영양실조, 또는 각종 지병을 앓다 변변한 치료도 못 받은 채 차디찬 송장으로 실려 나가기도 했다. 그들이 있던 방 벽에는 가족들과 고향 사진을 그리며 눈물로 새긴 낙서들이 곳곳에 있었다.

험악한 10년의 세월을 지나 머리털 하나 상함 없이 무사 출감한 나는 곧장 아이들을 찾아 나섰다.

'이제 아이들도 성인이 되었을 텐데….'

먼저 나는 10년 전 살던 집으로 가 보았다. 하지만 예감대로 아이들은 없었다. 그 지역 관할 기관에 알아보았지만 너무 오래전 일이라 기록이 남아 있지 않았다. 그들은 눈물로 간청하는 나를 보며 마치 중범 전과자인 양 차갑게 대했다.

"동무, 똑바로 들으시라요. 우리 관할 지서에는 동무의 이름과 애들 명단이 없소이다. 우리 공화국에서는 더 이상 필요치 않은 인민이 된 것이오. 알갔소이까?"

그 말을 듣는 순간 나는 바닥에 풀썩 주저앉았다. 정신이 혼미해지며 내 혼이 땅으로 꺼지는 것 같았다. 잠시 후 겨우 정신을 차리고 간신히 몸을 가누며 그곳을 빠져나왔다. 이제 내 이마에는 정치범이라는 전과의 불도장이 선명히 찍혀 있었다. 누구 하나 다정하게 대해 주는 사람이 없었다. 다시 사회로 나왔으나 세상에서 내쳐진 인생이 되고 말았다. 그러나 자식만큼은 포기할 수 없었다. 나는 새끼를 잃은 짐승처럼 울부짖으며 자식들을 찾아 헤맸다.

그러던 중 지인의 도움으로 고위직에 있는 사람을 통해 아이들의 소식을 듣게 되었다. 아이들은 평북도 개천 탄광촌으로 추방되었다고 했다. 아이들 거처를 알아냈다는 기쁨보다는 무고한 어린 자식들까지 수용소에 끌려갔다는 사실에 절망감이 엄습했다. 짐승보다 못한 이런 나라가 어찌 지구상에 존재하는가, 나는 어쩌다 이런 곳에 태어났나, 내가 왜 이런 잔혹한 매질을 당해야 하는가. 내 존재가 증오스러울 뿐이었다.

"오, 하나님! 왜 내 자식들을 인생 막장인 탄광지대로 보내셨나요? 정녕 하나님은 자비하시고 인애로우신 분 맞나요?"

가까스로 다잡은 신앙이 다시 뿌리째 뽑히는 것 같았다.

"왜 저를 이처럼 시험하시나요? 제 믿음의 한계를 시험하시는 건가요? 하나님, 저는 그저 연약한 여인네에 불과합니다. 이제는 시련 앞에 저항할 힘도, 의지도 고갈되었습니다. 부디 저를 불쌍히 여겨 주셔서 더 이상 눈물의 세월이 없게 하여 주옵소서!"

자식들이 있는 곳을 알게 된 이상 더는 가만히 있을 수 없었다. 설사 그곳이 지옥의 불속일지라도 뛰어들어야 했다. 하나님이 자식의 생명만은 고이 지켜 주셨을 것이라는 믿음으로 열차를 타고 그곳으로 갔다.

탄광 관리소에 이르러 확인해 본 결과 두 아들은 분명 살아 있었다. 자초지종을 들은 관리자는 나를 동정의 눈길로 바라보며, 아이들을 만나 볼 수 있도록 최대한 협조해 주었다. 그는 아이들이 나올 때까지 기다리라며 밖으로 나갔다.

'이 위험한 막장 탄광소에 있는 동안 어디 상한 데는 없을까?'

나는 아들들이 건강한 모습으로 나타나기만을 간절히 바라며 몇 시간 동안 기다렸다. 해 저물 녘, 사무실 밖에서 차 소리가 나더니 웬 장정 두 사람과 함께 그 관리자가 들어왔다. 예상대로 두 아들은 장성한 성인이 되어 있었다. 아이 때의 모습만을 떠올려 왔던 나는 성년이 된 아이들의 모습이 그저 낯설었다.

"우리 오마니 맞으시죠? 오마니! 이처럼 살아 계셨군요. 오마니! 제가 첫째 성일이야요. 그리고 얘가 동생 성철이야요."

두 아들은 나를 향해 달려들더니 멍하니 서 있는 나를 힘껏 포옹했다. 나는 그제야 아들들의 이름을 부르며 통곡했다.

"애들아! 그래, 이 못난 어미를 용서하거라. 너희가 이처럼 장성했다는 것이 믿기지 않는구나. 진정 내 아들들 맞지? 이 어미가 한시도 잊지 않고 이 순간을 기다렸다. 너희가 이처럼 살아 있다니 정말 감사하고 대견스럽구나."

우리 모자는 서로를 부둥켜안고 엉엉 울었다. 지난 10여 년 동안 흘린 눈물보다 더 많은 눈물이 쏟아지는 듯했다. 한참을 그렇게 울고 난 뒤, 첫째 아들이 입을 열었다.

"오마니! 이제 우리 헤어지지 말고 한 지붕 밑에 살아요. 우리가 오마니를 모시고 살갔시오. 오마니, 이제 근심 걱정 놓으시라요. 저는 작년에 결혼해서 색시도 얻었습네다. 오마니, 이제 오래오래 사시라요."

아들은 나를 다시 한 번 부둥켜안으며 말했다.

"오마니, 그간 얼마나 고생하셨으면 이렇게 쇠약하고 마르셨습네까? 이제 제가 잘 모시겠습네다. 앞으로는 오마니 아무 데도 못 가도록 꼭꼭 묶어 두겠습네다. 이제 어디로도 안 가시겠다고 우리에게 약조하시라요, 오마니!"

아들은 도리어 나를 위로했다. 나는 온 세상을 얻은 기분이었다. 이 나이에 이제 내가 무엇을 더 바라겠는가. 내 소원을 다 이룬 것이다.

아들들이 끌려간 탄광은 정치적·사회적으로 문제가 있는 사람들을 추방해 보낸 유배지였다. 정치범 수용소는 아니기에 제한된 자유가 조금이나마 주어지긴 했지만 무척 고된 일상이 이어졌다. 그럼에도 감사한 것은 하나님께서 두 아들을 생명의 싸개 속에 보호해 주셨다는 사실이었다. 어미로서 이보다 더 감사한 일이 어디 있겠는가. 나는 속으로 기도했다.

'살아 계신 하나님 아버지, 감사합네다. 하나님께서 우리 모자를 사랑해 주셔서 10년 동안을 지켜 주셨습네다. 전능하신 하나님, 이제는 저의 앞날에 다시 눈물의 골짜기가 없게 하옵소서!'

관리소에서는 우리 모자가 함께 살도록 모든 법적 절차를 해결해 주었다. 그리하여 나의 인생이 새롭게 시작되었다. 나는 며느리까지 덤으로 얻는 축복을 누리게 되어 더욱 기뻤다. 매일 저녁 한 지붕 밑에서 한 밥상에 둘러앉아 식사를 하노라면 이것이 천국의 삶인가 싶어 감격스러웠다.

두 아들들은 하루의 일과를 마치고 돌아와서는 그날 있었던 일들을 마치 무용담 늘어놓듯 들려주었다. 나로서는 그들이 무슨 말을 하든 그저 흥미롭게 들었다. 그 순간만큼은 내 인생이 밝은 햇살 비추는 들녘에서 풀을 뜯는 양 떼들의 목가적인 그림처럼 느껴졌다.

탄광 기업소에서 마련해 준 집은 우리에게 넉넉했다. 비록 탄가루가 날리는 누추한 곳일지라도 내게는 아늑한 보금자리였다. 지난날 남편과 기거했던 서양식 벽돌로 지어진 2층 양옥집에 비할 수 없었지만, 10년의 감옥 생활이 어떤 환경에서도 자족할 수 있는 넉넉한 마음과 환경에 대한 적응력을 갖게 한 것이었다.

아침이면 석탄 캐러 나가는 아들들의 모습이 너무도 대견스럽고 뿌듯했다. 그러나 한편으로는 아들들이 지하 갱도에서 작업하다 혹시 사고나 당하지는 않을까 늘 노심초사했다. 나의 그런 마음을 헤아릴 줄 아는 아들들은 걱정하는 어미의 마음을 위로

하고자 아침마다 씩씩하게 인사를 하고 나갔다.

"오마니, 잘 다녀오갔습네다. 이제 저희는 애들이 아닙네다. 걱정 마시라요. 이래 봬도 모범 노동자로 표창까지 받았습네다. 오마니까지 이렇게 떡허니 버텨 주시니, 저희들은 거저 든든합네다. 이젠 걱정 놓으시라요, 오마니."

나는 아이들의 안전을 위해 온종일 틈틈이 기도했다. 이 탄광 업소의 작업 환경이 매우 열악해 노동자들이 목숨을 잃는 사고가 자주 일어났기 때문이다. 저녁이 되어 아이들이 당당히 집에 걸어 들어오는 모습만 보면 안심이 되었다. 그들과 함께 있는 것만으로도 뿌듯하고 복에 겨운 노년의 삶을 누리고 있는 기분이었다. 며느리가 해주는 밥을 먹고 손주의 재롱을 보는 것 또한 더할 나위 없는 행복한 삶이었다.

나는 아들들의 노고에 기대 살기가 미안하여 무엇이라도 보탬이 되고자 돼지 치는 일을 시작했다. 평생 피아노만 연주해 왔던 손으로 냄새나고 억척스러운 그런 일을 한다는 것 자체가 상상치 못할 일이었지만, 자식과 가정의 행복을 위한 것이라면 이보다 더 구차한 일도 할 수 있었다. 다행히도 돼지 치는 일이 잘되어 돼지 마릿수가 점차 늘어나 더욱 힘이 났다. 어린 시절 빈궁했던 삶의 기억들과 경험이 나를 이처럼 강하게 단련시킨 것이다. 사람은 역시 주어진 환경에 적응하기 마련이었다.

내가 부업을 시작하면서 생활 상태가 점점 나아지자 며느리도 나를 처음과 다르게 대했다. 처음에는 아들에게 얹혀 사는 내가 오히려 눈치를 보는 입장이었으나, 내가 적지 않은 수입을 보태게 되자 피차 서로가 편한 사이가 되었다.

탄광 관리소와 보위부 등이 우리 가정에 음으로 양으로 베풀어준 혜택이 적지 않았다. 내가 이 탄광에 처음 왔을 때 만일 그들이 합법적으로 선처해 주지 않았다면 이런 가정을 꾸리는 일은 꿈도 꿀 수 없는 것이었다. 당시 그들이 우리 가정을 불쌍히 여겨 함께 살도록 협조해 주었기에 가능했던 것이다. 나는 그들에 대한 답례로 명절 때마다 아낌없이 돼지를 바쳐 가며 선심을 썼다. 앞으로 예상치 못할 일이 생길 것을 대비해서라도 여유 있을 때 베풀어야겠다고 생각했다.

돼지를 사육하며 나는 다시 일어서게 되었다. 잘살아 볼 수 있다는 희망과 꿈이 다시 솟아나고 있었다. 이제는 두려울 것이 없었고 무엇이든 다 해낼 수 있을 것 같았다. 삼대가 함께 모여 사는 단란한 삶. 이처럼 가정이라는 터전은 그 무엇으로도 대체할 수 없는 행복의 그릇이었다.

내 생애에 이처럼 가슴 벅차고 행복한 나날은 없었다. 이제 영원히 이런 화목한 삶을 누리게 될 것이라는 확신이 들었다. 무릎 위에서 재롱을 피우는 손주까지 있었기에 더욱 행복했다. 이런 복된 삶이 지난날 고난의 삶을 살아온 것에 대해 하나님이 주신 보상의 축복이라는 생각이 들었다. 그러나 한편으로는 이 삶이 살얼음처럼 허망히 깨져 버리면 어떡하나 하는 염려도 떨칠 수가 없었다. 나는 하나님께 늘 기도했다.

"하나님 아버지! 저는 야곱처럼 험악한 삶을 살아왔습네다. 야곱이 인생 말년에 죽은 줄만 알았던 요셉을 다시 보게 되었고, 죽는 날까지 온 자녀들과 한 지붕 밑에서 함께 살았던 것처럼 제 삶과 이 가정 또한 그렇게 살 수 있도록 보호하시고 축복하여 주옵소서!"

어느 날 저녁이었다. 평소처럼 온 가족이 모여 한 밥상에 둘러앉아 식사를 하던 중, 첫째 아들로부터 너무 충격적인 이야기를 들었다.

"오마니, 오늘 우리 작업장에서 일하는 동료 하나가 탄갱도에서 작업하다가 갱목침이 내려앉는 바람에 머리를 크게 다쳐 응급실로 실려갔습네다. 다행히도 목숨에는 지장이 없었습네다. 나와 제일 친한 동무라서 작업 마친 후 병문안하고 왔습네다."

나는 마치 내 아들이 당한 사고인 것처럼 걱정스러운 얼굴로 들었다. 내 아들들 또한 언제 그런 사고를 당할지 모르는 일이었다. 아들은 이야기를 이어 갔다.

"그 동무는 10여 년 전에 함께 평양에서 추방되어 왔습네다. 그 친구 아바지도 평양에서 음악인으로 지내시다가 오마니처럼 사상 검열에 걸려 여기로 쫓겨 온 겁네다. 그들이 여기 왔을 때 주변에서는 그 가족들이 옛날부터 부르주아 계급이었다면서 은근

191

히 멸시하고 멀리했었습네다. 그때 나는 그 가족이 불쌍해서 여러 차례에 도움을 주었었는데, 그 이후로 가까이 지내게 되었습네다. 그 동무 아바지는 노래를 잘하던 성악가였다고 했습네다."

그 말을 듣던 나는 화들짝 놀랐다. 웬지 그가 일본에서 나와 함께 공부하고 1957년 세계청년학생축전에 함께 무대에 섰던 김관우 선배일 거라는 생각이 스쳤던 것이다.

"애야, 그 친구 아바지 이름 기억하나?"

"예, 오마니. 김관우 씨였습네다. 그분이 작업장에서 힘들어할 때 제가 아바이처럼 모시며 간간이 도와 드려서 잘 알고 있습네다. 근데 혹시 오마니께서 아시는 분이십네까?"

그 이름을 듣는 순간, 그만 자리에서 쓰러질 뻔했다. 그 선배가 어떤 죄를 지었길래 이런 험악한 곳까지 추방을 당하여 모진 고생과 수모를 당했을까. 가슴이 아려 왔다.

나는 재촉하듯 다시 물어보았다.

"아니, 그분이 지금 살아 계시냐?"

"아냐요, 여기 온 지 몇 년 안 되어 갑자기 고혈압으로 세상을 떠났습네다. 그런데 그 후로 이상한 소문이 떠돌았었습네다."

"무슨 이야기냐? 자세히 말해 봐라."

"오마니! 그 김 선생님의 가문이 원래 평양에서 크나큰 자본가 집안이었고, 옛날부터 대대로 큰 지주 집안이었다고 합네다. 또 왜정 시기에 그분의 큰아바이가 평안도 도지사를 지내었다고 하더구만요. 그뿐만 아니라 옛날에 김일성 수령님의 조부님이 그때 김 선생님의 가문 선산에서 산지기를 했었다고 합네다. 그런 이유 때문인지, 아니면 사상적 문제 때문에 추방되었는지는 모르지만 참 불운한 가족이었습네다. 그 김 선생님은 풍채가 아주 좋으시고 범상치 않으셨습네다. 제가 그 집에 자주 놀러가기도 했었습네다."

거짓말 같았다. 그분이 나보다 더한 풍파를 견디며 모진 삶을 살다가 허망히 돌아가셨다니… 아까운 성악 재능을 끝까지 펼치지도 못한 그 선배님이 몹시도 가여웠다. 그 소식을 전해 듣고 나니, 지난 10여 년 동안의 투옥 생활이 방금 전 있었던 일인 듯이 눈앞에 펼쳐졌다. 내 눈에서는 주체할 수 없는 눈물이 한없이 쏟아져 내렸다.

어미 품을 떠나

어느덧 둘째 아들도 장가를 갈 나이가 되었다. 나는 둘째 며느리를 보게 된다는 기대감으로 혼례 준비를 진행해 갔다. 둘째 아들이 행복한 가정을 일굴 수 있도록 돕는 것이 어미로서 해줄 수 있는 마지막 본분이라고 생각했다. 내가 직접 아들의 짝을 짝지어 주지 않아도 스스로 알아서 제 짝을 찾았다는 것만으로도 아들이 몹시 대견스러웠다.

나는 둘째 아들을 볼 때마다 마음 한구석에 아픈 마음을 품고 있었다. 해방 후 잉태한 그 아이는 남편이 월남한 이후에 태어나 유복자가 되었다. 아버지 품에 한 번 안겨 보지도 못한 아이였기에 그 아이에게는 늘 죄를 짓고 사는 마음이었다. 그런 내 마음을 알았는지 그 아이도 내 앞에서는 아버지 이야기를 꺼내지 않았고 늘 밝은 표정으로 나를 대해 주었다.

자라면서 어미에게 응석 한 번 못 부려 본 둘째 아들은 지난 시간을 보상받으려는 듯 가끔 내 무릎을 베고 누워서 이야기를 듣곤 했다. 내가 평양에서 피아니스트로 활동한 이야기를 들려주면 마치 어린아이가 옛이야기를 듣듯 흥미 있고 진지하게 듣곤 했다. 음악인으로 살아온 내 과거가 아들에게 큰 긍지가 되는 듯했다.

"오마니, 여고 시절에 피아노 대회에서 일등하셨다는 게 정말입네까. 오마니네 집안은 가난해서 피아노도 없었을 텐데 어케 피아노를 그렇게 잘 칠 수 있었습네까? 믿기지 않습네다. 가난한 형편에 일본 유학까지 갔다고 하니 참 자랑스럽습네다. 우리 기업소 동무들에게 오마니가 왜정 시대에 외국 유학도 다녀오고 평양에서도 음악인으로 활동했었다고 말하면 모두들 믿지를 않았습네다. 우리 동무들에게 오마니의 옛날 사진을 보여 주면 믿을 텐데, 어케 사진을 구할 수 없습네까?"

내게는 지난날의 흔적이 담긴 사진이 한 장도 없었다. 전쟁시에는 살아남기 위해 책 한 권도 못 지닌 채 피난을 떠나야 했고, 전쟁 후에는 두 아이를 힘겹게 키우느라 사진 한 장 못 남길 만큼 치열하게 살았기 때문이다. 특히 갑작스레 투옥되어 보낸 10년의 세월은 지난날의 내 추억과 과거를 송두리째 지워 버렸다. 철저히 강탈당한 인생이었다.

그러나 아들에게 나는 누구보다 열심히 살아왔다는 것만큼은 자신 있게 이야기할 수 있었다. 학업과 음악 실력을 꾸준히 연마해 늘 탁월한 평가를 받았다는 것 또한 당당하게 얘기해 줄 수 있었다. 일장춘몽 같은 과거 이야기였지만, 그것이 자식들과 나를 잇는 징검다리가 되어 주었다. 내 일생을 돌이켜 보건대 지금의 삶이 가장 행복하고 뿌듯했다. 작은 것이나마 자식들을 위해 뭔가를 해줄 수 있다는 것만으로도 더없이 기뻤다. 분명 내 인생에서 행복의 정점에 서 있는 것이라 생각되었다.

결혼을 앞둔 아들은 혼인 날짜가 다가오자 색시 될 사람 집에도 자주 가면서 몹시 들떠 있었다. 사실 이 탄광 지대에서 올리는 혼인식은 너무도 보잘것없고 단순했다. 이곳 사람들 자체가 대부분 타 지역에서 정치적인 문제로 추방되어 왔기에 무력하고 나약한 존재였고, 우리 식구들 또한 그랬다. 당 입장에서 보면 이곳은 조선의 반동분자 집합소였다.

그러나 아들은 어린 시절부터 이곳에 살아서인지 비천하고 빈궁한 생활을 잘 받아들였다. 온 세상 사람들이 자신처럼 궁핍하게 지내는 줄로만 알고 살아왔던 것이다. 그렇게 자라 온 둘째 아들이 이제는 둥지를 벗어나 제 갈 길을 가려고 날갯짓하며 푸드득거리고 있었다. 어미로서 양복과 고운 한복, 백년회로를 상징하는 금가락지 등의 패물을 해주는 게 마땅했으나, 어려운 형편 탓에 아들 입을 양복 한 벌과 신부 손가락에 끼울 은가락지만을 어렵게 준비할 수 있었다. 그것도 돼지를 키웠기에 가능한 것이었다. 아들 혼례식을 기쁜 마음으로 준비하고 싶었지만 어미로서 혼례식을 제대로 못 치러 주는 것이 가슴 아파 내내 울적했다.

아무리 간단히 혼사를 치른다 해도 동네 사람들, 기업소의 동료들과 간부들을 초청해 술과 국수와 음식을 대접해야 했기에 적지 않은 빚을 져야 했다. 그래도 탄광 기업소에서 그들에게 방한 칸짜리 하모니카 집을 마련해 주어 다행이었다.

혼례 준비가 가까스로 준비되어 가던 어느 날, 아들이 어두운 표정으로 집에 돌아와서는 일절 입을 열지 않았다. 나는 대사를 앞둔 아들이 색시와 혼사에 대한 일로 다퉜나 싶어 눈치를 보며 물어보았다.

"얘야, 색시와 다투었나? 혹시 혼수 문제로 그러냐?"

아무리 추궁을 해도 말문은 열리지 않았다.

며칠 후, 만취한 둘째가 비틀거리며 방에 들어와서는 내 앞에 엎드려 엉엉 울어 댔다. 나는 불길한 생각이 들어 다그쳐 물었다.

"경사를 앞두고 이게 무슨 행패냐? 속상한 일이 있으면 어미한테 얘기를 해야지. 좋은 일 앞두고 이 어미의 속을 뒤집어 놓으려 하는 거냐? 어서 좀 말해 보아라."

아들은 내 말에 대꾸도 안 하고 마치 모든 것을 잃은 사람처럼 통곡을 했다. 아무래도 파혼을 당한 것이 분명했다.

"얘, 색시 측에서 무슨 꼬투리를 잡으며 파혼하자 했냐?"

혹시 내가 감옥 생활한 것을 트집 잡아 혼사를 깨뜨리려 하는 건 아닌가 하는 생각이 들었다.

　아들은 울음을 그치더니 정색을 하고는 대꾸했다.

　"오마니, 나는 태어나면서부터 아바지가 없었고, 어린 시절 오마니한테 응석 한 번 못 부려 보고 자라난 것 아시지 않습네까? 나는 누구보다도 행복하게 살아야 한다는 일념으로 오마니 없는 가운데서도 죽을 힘 다해 살아왔습네다. 색시를 만나 이제 나도 행복하고 인간답게 살 수 있겠구나 싶었는데…. 오마니! 저는 행복하면 안 됩네까?"

　아들은 지난날의 불행을 원망조로 털어놓으며, 분노에 찬 표정으로 나를 바라보았다.

　"오마니, 나는 행복해지면 안 되는 저주받은 놈입네까? 나는 결혼도 하면 안 되냐구요?"

　도대체 무슨 날벼락 같은 일이 생긴 것인가. 내가 다시 물었다.

　"이놈아, 도대체 무슨 일이냐. 네 색시가 갑자기 죽을병이라도 걸린 거냐?"

　그제야 아들이 자초지종을 이야기했다.

　"오마니, 내 색시의 가족 모두가 정치범 수용소로 가게 됐습네다. 색시까지도 함께 수용소로 간다고 합네다. 어쩌면 좋갔습네까? 오마니!"

　믿을 수 없는 이야기였다. 수용소라니!

　"제가 색시에게 출가외인은 처벌을 안 받으니 추방이 확정되기 전에 빨리 혼례식을 치르고 혼인 신고를 하자고 했습네다. 그런데 색시는 온 식구들이 추방되어 가는데 자기 혼자 살자고 가족을 버릴 수는 없다며 파혼하자고 합네다. 어찌 이런 일이 나에게 있을 수 있습네까? 오마니, 말씀 좀 해보시라요."

아들은 절규하듯 목 놓아 울었다. 나 또한 날벼락 맞은 듯 어안이 벙벙했다. 아니, 어찌 이런 일이 내 아들에게까지 미치는 것일까. 나 하나 감옥에 갔던 것으로 족하다 생각했는데, 사돈을 맺을 집안에 이런 망측한 일이 닥치다니! 이 비극이 내게서 비롯된 것만 같아 아들의 얼굴을 똑바로 쳐다볼 수 없었다.

"애야, 도대체 처갓집에 무슨 일이 있었기에 온 식구들이 정치범 수용소로 가게 된 거냐?"

"오마니, 그 집안도 정치적인 문제로 평양에서 추방되어 이곳에 온 거 아시잖습네까. 그런데 종결된 줄만 알았던 그 문제가 재조사되면서 색시 아바지의 반당 행위가 추가로 밝혀졌다고 합네다. 그 처벌로 여기보다 더 극심한 정치범 수용소로 옮기게 되었다는 겁네다. 색시 집안은 지금 초상집이 되었습네다. 오마니! 저는 오마니처럼 혼자 살고 싶지 않습네다. 죽더라도 함께 죽을 겁네다. 염라대왕이 있는 지옥 불속이라도 함께 가겠습네다."

순간 나는 아들의 뺨을 후려쳤다.

"이놈아, 네 어미가 감옥 간 것으로 인해 너희가 이 불모지에 사는 것도 원통한데 이보다 더 악랄한 곳에 간단 말이냐? 안 된다! 네가 무슨 죄가 있어 너마저 지옥같은 데를 가려느냐? 아직은 색시와 약혼만 한 상태이니 네가 포기하면 되는 것 아니냐? 그런 집안과 혼사를 맺으면 대대로 역적 집안이 되어 허리를 펴지 못하고 살게 되는 거야. 그러니 너도 여기서 포기해라. 지금은 마음이 아프겠지만, 세월이 모든 것을 잊게 해줄 거다. 이 문제는 내가 그 집을 찾아가서 해결하마."

아들은 더 흥분하기 시작했다.

"오마니, 저는 더 이상 애가 아닙네다. 저도 제 갈 길 혼자 가야 할 성인입네다. 저는 아바지 없이 20여 년을, 어머니 없이 10년을 살아왔습네다. 저는 평생을 함께하기로 약조한 그 사람 절대 혼자 못 보냅네다. 나는 오마니처럼 살고 싶지 않습네다. 내게 필요한 사람은 이제 제 색시뿐입네다. 저는 비겁하게 살고 싶지 않습네다. 총살형이라도 같이 받을 각오가 돼 있습네다. 역적 집안이라도 좋습네다. 저는 하루를 살더라도 사랑하는 사람과 함께 살다 갈 겁네다. 저는 지옥이라도 같이 갈 것이고 불속이라도 함께 뛰어들 것입네다. 저는 이미 결심했습네다. 그러니 이제 제 앞길 막지 마시라요. 오마니!"

아들 말이 옳았다. 만일 내가 30여 년 전에 남편과 함께 남으로 같이 갔더라면 이런 비극은 없었을 것이다. 나 하나의 잘못된 선택으로 대를 이어 모진 죗값을 받는 것이었다. 아들과의 대화는 더 이상 불가능했다. 이 아들은 분명 내 품을 떠난 자식이 되어 있었다. 이처럼 사랑의 힘은 죽음도 불사하는 것이다.

하지만 그렇다고 아들을 고이 보내 줄 수는 없었다.

"이놈아, 갈 거면 나를 밟고 가거라. 내 눈에 흙이 들어가지 않는 한 나는 못 보낸다."

나는 아들의 옷자락을 부여잡았다. 그러자 아들은 내 손을 매몰차게 뿌리쳤다.

"오마니, 저를 용서하시라요. 저는 이렇게는 못 삽네다."

결국 아들은 문을 박차고 나가 버렸다. 그날 밤도, 그다음 날 밤도 아들은 돌아오지 않았다. 부랴부랴 색시 집을 찾아가 보았지만 이미 대문에 못질이 되어 있었다. 그 집 앞에 털썩 주저앉는 순간 인정하고 싶지 않은 현실이 온몸으로 느껴졌다.

'정녕 내 아들이 그 식구들과 함께 수용소로 간 것인가?'

믿기지 않았다. 혼인 신고도 안 된 아들이 처가 식구들과 함께 수용소로 끌려갔다는 것을 인정할 수 없었다. 나는 정신을 가다듬고 해당 보위부로 찾아갔다. 보위부 관계자는 이번 추방 건은 중앙에서 결정되었기에 그들이 어느 수용소로 갔는지, 내 아들이 함께 갔는지 여부에 대해서는 자신들도 알 수 없는 일이라고 답했다.

나는 적지 않은 뇌물을 써가며 아들의 행방을 찾아내고자 백방으로 알아보았다. 그러나 아무리 여러 수용소를 수소문하며 찾아보아도 알아낼 수 없었다. 나는 죽음보다 더한 고통과 죄책감으로 끔찍한 나날을 보냈다. 또다시 하나님이 원망스러웠다.

"오! 하나님 아버지, 왜 내게 이런 죽음보다 더한 시련을 다시 주십네까? 나를 향한 진노가 아직 남아 있습네까? 내가 치러야 할 죗값이 아직 남아 있다면 갈기갈기 찢겨진 보잘것없는 이 목숨 지금 당장 가져가 주시라요. 아니, 그럴 만한 가치도 없는 것입네까? 나는 정녕 저주받은 인생입네까? 하나님 아버지! 어찌하여 이처럼 모진 형벌을 나뿐만 아니라 무고한 자식까지 받아야 합네까? 제가 지금까지 치러 온 고난과 불행은 저 하나로 족한 것 아닙네까? 우리 자식의 가정이 평안해질 수만 있다면 나를 제물로 삼아도 좋습네다. 이 자리에서 당장 이 모진 목숨을 가져가 주시라요! 하나님 아버지!"

이 세상에서 가장 원망스러운 대상이 하나님이었다. 내 자신의 목숨이 붙어 있다는 것 자체가 증오스러웠다. 당장이라도 죽고 싶은 심정이었다. 조선이라는 나라에 태어난 것이 이 불행한 인생의 시작이었다. 이 나라는 짐승보다 더 잔악하게 나를 처참히 물어뜯으며 짓밟아 버렸다. 어미에 이어 자식까지 대를 이어 형벌의 구덩이 속으로 내던졌다.

한 여자의 남편이자 자녀들의 아버지로 살고 싶은 그 열망이 얼마나 간절했으면 저 죽음의 골짜기를 마다 않고 쫓아갔을까. 이렇게 된 원인은 전적으로 내가 제공한 것이나 다름없었다. 아비 없이 자란 것이 얼마나 가슴에 사무쳤으면 그렇게 독한 결심을 하였을까 생각하면 가슴이 갈기갈기 찢겨 나가는 것 같았다.

　아들을 떠나보낸 후 나는 삶의 소망을 모두 잃어버린 채, 혼백이 나간 사람처럼 허우적거렸다. 죽고 싶어도 죽어지지 않는 내 인생은 칡뿌리처럼 질기고 질겼다. 살아 있다는 자체가 형벌이나 다름없었다.

　그 이후로 우리를 보는 주변 사람들의 시선도 차가워졌다. 우리 집을 드나들던 사람들의 발길도 끊겼다. 정치적 낙인이 찍힌 사람들이 모여 사는 곳이라 그런지 혹 자신들에게 불똥이 튀지는 않을까 하여 우리에게는 얼씬도 하지 않는 것이었다. 동네에서 기피 대상이 된 우리 집은 더욱 참담한 흉가가 되어 버렸다.

물거품이 된 꿈

둘째 아들이 집을 떠난 후 우리 집은 오랫동안 침통한 분위기에 잠겨 있었다. 그러나 두터운 먹장구름도 세월의 흐름 속에 서서히 걷혀 갔다. 나는 손주의 재롱을 보며 다시 웃음을 찾기 시작했다.

1990년 어느 날, 관할 보위부에서 호출이 왔다. 이번에는 또 무슨 일로 나를 부르는지 덜컥 겁이 났다. 혹 아들의 생사와 소재지가 파악되어 알려 주려는 것일까. 아니면 아들에게 안 좋은 일이 생겨 나를 부르는 것일까. 가슴이 마구 뛰었다. 나는 방에 들어가 하나님께 눈물로 간구했다.

"하나님 아버지, 저희 가정에 거센 폭풍이 지난 지 몇 해가 되었습네다. 이제 저의 나이 일흔 줄이 되었으나, 지금 이 순간 호흡하고 있다는 것이 신비롭고 감사할 뿐입네다. 아버지, 이제 다시는 모진 풍파 불지 않게 하옵소서. 쇠약하고 기진해 있는 저의 생명 그저 불쌍히 여겨 주시기 원합네다. 그저 환난의 구렁텅이 속으로 빠지지 않게 하사, 이대로 나의 천수 누리다가 주님 곁으로 가게 하옵소서! 저에게 무슨 일이 또 닥칠까 두렵사오니 마지막으로 제게 인애와 자비를 베풀어 주옵시고, 이제는 무풍 속에 머무르게 하옵소서! 아들들과 이 후손들을 무탈케 하옵시고 나의 마지막 생애가 욥의 마지막 생애처럼 되게 하옵소서!"

갑작스러운 보위부의 통지로 인해 온 식구도 긴장을 했다. 아들은 내게 위로의 말을 건넸다.

"오마니, 우리가 더 이상 잃어버릴 것이 뭐가 있갔습네까? 죄진 것도 없이 자진해서 수용소로 간 동생에게 무슨 일이 있갔습네까. 혹시 누가 압네까. 흥부네 집에 제비가 박씨 물어다 주었듯이 우리 집에도 생각지 못한 좋은 소식이 있을 수 있으니 걱정 놓고 잘 다녀오시라요, 오마니."

나는 아들 말에 큰 힘을 얻고 집을 나섰다. 보위부로 가는 동안 나는 실성한 노인네처럼 지절대듯 기도를 읊었다. 보위부는 왜정 시기의 헌병대나 경찰서와 같이 늘 공포의 대상이었다. 나는 마음의 부담을 안고 담당자를 찾았다. 그런데 나를 대하는 보위부원의 태도와 말투가 고분고분하며 호의적이었다. 그는 나에게 다짜고짜 물었다.

"할마니 동무, 미국에 친척이 있소?"

뚱딴지같은 소리였다. 그의 말에 감정이 상한 나는 쏘아붙이듯 대꾸했다.

"내 과거와 우리 집안 내력을 다 아시면서 도대체 무슨 말을 하려고 터무니없는 얘기를 하는 겁네까? 아시다시피 40여 년 전에 남으로 내려간 남편과 시댁 식구들은 있어도 미국에 친척은 없소이다. 미 제국주의자들과 내통하고 스파이 노릇 한다는 밀고가 들어왔습네까? 대체 무슨 일로 이 늙은이를 불렀습네까?"

가시 돋힌 내 말에 젊은 보위부원은 흥분한 나를 진정시키려는 듯 순순히 말을 꺼냈다.

"아, 할마니 동무 걱정 마시라요. 무슨 혐의가 있어 오라고 한 것은 아닙네다. 기쁜 소식을 전해 주려고 오시라고 한 것입네다."

그 말에 더욱 기가 찼다.

"나는 기쁜 소식도 원치 않습네다. 그러니 이 늙은이 오라 가라 하지도 마시라요. 얼른 용건만 말하시라요."

그 보위부원은 나에게 다시 회유하듯 말했다.

"할마니 동무는 그간 우리에게 명절 때마다 돼지도 바치시어 우리가 오히려 신세를 지고 있습네다. 그래서 할마니 동무에게 좋은 소식 전해 드리려 하는 겁네다. 진정하고 들으시라요. 며칠 전 평양 외사부에서 문건이 내려왔습네다. 할마니 시댁의 시누가 할마니를 꼭 만나게 해달라는 부탁을 한 것입네다. 비록 미 제국주의자이긴 하지만 조국을 찾아온 해외 동포이니 그냥 보낼 수 없어 상봉할 수 있도록 특별한 배려를 베풀어 드리기로 했습네다. 이름은 최원순이라 하오. 해방 후 남으로 내려갔다가 미국으로 이민을 가서 미국 시민권자가 된 것이오. 조국과 혈육을 그리워하는 해외 동포들의 소원을 인도적으로 받아들이는 차원에서 허락하는 것입네다. 할마니 동무께서 원하시면 얼마든지 만나도록 배려할 것이지만, 상봉을 원치 않는다면 할마니의 의사를 존중할 겁네다. 할마니 동무, 한번 만나 보실 겁네까? 할마니가 미국의 친척을 만났다고 해서 불이익을 받을 일은 없을 겁네다. 이제는 시대가 많이 변하지 않았소이까. 그러니 웬만하면 만나 보시라요. 마지막 기회가 될 수도 있소이다. 혹, 누가 압네까, 50여 년 전에 헤어졌던 영감님의 소식도 알 수 있을지 말입네다."

'남편의 소식'이라는 말에 정신이 번쩍 났다. 문득 반세기 전의 남편 모습이 영화 필름 돌아가듯 내 앞에 선명히 나타났다. 마치 죽었다고 생각했던 사람의 생존 소식을 듣는 듯했다. 갑자기 다리에 힘이 빠지면서 현기증이 났다. 당황한 보위부원이 황급히 냉수 한 컵을 갖다 주었다.

"할마니, 진정하시라요. 평생의 소원을 이루게 될지 누가 압네까? 우리가 여행 증명서를 끊어 드릴 테니, 가서 시누도 만나 보시고 남편 소식도 들으시라요. 혹시 영감님이 선물이라도 보내 주었을지도 모르지 않습네까?"

그 사람은 나를 얼러 대면서 시누를 만나 보도록 계속 충동

질을 했다. 남편 이야기가 언급되면서부터 내 가슴은 마구 요동치기 시작했다. 정말 남편의 부탁을 받고 온 것일까 하는 생각도 스쳐 갔다. 과연 이 일로 나와 우리 아들에게 어떤 영향이 미칠지 가늠이 안 되었다. 남편의 어떤 소식을 듣게 될지, 시누가 반세기 만에 나를 찾아온 이유는 무엇인지, 조선에까지 와서 만나자고 한 특별한 사연이 있는지가 몹시 궁금했다. 어쩌면 시누는 자기 친척을 만나러 온 김에 남편 소식도 전할 겸 나를 찾은 것인지도 모른다.

그날 밤 나는 뜬눈으로 밤을 지샜다. 남편의 나이도 이제 일흔 중반이 되었을 텐데 어떤 소식을 듣게 될지 두렵기까지 했다. 한편으로 남편은 분명 재혼을 했을 것이라는 생각이 강하게 들었다. 그렇다면 지금껏 오매불망 기다리며 통일의 날 이루어질 상봉을 꿈꿔 온 내 희망은 무참히 사라지는 것이 아닌가. 그러면 이미 남이 된 것이나 다름없는 것인데 굳이 시누를 만날 필요가 없는 것은 아닐까.

아무리 나에 대한 남편의 사랑이 지극했을지라도 남자 혼자 반세기의 세월을 인내하며 끝까지 홀아비로 산다는 것은 거의 불가능한 일이었다. 그가 나와 아들을 위해 지금까지 독신을 고수하면서 살고 있을지도 모른다는 생각은 나의 일방적인 욕심이 될 수밖에 없는 것이었다. 혹 남편이 아직까지 살아 있어 재회의 날을 기다리며 홀로 지낸다 해도 이제 그나마 나나 살아 있을 날 얼마 남지 않았으니, 기약도 없는 재회의 꿈은 아예 포기하는 것이 현명한 것인지도 몰랐다.

분명한 것은 나는 남편이 살아 있든지 저 세상 사람이 되었든지 크게 흔들리지 않을 것이란 사실이었다. 하지만 아들의 입장은 다를 것이었다. 갓난아기였을 때 아버지 품에 안겨 까꿍놀이도 했던 첫째 아들이었지만, 그 시절 아버지의 모습은 기억에 전혀 남아 있지 않았다. 더구나 사진 한 장 없었기에 아버지의 모습을 그려 볼 수조차 없었다. 그러나 피는 물보다 진하기에 본능적으로 아버지를 그리워하며 소식을 궁금해할 것도 같았다.

생각하면 생각할수록 시누를 상봉할 일이 설렘 아닌 또 다른 갈등으로 다가왔다. 남편에 대한 오만 가지 생각을 떨쳐 버릴 수가 없었기 때문이다. 나는 남편의 재혼 여부에 따라 어떻게 마음의 정리를 해야 할지 몰라 머리가 더욱 복잡해졌다. 혹 그가 나에게 무슨 편지라도 보낸 것이 있을까 하는 생각도 해보았다. 시누가 조선에 오기 전에 분명 남조선에 있는 오빠에게 나를 만나겠다고 이미 말했을 텐데, 그때 분명 어떤 편지를 주었거나 구두로나마 어떤 이야기를 전했을지 모른다고 생각했다.

아들에게 조심스럽게 사연을 털어놓자, 내 표정만 살필 뿐 아무 말이 없었다. 행여 자기 생각이 어미의 마음을 건드릴까 봐 매우 조심하는 눈치였다. 이윽고 입을 연 아들은 모처럼 찾아온 상봉의 기회를 놓치지 말고 꼭 만나 보라는 당부를 했다. 나는 그 말에 힘입어 시누를 만나기로 결정했다. 반세기 동안 온갖 협박과 유혹의 손길에도 불구하고 단호히 재혼을 뿌리치고 살아왔기에 시누를 당당히 만날 자신이 있었다.

며칠 후 보위부에서 여행 증명서를 발급해 주었다. 30여 년 만의 평양 방문이었다. 미국에서 온 시누이를 만나러 가는 것이라 옷차림에 다분히 신경을 썼으나 별 소용이 없었다. 탄광촌에서 돼지나 치면서 거칠게 살아온 나는 초라하고 가련한 노인네에 불과했다. 지금까지 무려 30여 년간 여자로 사는 것을 망각한 채 살아왔기에, 내 모습 속에서 여자다운 모양새는 눈을 씻고 보아도 찾을 수 없었다. 거울 앞에 선 칠순의 노인네 모습은 더 이상 여인이 아니었다.

가족의 배웅을 받으며 탄광촌을 떠났다. 나이가 들었어도 외지에 나간다는 자체만으로 가슴이 설레었다. 열차를 타고 가는 동안에도 나는 곧 듣게 될 남편 소식에 가슴 졸였다. 젊은 시절의 그의 모습이 자꾸 떠올라 눈물이 고였다. 부부라는 인연은 무수한 세월이 흐르고 단절되어 있어도 서로가 자의적으로 등을 돌리지 않는 한 평생 이어져 있는 것인지도 모른다.

평양과 거리가 가까워질수록 내 마음은 더욱 초조해졌다. 시누가 아니라 남편을 만나러 가는 길처럼 가슴이 떨려 왔다. 부디 그가 재혼하지 않았다는 소식을 듣게 되길 바라며 고개를 돌리는데 기차의 창에 비친 내 모습이 눈에 들어왔다. 남루한 행색을 한 노인의 형상이 보여 서글퍼졌다.

마침내 평양역에 도착했다. 내가 살고 있는 동네와는 비할 수 없는 신천지 같았다. 서울에 올라온 산골 아이가 휘둥그런 눈으로 사방을 두리번거리듯 나는 확연히 바뀐 평양을 경이로운 눈으로 바라보았다. 평양은 완전히 복구되어 아름다운 시가지로 거듭나 있었다. 평양에 사는 사람들은 선택받은 별천지 사람들처럼 보였다.

나는 정신을 가다듬고 시누가 머무르고 있는 고려호텔을 찾아갔다. 아름다운 대동강 근처에 자리한 그 호텔은 현기증이 날 정도로 높은 고층 건물이었다. 탄광촌의 초라한 노인네라는 것을 감추려 시골티를 안 내려고 애를 썼으나 그 부자연스러움은 숨길 수 없었다. 호텔 안으로 들어서자 마치 별나라에 온 듯했다. 한 남자 직원이 나에게 다가와 물었다.

"할마니 동무, 무슨 용무가 있어서 왔습네까? 여기는 고려호텔입네다."

그는 나의 초라한 모습을 훑어보며 말했다. 웬 노인네가 건물을 잘못 알고 들어왔나 싶어 나를 내쫓으려는 듯했다. 나는 상한 기분을 억제하며 대꾸했다.

"미국 친척이 여기 묵고 있습네다. 기래서 만나러 온 겁네다."

그가 친척 이름을 대라고 했다. 그는 나를 복무대 앞으로 데리고 가더니, 잠시 후 나를 승강기로 안내해 주면서 층수와 방 번호를 일러 주었다. 승강기 안내원은 내가 몹시 측은해 보였는지 상냥하게 대해 주었다.

승강기에 들어서자 천당을 향하는 기분이 들었다. 그 속도감
에 현기증이 나서 그만 주저앉았다. 안내양의 부축을 받아 몸을
간신히 추스르고는 시누가 묵고 있는 방으로 향했다.

방문 앞에 서자 내 가슴이 더욱 벌렁거렸다. 심호흡을 하며 마
음을 진정시킨 나는 이윽고 문을 두드렸다. 잠시 후에 "누구세
요?" 하는 소리와 함께 문이 열렸다. 내 눈앞에 선 사람은 50여
년 전에 헤어진 시누가 맞았다. 당시 20대 초반이었던 그녀가 백
발 노인으로 돌아온 것이었다. 외모로는 알아보기 힘들었으나
목소리만큼은 여전했다. 지난 반세기가 무색할 만큼 그녀는 나
이에 비해 매우 젊어 보였다. 곱게 차려 입은 양장에 뽀얗게 화장
한 그녀에 비하면 나는 남루한 검정 치마에 까칠하고 검게 그을
린 얼굴을 하고 있어 흡사 나무 껍질 같아 보였다.

나를 본 시누는 잠시 놀란 표정을 짓더니 "언니시죠?" 하고 물
었다. 분명 나의 쪼그라진 모습에 놀란 모양이었다. 시누는 나를
포옹하더니 이내 흐느껴 울었다. 한동안 그렇게 아무 말도 없이
울던 우리는 마음을 진정시키고 의자에 앉아 서로를 다시 바라
보았다. 시누가 먼저 이야기를 꺼냈다.

"언니, 그동안 너무 고생하셨죠? 언니만 남겨 두고 월남한 것
이 늘 죄스러웠어요. 그동안 어려운 일이 많으셨나 봐요?"

시누는 내 손을 꼭 잡고는 또 한 번 물었다.

"언니, 그동안 무슨 안 좋은 일이 있었어요?"

그 말을 듣자 지난 고통스러웠던 날들이 주마등처럼 스치면서 복받쳐 올라오는 감정을 주체할 수 없었다. 지난 반세기의 빼앗긴 세월이 하나하나 떠올랐다. 수치스럽고 원망스러웠던 10년간의 감옥 생활이며, 수용소나 다름없는 탄광촌에서 보낸 20년간의 구차한 생활은 나를 너무도 비참한 나락으로 떨어뜨렸다. 특히 둘째 아들을 수용소로 떠나보낸 일은 내 가슴에 너무도 큰 흉터로 남아 있었다.

잠시 침묵이 흐른 후, 내가 어렵게 입을 열었다.

"우리 그이는 지금 어디서 어떻게 지내고 계세요?"

시누는 내 손을 꼭 쥐며 말했다.

"언니, 오빠는 10여 년 전에 하늘나라로 먼저 가셨어요."

마치 사형 선고를 받은 듯 정신이 아득해져 갔다. 온몸에 피가 다 빠져나가는 듯 정신이 혼미했다.

"언니, 정신 차리세요!"

혹시나 하였던 불길한 예감이 이렇게 맞아떨어지다니…. 더 살 수도 있는 나이인데 천수를 다 못 채우고 허망히 먼저 떠난 그가 원망스러웠다. 나는 참아 왔던 울음을 다시 터뜨렸다. 이미 망자가 된 사람이었지만, 이제는 더 이상 만날 수 없는 사람이라는 사실에 절망감을 억제할 수 없었다. 순간적으로 내가 왜 이 자리에 왔나 하는 후회가 들기도 했다. 차라리 그 소식을 모르는 채 막연한 소망을 갖고 살다가 이 세상 떠나는 것이 훨씬 나을 텐데 하는 생각이 들기까지 했다.

집을 떠나올 때 아들이 내게 말했었다.

"좋은 소식 갖고 오시라요, 오마니."

어미로서 내가 해줄 수 있는 가장 큰 선물이 있다면 아버지에 대한 좋은 소식일 터였다. 어느덧 50대에 접어든 아들이었지만 그 아이도 아버지에 대한 본능적인 그리움을 지니고 있을 것이었다. 아버지에 대한 기억이 전혀 없는 아들에게 희망을 줄 수 있는 여망마저 무참히 무너져 버리자 더욱 슬펐다.

시누는 갑자기 자리에서 일어나 가방에서 사진 한 장을 꺼내어 나에게 주었다. 50여 년 만에 보는 남편의 모습이었다. 아무래도 세상 떠나기 직전의 모습 같았다. 세월은 그를 비켜 가지 않았다. 성성한 백발과 주름진 얼굴. 하지만 고생의 흔적은 안 보였다. 다만 신혼 때의 혈기 왕성한 모습은 찾아볼 수 없었다.

젊은 시절 선천에서도 귀공자 같은 풍모로 호감을 샀던 남편은 풍류를 즐길 줄도 알아서 많은 사람들에게 인기가 있었다. 내게도 그에 대한 애정이 실가락처럼 남아 있었던지 그의 시선이 나를 바라보는 것처럼 따듯하게 느껴졌다. 부부 중 한 사람이 먼저 가는 것은 세상 이치지만, 하필 그가 앞서 갔다는 사실이 원망스러웠다. 나에 대한 의무보다는 아버지로서 아들에 대한 의무를 다하지 못하고 간 것에 대한 서운함이었다. 시누는 자연스럽게 남편에 대해 얘기를 다시 했다.

"오빠는 언니와 결혼한 후에도 신앙생활을 안 해서 언니가 많이 속상해하고 갈등도 좀 있었잖아요. 그런데 정말 놀랍게도 오빠가 남한에 내려온 지 오랜 후에 교회를 다니기 시작하셨어요. 언니와 아들을 잊지 못해 15년이나 홀로 지내셨었죠. 그런데 통일의 희망은 보이지 않고, 홀아비로 살기도 점점 힘들어지자 주변 사람들이 결혼을 권면하기 시작했어요. 그래서 뒤늦게 신앙 좋은 배필감을 만나 결혼하셨지요."

시누의 말에 심장이 쿵 내려앉는 것 같았다. 오랫동안 막연히 재회를 기다려 왔던 나에게는 서글픈 일이었다. 그러나 만일 그가 지금 살아 있는 상태에서 재혼하여 새 부인과 여생을 함께 보내고 있다면 아마도 서글픔이 아닌 배신감과 크나큰 슬픔으로 또 한 번 큰 상처를 받았을 것이다. 설사 그가 다시 살아 돌아온다 한들 나 또한 세상을 언제 하직할지도 모르는 이 마당에 무엇을 어찌하겠는가. 그저 내 기구한 운명이 한탄스러울 뿐이었다.

시누는 다시 남편의 가족사 이야기를 들려주었다.

"언니, 오빠는 재혼 후 3남 1녀를 두셨어요. 그리고 신실한 신앙인으로 교회에 다니시다가 나중에는 장로님으로 임직하셨고, 자수성가한 재산으로 교회도 헌당하셨어요. 그뿐만 아니라 목사 사위까지 두셨답니다."

나는 시누의 그 말이 거짓말처럼 느껴졌다.

"아니, 그이가 정말 장로님까지 되셨어요? 믿기지 않는군요. 게다가 교회까지 하나님께 바치다니요!"

나도 모르게 감사의 기도가 나왔다.

'오! 하나님 정말 감사합네다. 하나님은 신실하시고 나의 평생의 기도를 이미 오래전에 다 이루어 주셨군요. 하나님은 우리를 갈라놓으셨지만, 내 남편을 지극히 사랑하시어 그처럼 놀라운 일들을 다 이루셨군요. 먼저 믿은 저는 평생에 하나님 앞에 드린 것 하나 없이 부실하게 살아왔습네다. 하나님 아버지, 오히려 지금의 제 모습이 부끄럽습네다. 오늘 이 소식을 알게 해주시려고 시누를 이곳으로 보내 주셨군요. 감사합네다.'

가끔 나는 남편을 만나 내 인생이 이처럼 불행하게 되었다는 생각을 하곤 했었다. 그러나 하나님께서는 오히려 나를 낮은 곳으로 낮추셨으며, 남편의 머리에는 기름을 바르시고 그를 높여 주셨다. 필설로는 다 표현할 수 없는 놀라운 일들을 실제로 이루어 주신 것이다. 지난날의 수많은 곡절과 풍파 많은 지난 삶이 결코 헛되지 않았다는 확신이 들었다. 설사 내가 남편과 함께 애를 데리고 월남하여 같이 백년해로하였을지라도, 그가 참된 신앙인이 되지 않았다면 무슨 의미가 있겠는가. 내 삶에 관여하신 하나님의 손길은 참으로 신묘막측했다.

"혹시 오빠가 나와 아들에 대해 유언으로 남겨 놓은 것은 없었나요?"

"언니, 오빠와 나도 태평양을 사이에 두고 30여 년 이상을 얼굴 한 번 못 본 채 살았어요. 나도 1960년대에 시댁 식구들과 이민을 가서 먹고사느라 눈코 뜰 새 없었고, 아마 오빠도 그랬을 거예요. 내가 이민을 간 뒤로 오빠 모습을 한 번도 못 보았거든요. 오빠가 세상을 떠난 것도 편지를 통해 나중에 알게 되었어요. 오빠가 생전에 언니의 어려운 생활을 알고 있었다면 아마 언니나 아들을 위해 무언가 남겨 놓았을 거예요. 하지만 이제는 다 지나간 일들인데 무슨 소용이 있겠어요."

나는 시누의 말이 다 이해되었지만, 나와 아들에 대한 아무 이야기도 하지 않은 채 그가 세상을 떠났다는 것이 못내 섭섭했다. 그러나 그이나 나나 피차 형편이 달랐고, 서로를 이해할 수 없는 상황들이 있었을 거라고 생각하며 섭섭한 마음을 접었다. 시누는 그에 대해 나를 더욱 이해시키려는 듯 자신과 오빠의 처지를 더 설명했다.

"저도 오빠의 살아생전의 모습을 보지 못한 것이 몹시 후회돼요. 인생 살 만큼 살고 난 지금에야 겨우 생활에 여유가 생겼어요. 짐승도 죽기 전에 자신이 태어난 곳을 향해 드러눕는다고 하는데, 저도 고향 생각이 나고 여기 남아 있는 친척도 보고 싶어지더군요. 죽기 전에 마지막으로 고향 한 번 보고 싶어 이렇게 어려운 발걸음을 하게 된 것이에요. 언니가 오빠에 대해 섭섭한 마음 품는 거 이해해요. 그러나 다 지나가 버린 일인 걸요. 그래도 언니, 힘든 세월 잘 보내시고 이렇게 살아 계신 모습 보니 그저 감사할 뿐이네요."

그동안 내가 얼마나 힘들게 살아왔는지 아느냐고 한풀이를 하고 싶었지만 그러지 않았다. 그렇게 해봐야 내 모습만 비참해질 것이 뻔했기 때문이다.

시누는 갑자기 일어서더니 커다란 여행 가방에서 뭔가를 끄집어내었다. 성경이었다.

"언니, 북한에 종교의 자유가 없다는 것은 알지만, 해방 전 언니는 교회 봉사도 열심히 하셨고 믿음도 좋았잖아요. 언니에게 성경이 꼭 필요할 것 같아 몰래 숨겨 가지고 왔어요."

나는 그 성경을 얼떨결에 받아들었다. 실로 40여 년 만에 만져 보는 성경이었다. 옥중에 있었을 때 가장 보고 싶었던 것이 성경과 찬송가였다. 그 성경을 이렇게 만져 보니 신기하기만 하였고 가슴이 두근거렸다. 그러나 이것을 어떻게 숨겨야 할지 몰라 당황스러웠다. 마땅히 성경을 받아들어야 했지만 무작정 그럴 수는 없었다. 신앙의 자유가 말살된 조선에서 성경을 소지하고 있다는 것이 발각되면 우리 가족 모두 수용소로 갈 것이 뻔했기 때문이다. 게다가 미국의 친척으로부터 받았다고 하면 나를 정치범으로 몰아 갈 것은 뻔한 일이었다.

나는 마치 폭발물을 받아 든 기분이었다. 이 성경을 용기 있게 받아들이지 못하는 내 자신이 비겁하다는 생각도 들었다. 시누는 내가 기꺼이 성경책을 받아 챙기지 않자 내게 다시 말했다.

"언니, 성경을 소지하는 것이 위험하면 내가 다시 가져갈게요. 가정의 안전이 중요하잖아요. 내가 미처 북한의 실정을 제대로 모르고 가져왔군요. 언니, 저도 이제 교회 다닌 지 오래되어서 미국의 한인교회에서 권사로 섬기고 있어요. 우리 식구들이 월남했을 당시만 해도 아무도 교회를 안 다녔는데, 이제는 온 형제와 가족들이 다 신앙생활을 하고 있어요. 아무래도 언니가 우리 형제들에게 본을 보이는 신앙생활을 했나 봐요. 언니가 우리 가정에 믿음의 씨를 뿌린 거였어요. 그 열매가 수십 년에 걸쳐서 이처럼 맺어진 것이라고 생각되요. 언니! 저도 이제 미국에 돌아가면 더 열심히 언니를 위해, 또 통일을 위해 기도할게요. 언니나 나나 살아생전에 통일이 되면 얼마나 좋겠어요. 언니, 그날까지 건강하게 오래 사세요. 통일이나 되면 모를까, 저도 이번이 마지막 방문이 되겠죠."

시누는 눈시울을 적시더니 핸드백에서 하얀 봉투를 꺼내어 내게 내밀었다.

"언니, 이거 미국 달러에요. 제가 그간 조금씩 모아 둔 거예요. 오빠를 대신해서 드리는 거니까 그저 오빠의 정성이라고 생각하시고 받아 두세요. 언니가 앞으로 살아가는 데 조금이라도 도움이 되었으면 해요. 받아 두세요."

나는 갑작스런 시누의 성의 표시에 잠시 멈칫했으나, 앞서 간 남편이 나와 아들에게 마지막 선물로 준 정성으로 생각하고 감사히 받아들었다. 자신의 오빠가 아무것도 남기지 않고 간 것에 대해 조금이나마 보상하려는 시누의 갸륵한 마음에 감동이 되었다. 솔직히 나는 남편이 아들에 대한 최소한의 무언가는 남겨 두거나 유품이라도 전해 주기를 바랐다. 그러나 그에게도 새로 꾸린 가정의 남편이자 아버지로서의 입장이 있었을 것이고, 갑작스레 소천하는 바람에 이에 대한 준비를 못 했을 수도 있다고 생각했다.

시누와 나는 길지 않은 상봉 시간 동안 대화를 하기보다는 눈물을 더 많이 흘렸다. 시누는 고향 선천을 방문하려 했으나 당국의 불허로 평양을 벗어날 수 없어 친지들도 호텔에서 만나고 돌아가야 한다고 했다. 나로서는 전혀 생각지도 못한 시누와의 상봉으로 남편 소식을 듣게 되어 기나긴 과거사를 정리하게 됐다.

50여 년의 세월 속에 그 흔한 편지 하나 주고받지 못한 조국의 현실이 야속했다. 세계의 모든 나라가 전화와 편지로 안부를 주고받고 여행까지도 하는 세상인데, 왜 조선만이 같은 동포이며 한 핏줄인 혈육 관계를 단절시켜 놓고 모든 사람들의 수족을 묶어 놓는지 모를 일이었다.

이제 시누와 헤어져야 할 시간이었다. 오래 밤을 지새워 본들 달라질 건 없었다. 오히려 지난 나의 험악한 질곡의 삶과 초라한 내 모습을 실감하며 비참한 기분에 사로잡힐 것이었다. 어서 빨

리 그 자리를 뜨고 싶었다. 이제 남편이 저 세상의 망자가 된 이
상 시누와도 다시 볼 일이 없을 것이었다.

"시누님, 이제 가야 해요. 열차 시간이 다 되었어요."

내가 갑자기 자리에서 일어서려 하자 시누는 좀 당황해했다.
그녀는 하룻밤 같이 머물며 얘기하기를 원하는 것 같았다.

"언니, 앞으로 통일이나 돼야 만날 텐데 좀 더 얘기하시고 내일
가시지 그래요."

"아냐요. 여기의 삶이 그렇게 여유가 없어요. 맷돌처럼 돌아가
야 살 수 있어요."

사실 하루에도 수차례 돼지들을 살펴야 하고, 손주들도 보아
주어야 며느리도 공장 업소에 지장 없이 나갈 수 있었기에 시간
을 더 지체할 수 없었다.

"언니, 이거 오빠 사진이에요. 갖고 가세요."

그 순간 나는 잠시 망설였다. 그는 이미 다른 사람의 남편이 되
어 자식까지 둔 가장이었고, 이제는 다시 볼 수 없는 사람이 된
마당이었다. 그 사진을 곁에 두고 본들 괴로움만 더할 것 같았다.
아들에게만큼은 절실히 보여 주고 싶었지만, 이젠 영정이 되어
버린 사진을 갖고 갈 수는 없었다. 이를 눈치챈 시누가 다시 고쳐
말했다.

"언니, 제가 다시 갖고 갈게요. 혹 필요하면 편지하세요. 제가
다시 우편으로 부쳐 드릴게요. 앞으로 편지 교환이라도 해요. 제

가 앞으로 머나먼 이 북한을 다시 올 것 같지 않아요."

헤어질 때 나는 시누의 손을 꼭 잡았다. 시누의 얼굴과 표정 속에서 남편의 흔적을 다시 한 번 확인하고 싶었다. 이 만남을 끝으로 이제는 모든 것이 다 정리되는 것이 아닌가 하는 생각에 다시 한 번 눈물이 울컥 솟구치려 했으나 감정을 간신히 억제하고 호텔 방을 서둘러 빠져나왔다.

30여 년 만에 찾아온 평양이었지만 구경 한 번 못해 보고 뭔가에 쫓기는 듯 서둘러 기차를 타고 집으로 향했다. 돌아오는 열차 안에서 먼저 떠나간 남편에 대해 곰곰이 생각해 보았다. 남편은 분명 하나님의 축복을 마음껏 누리고 은혜롭게 여생을 마쳤다. 한 남자로서 또 신앙인으로서 자신에게 부여된 거룩한 의무를 충실히 이행하여 삶을 잘 마무리한 것이었다. 교회의 장로가 되고 사재로 교회를 하나님 앞에 헌당하고, 게다가 목사 사위까지 보는 축복이 누구에게나 허락되는 것은 아니었다. 분명 하나님의 각별한 은총이 그에게 임한 것이다. 그의 형제들 모두 예수 믿는 구원받은 가정이 되었다는 것 또한 하나님의 큰 은혜였다.

그와 부부로 살았던 짧은 세월, 늘 대립과 반목이 반복되는 삶을 살았던 가장 큰 이유는 바로 남편의 신앙생활 거부 때문이었다. 물론 그 원인 제공은 내가 한 것이었다. 내가 그를 정겹게 대하며 남편의 권위를 세워 주었다면 그도 서서히 변화되어 신앙생활을 시작했을지도 모른다.

어찌 보면 하나님께서는 모난 내 품성을 다듬으시기 위해 극
단적인 방법을 쓰신 것이라는 생각도 해보았다. 그 사람과 헤어
진 이후 나는 그가 어디에 가든지 신실한 신앙인이 되게 해달라
는 것과 속히 조국이 통일되어 아이의 아버지와 나의 남편으로
돌아오게 해달라는 기도를 옥중에서도 늘 해왔었다. 결과적으
로 그가 기름부음을 받은 믿음의 사람이 되었다는 것은 하나님
께서 그 이상으로 응답해 주신 것이었다.

만일 우리 부부가 함께 남으로 자식을 데리고 가서 살았다면
남편이 과연 신앙생활을 하였을까 하는 상상도 해보았다. 그러
나 이제 와 '만일'이란 것을 생각해 보는 것은 무의미했다. 지금
의 내 인생이 내가 짊어지고 가야 할 멍에라면 지옥의 언저리 같
은 삶이라도 받아들이며 가야 하는 것이라 스스로 위안 삼았다.

나는 열차에서 파란만장한 지난날을 회상하며, 남편에 대한
추억을 떠올려 보았다. 문득 가슴 졸이며 아버지의 소식을 기다
리고 있을 아들에게 무어라 얘기해 주어야 할까 하는 생각에 가
슴이 터질 것 같았다. 아들은 분명 아버지에 대한 소식을 가장 먼
저 물어볼 텐데 어디서부터 어떻게 무어라고 말해야 될지 정리
가 안 되었다.

집에 들어서자 손주가 뛰어나와 품에 안겼다. 우리 가정에 늘
생기를 불어넣어 주며 모두에게 기쁨을 안겨 주는 손주는 재롱
둥이였다. 아들은 나의 어두운 표정을 살피며 눈치만 보더니 아

버지 소식은 묻지 않고 고모 얘기를 먼저 꺼내었다.

"오마니, 고모님 어케 잘 만나 보셨습네까?"

나는 천근만근 무거운 입술을 열었다.

"그래, 잘 만나 보았다. 그 고모님도 세월을 이기지 못했는지 많이 늙으셨단다."

나 또한 남편 얘기를 먼저 꺼내지 않았다. 아들은 다시 한 번 내 눈치를 보면서 아버지에 대해 물었다.

"아바지 소식은 고모님한테 들으셨습네까?"

나는 더 이상 남편 얘기를 미룰 수가 없었다.

"아범아, 너희 아바지는 천수를 다하지 못하시고 지금으로부터 10여 년 전에 세상을 떠나셨다고 한다. 아바지는 끝내 우리를 외면하시었어."

아들은 의아한 표정을 지으며 말했다.

"아니, 아바지는 뭐가 그리 급하셔서 우리를 두고 먼저 가셨나요? 건강이 안 좋으셨나 봅네다."

아들은 이내 슬픈 표정을 지으면서 고개를 떨구더니 나를 위로해 주려는 듯 덧붙였다.

"오마니, 아바지는 연세로 볼 때 80세까지는 못 사셨어도 거저 남 만큼은 살다 가신 겁네다. 아바지는 좋은 세상에서 살 만큼 사시고 가셨을 거야요. 그러니 오마니, 지난날의 모든 것 다 잊고 오마니만이라도 편안한 마음으로 건강하게 우리와 함께 여생을 보내시자요. 오마니! 이제라도 행복해지면 되는 거 아넵네까. 그렇게 사시자요, 오마니. 제가 오마니한테 못다한 효도 다하고 잘 모시갔습네다. 그러니 오마니, 거저 오래오래 사시라요."

아들은 그 말을 미처 다 잇지 못하고 나를 와락 안고는 어린 아이처럼 엉엉 소리내어 울었다. 나 또한 그 말에 억눌렸던 슬픔이 터져 나와 울음을 터뜨렸다. 그러자 며느리도 함께 목 놓아 울기 시작했다. 어린 손주는 영문도 모른 채 어른들을 따라 울었다. 우리 집은 삽시간에 초상집이 되었다.

한참 후 나는 마음을 진정하고 아들에게 위로의 말을 건넸다.

"애야, 만일 아바지가 조선 땅에 우리와 같이 남으셨다면 우리처럼 많은 고생을 하셨을 거야. 너희 아바지만이라도 자유스러운 나라에서 행복하게 사시다 가셨으니, 그것만으로 만족하고 감사하자."

그 말에 아들은 더욱 서럽게 울었다.

"알갔시요, 오마니. 어차피 모든 사람이 이 땅에 살든지, 저 땅에 살든지 언젠가는 다 죽는 거 아니갔시요. 거저 나는 자식으로서 아바지 묘소에 절 한 번 못 올린 것이 죄스러울 뿐입네다."

아들은 좀처럼 울음을 그치지 못하고 더욱 서러워하며 울어대었다. 그 울음소리는 마치 새끼를 잃은 황소 어미의 울음처럼 들렸다. 내 가슴은 또 한 번 천 갈래 만 갈래 찢겨 나갔다. 참으로 나는 몹쓸 어미였다.

아들아, 압록강을 건너가자!

시누가 주고 간 상당한 돈으로 나는 그렇게도 갖고 싶었던 피아노를 들였다. 지난날 내 분신과도 같았던 피아노를 수소문해 오래된 동유럽산 피아노를 장만한 것이다. 빼앗긴 50년의 세월을 보상받으려는 생각으로 어렵게 결정한 일이었다.

스물넷에 독일로 피아노 공부를 하러 가려다 가세가 기울어 강제 결혼으로 그 꿈을 접어야 했고, 40대에는 월남한 남편과 내통하면서 간첩 노릇을 했다는 죄명을 뒤집어쓰고 하루아침에 정치범으로 몰려 철창 속에서 10년을 보내야 했던 세월을 스스로 위로하려 결심한 것이었다. 또한 시댁에서 내게 베푼 마지막 선물이라는 의미를 부여했다.

하지만 다 쓰러져 가는 집에 피아노가 어울릴 리가 없었다. 동네에서는 유일하게 피아노가 있는 집으로 소문이 났다. 동네 아이들과 어른들이 난생 처음 보는 피아노를 보러 날마다 우리 집에 와 문전성시를 이루기도 했다. 손녀딸은 자기 친구들을 데리고 와서는 우리 할머니가 옛날에 유명한 피아노 연주자였다며 한껏 자랑을 하기도 했다. 나는 그 아이들을 볼 때마다 내 어린 시절이 생각났다. 풍금을 치기 위해 아기 보는 일을 자처했던 일이며, 여고 시절 피아노 콩쿠르에서 최우수상을 받은 일이 새록새록 눈앞에 스쳐갔다.

피아노를 들이면서 나의 삶도 달라졌다. 오랫동안 돼지를 치느라 나뭇가지처럼 뻣뻣하고 거칠어졌던 손이 피아노 건반 위에서 아름다운 소리를 내게 되었다는 것이 스스로 믿기지 않았다. 나에게는 악보도 없었지만 지난날을 회상하며 떠오르는 곡들을 연주했다. 은파, 소녀의 기도, 월광 등의 명곡들과 찬송가도 연주하면서 피폐해져 버린 나의 영혼이 점점 생기를 되찾게 되었다. 고된 하루 일과를 마치고 피아노 앞에 앉아 있는 시간이 가장 행복했다. 나의 행복은 나뭇가지 위에 앉은 새처럼 내 삶에 평안히 머물렀다.

어느 날 저녁, 피아노로 평소에 즐겨 부르는 찬송가를 연주하고 있었다. 그런데 갑자기 문 두드리는 소리가 들렸다. 가슴이 벌렁거리고 긴장이 됐다. 혹 보위부원이 이 찬송가 소리를 듣고 문제를 삼으러 온 것이 아닌가 하는 생각이 들었기 때문이었다. 조심스럽게 문틈으로 내다보니 웬 동네 할머니가 서 있었다. 나보다 나이가 많아 보이는 할머니였다. 자라 보고 놀란 가슴 솥뚜 껑만 보아도 놀란다는 속담처럼 내 안에는 항상 공포심이 잠재 되어 있었던 탓에 갑자기 누가 찾아오기만 해도 덜컥 겁이 났다. 조심스럽게 문을 열어 주자 그 할머니가 잠깐 들어가도 좋으냐고 물었다. 나는 망설이지 않고 들어오라 했다. 그 할머니는 피아노 를 보더니 의외의 말을 했다.

"할마니는 옛날에 예배당 다니셨나 봐요. 지나가다가 찬송가 소리가 너무 은혜스럽게 들리기에 발길을 멈추고 들었습네다. 저 도 옛날에 평양에서 교회를 다녔습네다."

하나님께서는 에스겔의 마른 뼈 골짜기 같은 탄광촌에도 하 나님을 믿는 신앙인을 보호하셨다. 나는 오랜 동창생을 만나기 라도 한 듯 너무 기뻤다. 그 할머니는 무슨 사연이 있어 자식과 함께 이 험악한 골짜기에 추방되어 왔을까. 사연은 모르겠으나 나로서는 신앙의 동지를 만나서 매우 기뻤다. 그 후 그 할머니와 나는 종종 만나 함께 조용히 찬송도 하고 기도도 하면서 지난날 의 신앙을 더욱 회복하게 되었다. 하나님께서는 이러한 방법으로 나를 위로해 주시고 새 힘을 주셨다.

1994년 7월, 조선의 온 인민이 신처럼 어버이처럼 받들고 의지 했던 김일성 수령이 별세했다. 인민 모두가 마치 자신들의 부모 가 죽은 것처럼 통곡하며 슬픔에 잠겼다. 온 나라가 두려움과 걱 정에 휩쓸리면서 난세를 만난 듯 휘청거리기 시작했다. 얼마 후 식량 배급이 급격히 줄기 시작하더니 끝내는 그마저 끊겨 탄광촌에 기근이 시작되었다. 탄광 노동자들은 끼니를 거른 탓에 기력을 잃어 결국 일도 못하게 되었다. 급기야 생산 활동도 멈추게 되었고 전기 사정도 안 좋아졌다. 모두가 기근에 고통을 겪으면서 민심이 흉흉해졌다.

이제는 모두가 스스로 양식을 해결해야 했다. 탄광의 노동자들은 석탄을 몰래 훔쳐서 내다 팔기도 하고, 나중에는 광산의 기계 설비도 뜯어다 헐값에 고철로 팔아 양식을 해결했다. 그러나 그것은 언 발에 오줌 누기나 다름없었다. 노동자들이 당에 해결책을 요구했지만 그들에게도 뾰족한 대책이 없었다. 이제 비상양식을 풀게 될 터이니 기다려 보라는 믿지 못할 말만 할 뿐이었다. 온 백성이 이처럼 생사 기로에 섰는데, 어찌 위대하시다는 장군님은 땅 속으로 사라졌는지 외국으로 도피를 했는지 감감 무소식이었다. 장군님은 백성들의 신음 소리와 비참한 현실을 알고 있는지, 아니면 관심조차 없는지 끝내 쓰러져 가는 인민들을 외면했다.

이때 내게는 몇 해 전 미국의 시누가 주고 간 돈 중 피아노를 사고 남은 몇백 달러가 있었다. 나는 암시장에 나가 그 돈을 환전하여 우리 식구를 살려 나갔다. 이러한 굶주림이 언제 끝날 줄 모르니 최대한 절약하여야만 했다. 나는 어린 손주들에게 죽을 먹여가면서 연명했다. 이러한 비참한 현실이 1년이면 해결될 줄 알았으나 더욱 심해져 갔다. 급기야는 같은 동네에서 노약자들이 굶주려 죽어 나가는 사례도 발생했다. 어느 집에서는 노인이 숟가락 하나 덜기 위해 자진 가출하여 길거리에서 죽어 발견되는 끔찍한 일도 생겨났다.

도처에서 도둑과 강도들이 날뛰었다. 마치 무법천지와도 같았다. 어느 가정은 아예 가족들이 뿔뿔이 흩어져 각자 살길을 찾아 떠나기도 했다. 그로 인해 버려진 아이들이 꽃제비가 되어 장마당과 역전에 무리 지어 다니기도 했다. 이러한 비극은 전쟁시에도 없었다.

하나님께서는 포탄이 떨어지고 불이 났던 전쟁보다 더 참혹한 저주를 조선 땅에 다시 내리셨다. 조선 백성들의 죄가 얼마나 극심하기에 이처럼 힘 없는 백성들이 굶어 죽어 나가야 하는지 모를 일이었다. 아무래도 아예 하늘 문이 닫힌 것 같았다. 나는 이같은 재앙의 원인에 대해 신앙적으로 곰곰이 생각해 보았다. 동족상잔의 전쟁을 일으킨 죄, 통치자를 신처럼 추앙하는 우상숭배의 죄를 범했기 때문일까. 그렇다면 지도자들과 권세자들이 징벌을 받아야 하는데, 힘 없는 인민들이 이처럼 불평불만 한 번 못 해보고 마른 장작처럼 죽어 나가는 지옥의 징벌을 받고 있는 것이 너무도 이해할 수 없고 슬펐다.

조선의 인민들은 노예보다 못한 존재였다. 애굽의 바로 밑에서 중노동에 시달리며 고초를 겪었던 이스라엘 민족들은 적어도 굶주려 죽지는 않았다. 20세기에 조선 인민들은 수천 년 전의 군주독재 시절보다 못한 무자비한 독재의 차꼬에 매여 굶어 죽어 가는 짐승들과도 같았다.

왜 하나님께서는 이러한 생지옥 같은 조선에 대해 침묵하시는 것일까. 그 침묵이 조선 인민들을 향한 심판인 것일까. 나는 하나님께 외치고 싶었다. 조선의 인민들 가운데 추방된 이곳 사람들은 죽거나 말거나 이미 버려진 인간들이었다. 살아남기 위해 어디론가 떠나 버린 주위 사람들이 많아지면서 마을은 을씨년스러워졌다. 이곳에 남은 사람들은 마치 흑사병에 걸린 듯 맥없이 죽어 가는 저주받는 인간들이었다.

하루에도 수차례씩 문을 두드리며 먹을 것을 달라는 아이들도 많아졌다. 처음에는 그 애들이 너무 불쌍해서 방으로 들어오게 하여 우리 손주들이 먹는 죽 물을 먹여 보내었는데, 그렇게 하자니 밑도 끝도 없었다. 굶주린 아이들을 외면하는 것이 곧 죄가 되는 걸 뻔히 알면서 문을 열어 주지 않는 내 모습이 마냥 비굴하기만 했다.

급기야 우리 집의 양식 사정도 더는 견뎌 낼 수 없는 지경에 다다랐다. 온 식구와 어린 손주들을 살려 내기 위해서는 나의 분신처럼 여겼던 피아노를 팔아야 했다. 나는 죽더라도 어린 손주들은 살려야 했기 때문이다. 결국 피아노는 외지의 다른 사람이 와서 헐값에 사갔다. 이때 내 가슴을 가장 아프게 한 것은 어린 손녀딸이었다. 몇 년 동안 나에게 피아노를 배워서 제법 연주를 할 줄 알았던 손녀는 날마다 학교에서 돌아와 피아노 앞에 앉아서 건반을 두드리곤 했었다. 그런데 그 피아노가 팔려 나가니 그애의 심정이 어떠했겠는가. 손녀는 피아노를 붙잡고는 "할마니, 피아노 팔지 마시라요" 하며 소리쳤다. 그 모습에 마치 손주를 팔아 먹는 것 같은 심정이 되어 아픔을 억제할 수 없었다. 나는 손녀를 달래었다.

"애야, 할마니가 내년에는 더 좋은 피아노 사주마. 약속할게."

하지만 아이는 막무가내였다.

우리 가족은 그 피아노 덕분에 죽음의 골짜기를 건너 간신히 살아남을 수 있었다. 돌이켜 보면 남편의 여동생이 주고 간 그 돈이 우리 모두의 생명줄이 되어 준 것이다. 어찌 보면 세상을 떠난 남편 덕에 온 가족들이 생명을 건진 것이나 마찬가지였다.

끝이 보이지 않던 기근의 기나긴 터널 끝이 조금씩 보이면서 우리 가정도 안정을 찾아 갔다. 내 인생도 이제는 내일을 장담할 수 없는 팔순을 맞았다. 지금까지의 내 삶은 야곱의 생애 못지않게 험악했다. 돌이켜 보면 기적같이 살아온 인생 행로였다.

죽기 전에 야곱이 그의 열두 아들에게 축복 기도를 했듯이, 나도 죽기 전에 환갑을 바라보는 아들에게 어미로서 무엇을 해주어야 할까 곰곰이 생각해 보았다. 남편은 이미 세상을 떠났으므로 그와의 인연도 다 정리된 것이라고 생각하고 있었으나, 그렇다고 해서 그와의 모든 관계를 정리해 버리면 어미로서 아들에 대해 최선을 다한 것이 아니라는 생각이 들었다. 그렇다면 과연 내가 이 아들을 위해 할 수 있는 것은 무엇일까 고민이 됐다.

내가 죽고 나면 아들의 피붙이는 하나도 남지 않을 터였다. 단, 같은 아비의 피를 나눈 자손들이 남에는 있었다. 남에서 재혼한 남편이 얻은 후손들은 아들에게 있어 같은 피를 나눠 가진 배 다른 혈육이었다. 언젠가 통일이 되는 날에는 그들과 만나 혈육의 정을 나눌 필요가 있었다.

우리 부부가 헤어질 당시 완전히 합의 이혼하여 갈라섰다면 모를까, 우리는 어쩔 수 없는 상황에 이별한 것이었다. 설사 그렇지 않더라도 이 아이가 남편의 아들이라는 사실은 무엇으로도 지워 버릴 수는 없는 것이었다. 나는 남에서 태어난 남편의 후손들과 아들이 서로 만날 수 있도록 길을 닦아 주는 것이 어미로서의 마땅한 도리라고 확신했다.

더욱이 감사한 것은 남편이 장로가 되었고 그 자녀들과 온 가족들이 다 신앙인이라는 사실이었다. 그 귀한 가족과 만날 수 있도록 가교를 만들어 놓아야 했다. 야곱의 열두 아들 가운데 배 다른 형제들도 결국은 다 야곱의 동일한 자녀로서 믿음의 유산을 이어받은 것처럼, 조선의 현실에서 신앙의 유업을 못 받고 있는 아들이 아버지와 동일한 신앙의 유업을 이어 가기 위해서는 내가 죽기 전에 아들에게 신앙을 물려주고 이남의 자손들과 연결을 해주어야 했다.

10여 년 전 미국에서 온 시누는 그때 남조선의 주소가 적힌 쪽지 하나를 주었었다. 그 주소는 남편의 큰딸이 살고 있다는 집 주소였다. 그뿐만 아니라 전화번호도 함께 적어 주었다. 중국에 가면 남한과 미국의 친척들에게 자유롭게 전화도 걸고 편지도 보낼 수 있을 터였다. 또 중국에서 친척들과 상봉하는 것도 가능할 것이었다. 시누도 가능하면 이들과 연락을 하여 혈연 관계를 회복해 보라는 의미로 그 주소와 전화번호를 알려 준 것인지 몰랐다. 아마 시누는 그때 조선 방문을 마치고 미국으로 가기 전에 남한에 들러서 나를 만난 이야기를 했을 것이다. 그렇다면 이남의 자손들도 나와 아들에 대한 존재를 알고 있을 것이다. 우리 모자와 남편의 자손들과는 생면부지의 관계일지라도 우리에 대해 남처럼 생각하지는 않을 것이라고 생각했다.

지금까지 수많은 고난의 언덕을 넘으며 때로는 깊은 슬픔의 수렁을 헤집고 온 인생을 이대로 대물림하듯 자식에게 떠넘긴 채 주저앉을 수는 없는 노릇이었다. 이 아들은 불운한 시대에 태어나 본인의 의지와는 상관없이 아비 없는 자식으로 어린 시절을 보내지 않았는가. 더구나 소년기에는 어미조차 없이 졸지에 고아가 되어 살아야 했다. 나는 아들에게 네게도 아버지의 혈육이 있고, 네 아버지는 누구에게나 자랑할 만한 믿음의 장로님이었다는 것을 확인시켜 주고 싶었다. 너도 아버지의 신앙의 분깃을 받아 언젠가는 자랑스러운 장로가 되어 하늘의 상급을 쌓아야 된다고 각인시켜 주는 것이 나의 마지막 의무라 생각했다. 어미로서 자식에게 해준 것이 이날 이때까지 아무것도 없었기에 내가 죽기 전에 반드시 이 일만큼은 꼭 성사시켜 주어야 했다.

하지만 이 일을 해결하기 위해서는 수많은 장벽을 넘어야 했다. 조선의 실정상 미국과 남조선으로 편지를 보낼 수 없으므로, 일단은 아들과 함께 중국을 가야 했다. 그러려면 외국으로 나갈 수 있는 여권을 만들고 출국 승인을 받아야 하는데, 나는 이미 정치범이라는 화인을 맞은 몸인 데다 아들은 반동분자의 자식이라 절대 불가능한 일이었다.

아무리 골머리를 써가며 생각해 보아도 해결 방법이 없었다. 조선의 실정법상으로 보면 아예 시도조차 못할 일이었다. 나 하나 죽음으로써 해결된다면 나는 모든 것을 던져 버릴 수도 있었다. 하지만 내 나이 84세로 이미 여권 발급 자체가 불가했다. 내가 압록강을 넘어 중국에 가려면 요단강이 갈라진 것 같은 기적이 일어나야만 했다. 얍복 강가의 야곱의 기도에 응답하시어 에서의 마음을 감화시키셨던 것처럼 하나님의 역사가 아니면 도무지 감당할 수 없는 사안이었다. 야곱이 환도뼈가 위골된 뒤에 강을 건넜던 것같이 나도 압록강을 건너갈 수만 있다면 내 몸의 절반이 잘려 나간다 해도 얼마든지 내 생명까지 던질 수 있었다.

"야곱의 하나님이시여! 내게도 동일하게 역사하셔서 압록강을 건너가게 하옵소서! 누가 그 강을 갈라 줄 것이며, 누가 이 늙은이를 도와주겠습니까? 오직 나의 하나님만이 내 사정을 아시오니 나의 기도를 외면치 마옵소서!"

조선에서는 뇌물이면 사형수도 살려 낸다고 하는데, 재산이라고는 몸뚱아리뿐인 내게 무슨 바칠 돈이 있겠는가? 중국에 합법적으로 친지 방문차 가는 사람들도 해당 기관과 담당자에게 최소한 5백 달러 이상을 바쳐야 하는 현실이었다. 그러나 돈은 고사하고 불순 가정으로 붉은 낙인이 찍힌 우리를 정상적인 신분의 인민으로 탈바꿈시키려면 천문학적인 돈 수천 달러를 바쳐도 될지 안 될지 가늠 못할 형편이었다. 당장 오늘이라도 하늘에서 금덩이가 떨어지지 않는 한 불가능한 것이다. 다 쓰러져 가는 이 집을 팔고 세간을 다 판다 하여도 가당치 않았다. 유일한 수입원은 돼지를 쳐서 버는 돈이었으나, 그저 밥 먹고 손주 공부시키는 정도의 우리 형편에 돈으로 해결하는 방법은 애초부터 불가능한 것이었다.

내 나이도 팔순을 넘어선 지 몇 해가 되었고, 내일 아침에 내 코에 호흡이 달려 있을지 나 자신도 장담을 못하는 상황이었다. 나는 그저 하늘만 바라보았다. 하나님의 도우심이 있다면, 하늘에서 동아줄이라도 내려올 것이 아닌가. 이 늙은이가 할 수 있는 것은 나를 지금까지 지탱해 주신 하나님께 떼를 쓰는 기도를 하는 것밖에 없었다.

어릴 적에 주일학교의 풍금 소리에 반해서 하나님께 두 손 모아 기도함으로 꿈도 꿀 수 없는 피아노를 배우고 또 가져 보기까지 했는데, 혹시 이번에도 나를 가엾게 여겨 주신다면 홍해 바다를 가르셨던 하나님께서 못해 주실 것도 없다는 믿음이었다. 그날부터 나는 하나님께 어린아이처럼 막무가내로 졸라 대는 기도를 시작했다.

나는 며느리와 아들에게 남한의 후손들을 만나러 중국에 가겠다고 말했다. 아들 내외는 화들짝 놀라며 냉소를 보냈다.

"오마니! 지난번 미국에서 오신 고모님께서 적지 않은 돈을 주고 가신 것으로 만족하시라요. 우리가 이 골짜기를 어케 빠져 나갑네까? 그것도 평양도 아니고 중국엘 말입네다. 누가 우리를 보내 준답네까? 오마니, 우리가 중국에 간다는 것은 해가 서쪽에서 뜨는 것보다 더 뒤집어질 일입네다. 그런 말하시면 남들이 망령났다고 할 겁네다. 그리고 남조선의 아버지 후손들이 우리가 중국에 간다고 해도 안 만나 줄 겁네다. 그들이 중국까지 와서 만나 줄 이유가 없습네다. 상식적으로 생각해 보시라요. 오마니, 괜한 데 신경 쓰지 마시고 거저 건강하게 지내시라요. 이담에 통일이나 되면 모를까, 지금은 어림없습네다. 그리고 우리가 남조선에 친척이 있다고 하면 좋을 일 하나도 없습네다. 그렇지 않아도 아버지가 월남한 것 때문에 이처럼 수모를 당하며 살아왔는데, 다시 남조선의 친척 만나러 간다면 더 문제 삼을 겁네다. 괜히 우리 집이 쑥대밭이 될 수도 있는 일입네다. 그러니까 오마니, 허황된 생각 마시라요. 부탁입네다."

아들 말이 천 번 만 번 옳았다. 극히 상식적이고 이치에 맞는 말이었다. 나는 아들의 완강한 만류에 더 이상 말을 잇지 않았다. 이 일을 놓고 논쟁하면 모자 사이만 더 벌어지고 노망난 노친네 취급을 당할 게 뻔했다. 그날부터 나는 오직 하나님께 기도로 밀고 나갈 작정을 했다. 여든 평생을 살아오며 하나님의 살아 계심을 수도 없이 체험했기에 기도만큼은 포기할 수 없었다.

"나의 힘이시며 산성이시며 반석이신 하나님 아바지! 이제 나의 마지막 기도에 꼭 응답하소서! 나오미의 눈물 어린 그 기도에 응답하시어 모압에서 다시 베들레헴으로 부르신 하나님! 그를 따라온 며느리가 사위 될 보아스를 만나도록 하시고, 그 후손을 마침내 품 안에 안겨 주신 살아 계신 하나님 아바지! 이 땅에 사는 무지렁이 같은 저를 긍휼히 여기시고 인자를 더해 주옵소서. 저와 아들이 압록강을 건너가 내 남편의 후손을 꼭 만나게 해주옵소서. 부디 남북의 후손 간에 혈육이 이어지게 하옵소서!"

나는 이 문제를 놓고 미친 노인네처럼 하나님께 주야로 기도했다. 그러나 달라지는 것은 아무것도 없었다. 이대로 허공에 흩어지는 허망한 기도만 늘어놓아서는 안 되었다. 바늘구멍이라도 만들어 가며 기도를 해야겠다는 생각이었다.

나는 용기 내어 평북도 관할 외사처에 찾아갔다. 나는 그에게 몇 년 전에 미국에서 찾아온 시누 이야기며, 지난날의 내 인생 여정을 소상히 밝혔다. 그곳 담당 직원은 내 신분 서류를 찾아서 검토하더니 훈계하듯 말했다.

"할마니 동무, 여기 보관되어 있는 할마니의 기록과 내력에는 지금 사시는 곳을 영영 벗어나지 못할 특별 감시 대상입네다. 그런데 어떻게 중국엘 가며, 남조선의 친척을 만난다고 합네까? 이는 하늘이 무너져도 안 될 일입네다. 장군님의 지시라면 모를까. 우리 조선공화국의 법으로는 아예 불가능한 일입네다. 할마니 동무는 살아갈 날 많지 않으실 텐데, 거저 평안히 이곳 자손들과 여생 잘 보내시라요. 이건 법적으로 불가능한 일이라 잘못하면 오히려 할마니와 가족들 신상에 문제가 될 수도 있습네다. 그러니 이 문제를 더 이상 제기하지 마시라요."

그 담당원은 오히려 나를 겁박하며 내쫓으려 했다. 나는 더 이상 대화가 되지 않는 그곳에서 죄인 취급받고 내쫓겼다. 나는 너무도 서럽고 원통하여 담벼락을 붙잡고 울었다. 이 늙은 나이에 이런 모멸을 당하는 것이 너무도 비참했다. 어느 정도 각오는 했지만 실가락 같은 가능성마저 끊겨 버렸다.

그 이후 아들과 며느리는 태도가 더욱 냉담해졌다. 아들과 며느리는 내 의도를 충분히 이해 못 하고 있었다. 이는 분명 어미와 아들의 차이였다. 하지만 이 모든 일은 나를 위한 것이 아니었다. 전적으로 아들을 위한 마지막 결단이었던 것이다. 이것이 사력을 다한 어미의 마지막 행보인 것을 저들은 몰라주었다. 나는 더욱 외톨이가 되었다. 이러다가 그나마 남아 있던 기력마저 끊어질 것 같았다.

중국을 가기 위한 첫 걸음을 이미 디딘 이상 숨이 끊어지는 한이 있더라도 추진해야 했다. 내 나이가 아직도 청청하다면 시간을 더 두고 기다릴 필요도 있겠지만, 내일 아침에 호흡이 붙어 있을지 불투명한 나이에 이것저것 따질 필요가 없었다. 지방 외사처에 더 이상 애걸복걸할 수도 없는 노릇이어서, 아예 평양의 중앙 외사부를 상대로 마지막 결판을 보겠다는 심사로 무작정 평양으로 올라갔다. 나를 도와줄 사람 누구 하나 없었지만 과감한 결행을 한 것이다.

나는 일단 평양 교향악단에서 함께 활동하였던 후배를 찾아갔다. 이리저리 수소문하여 수십 년 만에 찾아낸 그 후배도 오래전에 은퇴를 하고 손주들을 돌보며 살고 있었다. 나는 그간의 모든 일을 다 털어놓고 다급한 정황을 설명했다. 혹 주변에 외사부에 아는 사람이 있는지 찾아봐 달라고 부탁하자 그가 난처한 기색을 표했다. 자신도 오래전에 현직에서 물러난 데다, 일한 분야가 달랐기에 도움이 못 될 것 같다는 것이다. 결국 그 후배가 여러 곳에 수소문하여 알아 낸 것은 외사부가 있는 장소와 담당자에 대한 정보였다.

나는 간절한 기도를 드리고 용기를 내어 외사부의 청사로 갔다. 그러나 그곳은 아무나 출입할 수 없었다. 정문 앞에는 경비를 서는 사람이 있어 출입을 통제하고 있었다. 내가 정문을 지나 안으로 걸어 들어가자 경비병이 다가와서는 으름장을 놓았다.

"할마니, 여긴 공원이 아닙네다. 잘못 오신 것 같은데, 얼른 집으로 돌아가시라요."

그는 나를 무식쟁이 시골 노인네 취급하면서 내쫓으려 했다. 기분이 몹시 상한 나는 그에게 한마디 했다.

"내래 다 알고 왔수다. 시골에서 온 노친네라고 무시하지 마시라요. 나도 응당 조선민주주의인민공화국의 공민이외다. 여기에 놀러온 것이 아니라 꼭 만나 볼 사람이 있어 온 것이외다. 그러니 들어가게 해주시라요."

이때 경비실 안에 있던 나이 든 직원이 나왔다. 직책이 좀 높은 사람인 듯했다. 그는 내게 다가와 공손히 물었다.

"할마니 동무께서 여기에 무슨 용무가 있어 오셨습네까?"

나는 그의 고분고분한 태도에 용기를 내어 말을 꺼냈다.

"내래, 여기 온 사연이 좀 복잡합네다."

그는 나를 경비실로 들어오라 하면서 내 사연을 들어주려 했다. 나는 그에게 나의 처지를 털어놓으며, 지방 외사처에서 여권 발급이 거절된 것에 대해 소상히 들려주었다. 내 이야기를 다 들은 그는 내가 측은하였던지 담당 부서에 전화를 걸어 면담 요청을 했다. 그러나 그곳 담당자는 지방 관할 부서에서 안 되었다면 여기서도 안 된다고 하면서 그 노인을 돌려보내라는 답변을 했다. 경비실 책임자는 나를 설득하며 집으로 돌아가라고 권면했다. 나로서도 더 이상 떼를 쓸 수 없었다. 그러나 여기서 포기하고 내려가면 모든 것이 수포로 돌아갈 터였다. 이대로 집에 돌아갈 수 없다고 생각한 나는 일단 후배 집으로 돌아왔다. 그날 밤 나는 밤을 지새우며 하나님께 생짜 부리는 기도를 다시 올렸다.

그다음 날 이른 아침, 나는 그곳 출근 시간에 맞추어서 청사로 갔다. 그리고 정문 앞에 서서 무작정 기다렸다. 출근 시간이라 여러 대의 간부급 차들이 지나갔다. 그곳의 많은 직원들은 출근 중에 나를 힐끗힐끗 쳐다보았다.

그렇게 정문 앞에 서서 기다리기를 며칠 째. 정문 경비 책임자가 나에게 오더니 상기된 목소리로 기쁜 소식을 들려주었다.

"할마니 동무, 지성이면 감천이라더니 할마니의 지극정성이 통한 것 같습네다. 할마니께서 면담하고자 하는 간부가 할마니의 모습을 눈여겨본 것 같습네다. 그 간부 동지께서 할마니를 만나 주겠다고 하니 내일 오후 네 시에 이곳으로 오시라요. 그러면 내가 안내해 드리겠습네다. 오늘은 두 발 쭉 뻗고 주무시라요."

이렇게 해서 나의 끈질긴 시위로 마침내 면담이 성사되었다. 나는 마치 여권을 손에 쥔 것같이 기뻤다. 약속된 그날 나는 후배에게 시골 티가 나지 않는 옷을 빌려 달라고 하여 말쑥한 차림으로 집을 나섰다. 머리도 다듬고 구두도 빌려 신고 나선 길이었다. 드디어 여권 발급 책임자와의 면담이 이루어졌다.

사무실로 들어가니 큰 책상 앞에 놓인 높은 의자에 간부가 앉아 있었다. 그 간부는 초라한 노인네의 모습을 호기심 어린 눈길로 바라보더니 정중히 예의를 갖추어 이야기를 시작했다.

"할마니 동무, 무슨 사연으로 평양까지 올라오셔서 그런 시위까지 하며 면담을 요구하시는 겁네까. 조선은 어디까지나 법치주의에 입각하여 인민의 모든 일을 다루고 있습네다. 대충 얘기는 들었습네다. 할마니의 중국 방문은 천지가 개벽되어도 이루어질수 없는 것입네다. 할마니께서 꼭 중국에 가야 할 이유가 무엇입네까? 남조선에 있는 전 남편의 후손들을 만나야 할 목적이 무엇이길래 이처럼 노인께서 집요하게 주장을 하시는 것입네까? 저도 할마니 같은 모친이 계십네다. 그래서 저도 최대한 편의를 봐드리려 했습네다. 그러나 법적으로 될 수 없는 일은 저로서도 어찌할 수 없습네다."

그 간부는 매우 교양 있는 태도로 나를 대해 주었다. 나는 지난날의 나의 이력과 살아온 여정을 넋두리하듯 꺼내 놓았다.

"간부 동지, 저도 젊었을 때는 평양교향악단에서 음악인으로 당과 수령님을 위해 충성하였수다. 또 1957년에 모스크바에서 개최된 세계청년축전 때도 피아노 연주를 했지요. 그때 우리 조선과 동맹 국가들을 순회하면서 음악을 통해 조선의 국위를 높이는 데 일조를 한 바 있수다. 구차하게 지난날 부끄러운 사생활까지 다 얘기할 필요는 없지만, 어미로서 하나밖에 없는 자식에게 해주어야 할 일이 있기에 이같이 간청을 드리는 것입네다. 물론 이 늙은이의 요구가 법적으로는 불가능하다는 건 알지만, 사람 사는 세상에 꼭 법으로만 다스릴 수 없는 예외적인 일도 있는 것이고, 또 법이란 게 다 사람을 위해 만들어진 것 아넵네까."

내 말을 진지하게 듣고 있던 그는 내게 다시 물었다.

"그런데 왜 하필 전 남편의 후손을 만나려 하시는 겁네까?"

나는 그에게 본래 의도를 얘기해 보았자 가당치도 않을 것이라고 생각했다. 오히려 그가 관심을 갖을 만한 방향으로 이야기해야겠다는 생각에 불쑥 유산 문제를 끄집어냈다. 사실 나 또한 유산에 대한 가능성을 염두에 두고 있었기 때문이기도 했다.

"솔직히 말씀드리면 아들에 대한 유산 문제 때문에 그럽네다. 내 아들은 아비의 얼굴조차 기억 못한 채 60여 년을 살아온 불쌍한 놈입네다. 그에게 조금이라도 보상을 주기 위한 것이라면 그것 외에 뭐가 있갔습네까?"

그는 더욱 관심을 갖고 구체적으로 물어 왔다.

"그러면 10여 년 전에 돌아가셨다는 남편의 유언장을 미국에서 다녀간 그 시누를 통해 받으신 겁네까? 그 유언의 내용이 무엇입네까?"

그는 있지도 않은 유언장에 집착하며 집요하게 물어 왔다. 그런 그의 말에 그 의중을 읽을 수 있었다. 나는 오늘 이 면담에 대해 여러 가지 예상 문답을 정리해 두어 왔다. 상식적으로 생각해도 유언이라 하면 모두가 유산을 먼저 염두에 두기 마련인데, 그도 역시 그 같은 점에 관심을 갖는 것 같았다. 나 또한 혹시 남편이 세상을 떠나기 전에 그런 내용의 유언을 해두었을지도 모른다는 막연한 기대를 하기도 했었다. 그러나 그것도 그가 살아 있고 통일이나 되었을 때 가능할 일이기에 그런 미련은 이미 오래전에 접어 두었었다. 그런데 그가 유언 내용을 자꾸 물어 오자, 그 부분을 활용할 필요가 있겠다는 판단이 들었다.

"미국의 시누가 평양에 올 때 남편의 유언장을 저에게 가져다주지는 않았습네다. 그럴 수밖에 없는 것이 그녀는 출가외인이지 않습네까. 그러나 10여 년 전에 그 시누는 월남한 오빠가 그간 많은 고생을 하면서 재산을 모아 놓았고 유산을 많이 남긴 상태에서 세상을 떠났다고 귀띔을 해준 바가 있습네다. 그뿐만 아니라 그 후손들을 가능하면 만나 보라고 남조선의 주소와 전화번호까지 적어 주고 갔습네다. 그 시누의 의도가 뭐갔습네까? 그 말은 곧 남편이 해방 전에 첫 번째로 얻은 아들에게 얼마의 유산을 남겨 놓았을지도 모르니 가능하면 그 후손들과 연락을 하여 만나 보라는 것이 아니겠습네까. 조선과 남조선이 편지 왕래나 은행 거래가 되는 것도 아니기에 중국에 가서 남편의 후손을 만나 그 유산 문제를 직접 확인하고 해결하려 합네다. 그쪽에서도 당사자인 아들이 와야 신뢰를 하기 때문에 중국에 함께 가야 합네다. 시누도 반드시 죽기 전에 꼭 만나 보라고 신신당부를 하고 미국으로 돌아갔습네다. 내 아들과 꼭 함께 가야 할 또 한 가지 이유가 있습네다. 보시다시피 나는 이미 꼬부라진 노인이라 언제 어디서 생을 마칠지 모르니 항상 보살핌을 받아야 됩네다. 남편의 후손들을 만나더라도 같은 핏줄이 만나야 얘기가 잘될 것 같으니 허락해 주시라요. 그래야 이 문제가 종결될 것 같습네다."

간부는 내 말을 골똘히 듣더니 이 같은 제안을 했다.

"할마니께서 아들과 함께 가는 문제가 그리 간단치는 않소이다. 하지만 어떻게든 가능하게 하려면 일이 잘 성사될 경우 저희 당에 보답을 하겠단 약조를 하셔야 합네다. 그래야 저희도 할마니의 출국을 적극적으로 검토해 볼 수 있는 명분이 있는 것입네다. 저 또한 이 문제를 성사시키기 위해 윗선에 부탁을 해야 하는 그런 문제도 있습네다. 이에 대해서는 제가 구체적으로 말씀 안 드려도 아실 겁네다."

나는 그 사람의 그런 호의적인 말에 적극 동의하며 답했다.

"간부 동지, 중국 방문이 성사되어 남쪽의 후손과 상봉하게 되면 제가 간부 동지께 섭섭지 않게 보답하고 당에 충성 자금도 바칠 의향이 있수다. 그러니 간부 동지께서 꼭 좀 중국에 다녀올 수 있도록 힘을 써주시라요. 저는 죽기 전에 이 일만큼은 꼭 성사시키려 합네다. 간부 동지의 힘이 필요하니 좀 밀어 주시라요. 그러면 그 은혜 결코 잊지 않겠수다."

나는 그 간부의 손을 꼭 잡았다. 그 간부는 힘 닿는 대로 적극 애써 보겠다고 말했다. 물론 그 혼자 결정하는 일이 아니기에 반드시 중국에 보내 주겠노라는 확답은 하지 않았다.

"할마니의 의중 충분히 알았습니다. 할마니가 합법적으로 중국 방문을 한다 하더라도 거기에서 남조선 친척 상봉을 한다는 것은 우리 공화국의 헌법에 위배되는 일입네. 하지만 저 또한 부모 형제가 있는 한 사람으로서 인륜을 저버리고 싶지 않아 도우려는 겁네다. 다른 기관과도 협의를 거쳐 결정해야 하니, 시간이 좀 걸릴 것 같습네. 여기 오신 김에 여권용 사진을 찍어서 제출하고 가시라요. 일이 잘 되도록 추진해 보갔습네. 이 일이 잘되면 할마니 복인 것입네다. 여권 발급과 중국 비자가 나오면 지방 관할 외사처로 보내질 것이니 그리 알고 기다리시라요. 할마니께서도 이 일이 잘 되도록 계속 소원을 비시라요."

나는 중국 가는 일이 이미 다 결정된 것인 양 설레는 마음으로 청사를 나와 구름 위를 걷듯 사뿐히 걸었다. 집으로 돌아온 나는 아들과 며느리에게 아무 말도 하지 않았다. 만일 이 일이 안 되면 원망을 받을 것이 뻔하기 때문이었다.

이제부터 내 할 일은 여권과 비자 발급이 되도록 하나님께 힘써 구하는 일뿐이었다. 하루하루의 시간이 수년의 세월처럼 느껴졌다. 한편으로 어린 시절 소풍 날짜를 기다리던 때처럼 설레는 마음이 들기도 했다. 그런데 어찌된 일인지 한 달이 지났음에도 아무 연락이 없었다. 마음이 더욱 초조해져 기도에 매달렸다.

평양을 다녀온 지 거의 사십여 일이 다 되어 가는 날 외사처로 부터 연락이 왔다. 심장이 말할 수 없이 빠르게 뛰었다. 과연 여권 발급이 되어서 오라는 건지, 아니면 안 되어서 오라는 건지, 또는 자신들을 뒷전에 두고 평양에 올라가서 신소하듯 했던 것에 대 해 트집을 잡으려는 것인지 알 수 없었다. 나는 긴장된 마음을 추 스르기 위해 하나님께 간절히 기도를 올린 뒤, 아들과 함께 조심 스런 마음으로 외사처로 갔다.

외사처 담당 지도원은 밝은 표정을 지으며 상냥히 대해 주었 다. 문득 여권이 발급되었다는 예감이 들었다.

"할마니 동무! 축하하오. 할마니와 아들 두 사람의 여권이 중 앙에서 발급되어 왔소이다. 할마니는 평양에 아주 높은 당 간부 를 잘 아시나 봅네다. 이번 이 여권 발급은 정상적으로는 될 수 없는 것입네다. 그런데 이처럼 나왔다는 것은 당의 특별한 배려 가 있었던 것 같소이다. 여권이 나온 것만 해도 대단한 일인데, 할 마니 나이까지 20년 가까이 줄여서 발급되었으니, 귀신도 곡할 일이오. 아무리 생각해도 천지가 개벽할 일이오. 내가 외사 업무 를 보면서 이런 일은 처음이오. 하여간 경사가 난 것보다 더한 일 이오. 축하하오. 우리 당에서 하늘 같은 은덕을 베풀었으니 그 배 려 잊으면 아니 되오. 알갔습네까?"

그 사람은 마치 자기가 여권을 발급해 주는 것처럼 고자세를 취했다. 나로서는 좀 가소롭게 생각되었지만, 그 앞에서는 먹이 주는 주인 앞의 개처럼 굽실거려야 했다.

"지도원 동지께서 저희 모자를 중국에 갈 수 있도록 힘을 써 주신 것 같습네다. 감사하외다. 이 은혜 꼭 갚겠습네다."

그는 나에게 마치 상장이라도 주듯 여권을 내주었다. 그 여권을 받는 순간, 나는 마치 천국으로 들어가는 통행증을 손에 쥔 기분이었다. 나도 모르게 눈물이 주르르 흘러내렸다. 그간의 심한 마음고생이 헛되지 않았다는 생각에 감격스러울 뿐이었다. 하나님께서는 나에게 또 한 번 한량없는 은혜를 내려 주신 것이다. 이 순간이 참으로 꿈만 같았다.

나는 마치 날개가 달린 듯 사뿐사뿐 그곳을 걸어 나왔다. 지금이라도 당장 훨훨 날아서 압록강을 건너 날아갈 것만 같았다.

아들은 사무실을 나오면서 나를 치켜세웠다.

"오마니! 대단하십네다. 아니, 어케 그 일을 해내셨습네까?"

순간 나는 아들에게 이렇게 얘기하고 싶었다.

"얘야, 이 일은 전적으로 하나님께서 해주신 거야. 너도 앞으로 하나님의 살아 계심을 알게 될 거다."

아직은 아들에게 신앙에 대해 얘기해 줄 수 없었다. 지금까지 아들은 하나님 믿는 것을 미신 행위로 인식하고 있었기 때문이다. 그러나 언젠가 하나님께서 가장 적합한 기회를 주시면 아들도 하나님의 은혜를 깨닫게 될 것이었다. 나는 중국에 가서 그 기회를 꼭 만들어 주어야겠다고 생각했다.

집에 돌아오자마자 우리 모자는 며느리에게 대단한 영웅 훈장이라도 받은 듯 여권을 보여 주었다. 며느리도 몹시 놀라면서 매우 기뻐했다. 그러나 그 기쁨은 곧 걱정거리로 변했다. 중국에 갈 여행 경비 때문이었다. 중국까지 가는 교통비며, 몇 달간의 체류비며, 돈이 만만치 않게 들 터인데 어떻게 그 여행 경비를 마련할 수 있을까. 아무리 생각해 보아도 돈 나올 구멍은 없었다. 그렇다고 누구에게 돈을 꿀 수도 없었다. 그 동네 사람들 역시 우리처럼 근근이 살아가고 있었기 때문이다.

그날부터 나는 하나님께 또 염치없는 기도를 하기 시작했다. 어릴 적 풍금 치게 해달라는 식의 그런 막무가내 기도였다. 내 나이 팔순에 하는 기도나 어린 시절의 기도나 달라진 것이 없었다. 온 집안이 근심과 수심에 잠겨 있었다. 피아노라도 있었으면 그걸 팔아 해결할 수 있을 것이나, 지금 남아 있는 살림살이 중 가장 값나가는 재산은 텔레비전이었다. 그러나 그것을 내다 판다 해도 중국 여비에는 못 미칠 것이 뻔했다.

비자에는 유효 기간이 있었다. 그 기간 내에 안 가면 무효가 될 것이기에 내 가슴이 바짝바짝 타들어 갔다. 나는 이 문제를 놓고 금식기도까지 하면서 하나님께 매달렸다. 죽을힘을 다해 여권과 비자까지 받아 놓았는데 여행 경비가 없어 못 간다면 얼마나 허무하겠는가. 지금까지 힘써 온 것이 다 무효가 되어서는 안 되었다.

"지금까지 수많은 난제들을 다 풀어 주신 하나님 아바지. 이제 이 막바지 고비인 여행 경비를 해결해 주셔서 마지막 관문을 지나게 하옵소서. 아들과 함께 압록강을 건너 중국에 이르게 하옵소서! 나오미의 기도에 응답하신 하나님, 우리 아들을 불쌍히 여겨 주시어 이 모진 어미의 얼굴이 더 이상 수치를 당하게 하지 않게 하옵소서! 죽더라도 중국에 가서 죽게 하옵소서!"

어느 날 저녁, 며느리가 늦게야 집에 들어왔다. 내 방으로 들어오는 며느리의 표정이 매우 밝았다.

"오마니, 이제 걱정 마시고 내일이라도 당장 중국으로 떠나시라요. 제가 친정집에 돈을 부탁했었는데, 그간 돈을 만드느라 시일이 좀 걸렸습네다. 그간 맘고생 얼마나 많으셨습네까. 이제 근심 걱정거리는 중국 건너가실 때 압록강에 던져 버리시라요."

또 한 번 하나님의 세밀한 도우심의 손길을 느꼈다. 그러나 며느리에게는 면목이 없어 똑바로 쳐다볼 수 없었다.

"애야, 이 큰 돈 만드느라 얼마나 고생했느냐. 고맙다. 네가 가난한 집안에 시집와서 이런 큰일을 다해 주는구나. 사부인께 감사의 인사를 꼭 전해다오. 중국에 다녀와서 이 돈 꼭 갚아 드리마. 고맙구나."

나는 며느리의 손을 잡고 뜨거운 눈물을 흘렸다.

마침내 우리 모자는 기차를 타고 신의주에 당도했다. 신의주는 결코 다시 와보고 싶지 않은 곳이었다. 10년이라는 세월을 어두운 창살 방에서 보내었던 곳 아닌가. 그 시절이 얼마나 혹독했는지 그때의 기억이 가끔 악몽으로 나타나곤 했다.

이젠 압록강을 건너 중국 단동으로 가는 일만 남았다. 우리 모자는 출국 수속을 밟았다. 짐이라고는 괴나리봇짐 같은 보자기 속에 구겨 넣은 허접스런 옷가지가 전부였다. 세관 수속 지도원은 짐이 이것밖에 없느냐고 묻더니 우리 모자를 아래위로 훑어보고는 나가라는 손짓을 했다. 출국하는 사람들 중에는 나처럼 나이 많은 노인네가 없었다.

나와 아들은 압록강 철교를 건너가는 버스를 탔다. 마치 피난 행 버스 같았다. 간신히 좌석을 마련한 나는 창가에 앉아서 잔잔히 흐르는 압록강을 바라보았다. 그 순간 지난날의 기억들이 눈 앞에 떠올랐다. 어린 시절 열차를 타고 순회공연을 위해 만주 일대로 갔던 일, 러시아와 동유럽 공연을 마치고 중국을 거쳐 이 압록강을 건넜던 일. 주마등처럼 지난 세월이 스쳐 갔다. 이 여행은 내 생애의 마지막 여행이 될 터였다. 나의 마지막 삶의 정리를 위해 아들과 함께 중국으로 떠나는 기분이 왜인지 서글프기도 했다. 그러나 감상적인 생각도 잠시였다. 앞으로 중국에 가서 해결할 일들이 떠올랐다. 덜컥 근심과 걱정이 앞서기 시작했다.

사람과 짐짝을 잔뜩 실은 버스는 어느덧 중국 단동에 도착했다. 조선과는 다르게 간단한 짐 조사만 마치고 세관을 빠져 나왔다. 그렇게도 열망했던 중국에 막상 도착하니 허망한 생각마저 들었다. 우리 모자는 마치 벌판에 버려진 고아들 같았다. 우리를 반갑게 맞아 줄 사람 하나 없었고, 머물 곳도 정해지지 않았다. 마침 버스 옆자리에 앉았던 어느 아주머니의 소개를 받아 시내에 있는 조그만 여관으로 들어갔다. 그 여관은 조선에서 온 사람들로 북적거렸다. 조선으로 다시 돌아가기 위해 짐을 꾸리는 사람들과 이제 막 짐을 푸는 사람들이 뒤섞여 마치 시장 바닥 같았다. 그러나 사람 사는 세상처럼 활력이 넘치는 모습이었다.

그 여관 주인은 우리 모자를 측은히 여기며 편히 쉬었다 가라고 말했다. 그러나 그 여관은 장기적으로 머물 수 없는 곳이었다. 우리 모자는 적어도 몇 개월을 머무르며 남한의 친척과 연락도 취해야 하고, 또 그들을 만나 보아야 하기 때문이었다. 무엇보다도 숙박비가 만만치 않았다.

나는 여관 주인에게 장기적으로 묵을 수 있는 허름한 방이 있는지 물어 보라고 아들을 시켰다. 그 여관 주인은 조선에서 온 사람들에게 식당 일 등의 일거리를 소개해 주는 일도 하고 있었다. 다음 날 주인은 우리에게 방 하나에 자취할 수 있는 집을 소개해 주었다. 우리는 택시에 짐을 싣고 이사 아닌 이사를 했다. 좁은 골목 구석구석에 빈민들이 사는 낙후된 마을이었다. 그러나 수돗물도 나오고 하루 종일 전기도 공급되며 화장실도 수세식이었다. 우리는 더 이상 바랄 것이 없었다. 게다가 색채 텔레비전도 있었다. 이 정도면 조선에서는 상류 생활 수준이었다. 그 집 주인은 우리에게 몇 달치 방값을 한꺼번에 지불하라고 했다. 보통은 1년분을 한꺼번에 주어야 되었지만, 한국의 친척을 만나러 왔기 때문에 나중에 잔금을 주기로 약속을 하고 입주를 마쳤다.

우여곡절 끝에 중국에서 첫 밤을 보냈다. 당장 내일부터 해결해야 할 일들이 첩첩이 쌓여 있었다. 생각만 해도 두려움과 걱정이 앞섰다. 여기서는 조선에서처럼 누군가에게 부탁을 하고 도움을 구하고 돈을 꾸고 할 수가 없었다. 모든 통로가 원천적으로 막혀 있는 데다 누구 하나 아는 사람이 없었기에 더욱 난감하고 불안하기만 했다.

여기까지 온 가장 중요한 목적은 남한의 후손을 찾는 것, 오직 그것 하나였다. 비자 만기까지 남은 세 달 동안 반드시 그 일이 성사되어야만 했다. 과연 가능한 일일까. 가슴이 답답하고 숨이 막혀 왔다. 중국이라는 타지에 와서도 내가 할 수 있는 일은 기도밖에 없었다. 벼랑 끝에 설 때마다 나의 손을 잡아 주시고 건져 주시고, 깊은 강이 나타날 때에 나를 업고 건너가 주신 주님의 손길만을 사모하며 간구할 뿐이었다.

또 한 가지 해결해야 할 문제가 바로 생활비였다. 중국의 생활비는 예상보다 많이 들었다. 준비해 온 돈으로는 한 달도 견디기 어려웠다. 아들이나 나나 중국말을 못하기에 물건 사는 데도 어려움을 많이 겪었다. 오직 손짓 발짓으로 해결해야 했다. 이제 내

건강도 예전 같지 않아 거동도 마음껏 할 수 없었다.

우리 모자는 근처의 시장에 가서 쌀과 먹거리를 사다 먹었다. 나는 아들이 해주는 밥을 먹으며 며칠간 쉬면서 그간의 긴장과 피로를 풀었다. 머릿속으로는 앞으로 해결해야 할 일들을 차근차근 챙기면서 계획을 세웠다. 일단 남한 후손들에게 연락해 보는 게 우선이었다. 13년 전에 시누가 나에게 적어 준 남한 후손들의 주소와 전화번호로 편지를 보내고 전화를 걸어 보기로 했다.

아들과 나는 물어물어 우정국을 찾아가 국제 전화를 신청했다. 그런데 수화기에서는 뜻밖의 목소리가 흘러나왔다.

"지금 거신 전화는 잘못된 번호이오니 다시 확인하여 걸어 주시기 바랍니다."

몇 번을 다시 걸어 보아도 마찬가지였다. 아들이 전화를 건 뒤 내가 수화기를 건네받았는데 끝까지 통화가 되질 않았다. 나는 그만 주저앉고 말았다. 다리와 온몸에 힘이 빠져 더 버틸 수가 없었다. 이 순간을 위해 사력을 다해 산 넘고 물 건너 중국까지 왔는데, 전화 통화마저 막혀 버리니 정신을 못 차릴 지경이었다. 그 사이 10년이 훨씬 지났으므로 충분히 그럴 수 있는 일이었지만, 그동안의 모든 일들이 물거품이 되는 듯하여 눈앞이 아득했다. 나는 또다시 하나님이 원망스러워졌다.

"오, 하나님! 사력을 다해 강 건너 중국까지 왔습네다. 그런데 하나님께서는 저와 아들을 이 외방 땅에서 내치시려는 것입니까? 어찌 이처럼 낙심케 하고 좌절케 하십네까. 우리 모자의 갈 길을 인도해 주옵소서!"

집에 돌아온 나는 침대에 누워 말없이 눈물만 흘렸다. 아들도 나의 참담한 심정을 헤아리는 듯, 그저 멍하니 허공만 응시하고 있었다. 알아듣지도 못하는 중국 방송만 빈 공간에서 떠들어 댈 뿐이었다. 이 일로 몹시 충격을 받은 나는 몸살을 앓았다. 그날부터 나는 아무 거동도 못한 채 감옥에 갇혀 있는 죄수처럼 방 안에 갇혀 있었다.

아들은 나를 근심 어린 눈빛으로 바라보았다. 고령인 내가 중국에 와서 건강상 문제로 불상사를 당하면 어떡하나 하는 눈치였다. 그러나 이곳에 우리를 보내 주신 분께서 반드시 어떤 통로를 마련해 주시라는 소망은 잃지 않았다. 이런 처지에서 내가 할 수 있는 일은 여전히 기도밖에 없는 것이었다. 나는 다시 힘을 얻고자 평소 즐겨 부르는 찬송을 하나님께 드렸다.

> 내 갈 길 멀고 밤은 깊은데 빛 되신 주
> 저 본향 집을 향해 가는 길 비추소서
> 내 가는 길 다 알지 못하나
> 한 걸음씩 늘 인도하소서
> 이전에 나를 인도하신 주 장래에도
> 내 앞에 험산준령 당할 때 도우소서

밤 지나고 저 밝은 아침에
기쁨으로 내 주를 만나리

　나는 기도와 찬송으로 다시 힘을 얻어 이슬 머금은 풀잎처럼 다시 일어섰다. 이제 내가 시도할 일은 시누가 전화번호와 함께 적어 준 남한의 주소로 편지를 써 보내는 것이었다. 그런데 막상 편지를 쓰려 하니 용기가 나질 않았다. 남편의 장녀는 내 피붙이가 아닌 남편의 새 아내에게서 얻은 딸이기에 매우 민감한 문제가 될 수 있었다.

　어느 딸이라도 자기 어머니가 아닌 아버지의 전처를 반길 수는 없을 것이었다. 아무리 시대적 격변으로 이별하여 어쩔 수 없는 재혼으로 얻은 자녀라 할지라도, 자신의 모친 아닌 전처가 반세기 만에 나타나 편지를 보냈다면 순순히 수용하기 어려울 것이 당연했다. 같은 여자로서 나는 그 마음을 충분히 이해할 수 있었다. 이제 중년이 되었을 그 딸도 자신의 아버지와 내가 50여 년 전에 정리된 관계인 것으로 알고 있을 터인데, 갑자기 내가 아버지의 전처라며 첫 아들과 함께 나타난다면 그 집에 엄청난 충격을 안겨 줄 수도 있을 것이다. 그뿐만 아니라 혹시 물질적인 도움을 구하기 위해 그러는 건 아닐까 의심을 품을 수도 있는 사안이었다. 그러한 생각이 들기 시작하자 더더욱 편지 쓸 용기가 나지 않았다. 무엇보다 남아 있는 내 자존심이 이를 허락지 않았다.

식탁에 앉아 인사말 몇 줄 써놓은 편지지를 구겨 버렸다. 전화도 불통인 마당에 편지마저 쓸 수 없게 되었으니 남편 후손들과의 상봉은 이대로 물 건너가는 것이었다. 이제 내가 선택할 수 있는 길이라고는 다시 조선으로 돌아가는 것뿐이었다. 온몸에서 힘이 다 빠져나가면서 다리 힘이 풀렸다. 모든 게 다시 원점에서 시작되어야 했다. 그 자녀들이 먼저 이 가족사를 신앙의 방법으로 풀어 보겠다며 자진하여 중국까지 오지 않는 한, 이 문제는 내가 풀 수 있는 것이 아니었다. 누군가가 나서서 다리 역할을 해 주어야 가능한 일이었다. 미국의 시누가 나서서 서로 만나도록 주선해 주면 좋겠지만, 어쩌면 시누도 세상에 남아 있지 않을 수도 있었다. 지금 이 상황에서 우리에게 도움을 줄 수 있는 사람은 하나도 없었다.

모든 의욕을 상실한 채 누워만 있는 나를 보며 아들은 무슨 결단이라도 내린 듯 말했다.

"오마니, 정 일이 안 풀리면 거저 중국 여행했다 치고 다시 조선으로 돌아가시자요."

아들은 50여 년 가까이 산골짜기 탄광촌에 살다가 발전된 중국에 와보니 모든 게 경이로운 모양이었다. 시골 소년이 도시에 올라와 넋 놓고 구경하듯 아들은 아침만 먹고 나면 밖에 나가 시내를 돌아다니며 하루를 보내고 있었다. 아들에게는 관광차 왔다 가는 것만으로도 가치가 있는 중국 방문이겠지만, 나는 생사가 걸린 문제 앞에서 그럴 정신이 없었다. 아들은 저녁마다 관광 감상문을 발표하듯 내게 소감을 들려주었다.

"오마니, 이 나라는 천지 개벽했습네다. 단동은 중국 대륙에서도 변방에 있는 지역인데도 이렇게 인민들의 생활이 자유롭고 풍요로울 수 없습네다. 아마 북경이나 상해 같은 큰 도시는 별나라겠지요. 시장과 상점에는 먹을 것이 넘쳐나고 상점마다 생필품들이 산더미처럼 쌓여 있는데, 어케 이 큰 대륙이 발전한 것인지 참 놀랍고 부럽습네다. 우리 인민들이 참 불쌍합네다. 우리가 중국처럼 잘살 날이 죽기 전에 올지 모르갔시오. 우리 조선은 왜 중국보다 못한지… 오마니, 밤이면 조선의 신의주는 흑암 세상이야요. 그런데 중국 쪽은 대낮보다 더 휘황찬란하고 온통 칠색 무지개가 뜬 것 같습네다. 이 지구상에 중국처럼 잘살고 자유로운 나라가 또 있을까 생각됩네다. 중국의 온 인민은 분명히 태평성대를 누리고 있습네다. 세상이 이처럼 급변하고 발전하는데 우리 조선도 하루 빨리 통일을 만나 중국처럼 잘사는 나라가 되었으면 좋갔시오."

아들은 중국에 와서 조선과 전혀 다른 세상을 체험하며 모든 인민들이 걱정 없이 먹고사는 평화스러운 모습을 보고 적잖이 충격을 받은 모양이었다. 아들은 늘 들뜬 기분으로 아침을 먹고 나갔다가 오후에 들어오곤 했다. 마치 엄마의 손에 붙잡혀 서울 구경을 온 아이 같았다.

어느덧 지난주에 사다 놓은 쌀이 다 떨어져 있었다. 아들에게 돈을 주며 시장 가서 쌀과 야채를 사오라고 하자 아들은 이내 보자기를 들고 시장으로 나갔다. 그래도 중국에 와서는 세 끼니를 쌀밥으로 먹을 수 있는 것이 감사했다.

조선의 막장 노동자 신분으로는 감히 꿈도 못 꿀 과분한 호식을 하고 있었다. 날마다 콩기름으로 야채를 볶아 먹어서 그런지 벌써 얼굴에 화색이 돌며 거칠었던 피부가 보드라워지기 시작했다. 이런 쌀밥과 기름진 음식을 먹을 때면 손주들이 눈에 아른거렸다. 그때마다 나는 일을 잘 마치고 조선으로 돌아갈 때는 콩기름 큰 통과 쌀을 몇 가마니 사가야겠다는 생각을 했다.

나는 텔레비전으로 중국 방송을 보며 호기심을 채웠다. 조선에서는 날마다 그 방송이 그 방송이었던 데다, 정전이 되는 날이 많아 방송을 볼 수 없을 때가 더 많았다. 그런데 중국에서는 전기가 24시간 들어오고 방송 또한 24시간 계속됐다. 더 놀라운 것은 중국뿐만 아니라 지구촌 모든 나라의 새로운 소식을 전해주어 세계의 움직임이 어떠한지를 그날그날 볼 수 있다는 점이었다. 그뿐만 아니라 남조선의 소식과 연속극, 노래 등 다양한 문화를 접할 수 있었다. 처음 겪는 신세계였다.

찬송을 부르다

그러던 어느 날 천사 같은 한 사람을 알게 되었다. 쌀을 사러 나간 아들에게 도움의 손길을 베푼 조선족 김 집사였다. 하루는 그 집사가 갑자기 나를 찾아왔다.

"할마니, 이번 주일 날 저희 교회에 꼭 좀 오시라요. 크지는 않지만 아주 은혜로운 교회입네다. 그리고 안전해요. 큰 교회에 가면 조선에서 온 감시자가 있을 수도 있지만, 저희 교회는 지금까지 아무 일도 없었어요. 그러니 아드님하고 같이 오셔서 할마니의 기도 제목을 놓고 하나님께 간구해 보세요. 매일 집에만 계시는 것보다 일주일에 두 번씩 교회에 나가 찬양도 하시고 기도도 하시면 좋잖아요. 하나님 말씀 듣다 보면 길이 열려 모든 문제가 다 풀어질 수도 있습네다. 할마니, 이번 주일에 제가 모시러 올 터이니 준비하고 계세요."

교회를 나오라는 김 집사의 말에 귀가 쫑긋해졌다. 사실 교회에 가고 싶은 마음은 늘 있었지만, 여기 현지 사람들만 갈 수 있는 곳이라고 생각했기에 엄두를 내지 않았다. 또 자칫 발각되기라도 하면 신변에 해가 될 것이라는 염려가 들기도 했다. 중국으로 떠나기 며칠 전, 나와 아들은 보위부 지도원으로부터 집중 안보 교육을 받았었다. 특히 중국에서 한국 사람과 접촉하지 말 것, 교회당에 가지 말 것에 대해 중점적으로 지시를 받았다. 잘못하면 남조선의 요원들에게 납치를 당할 수 있고, 신변에 위험을 당할 수도 있으므로 일체 남조선 사람들을 피하고 접촉하지 말라는 것이었다. 그리고 기독교 교회당에도 불순분자들이 있으므로 신변의 안전을 위해 그런 곳에 가면 안 된다고 했다. 만일 그런 일이 발각될 시에는 즉시 강제 송환되며 엄한 처벌을 받게 된다는 강한 경고가 따라 붙었다.

사실 나는 중국에 가면 반드시 성경을 구해서 아들에게 기독교에 대해 이야기해 주며 말씀을 읽도록 권해야겠다는 생각을 하고 있었다. 하지만 이처럼 아들과 함께 공개적인 예배당까지 가는 일은 감히 생각도 못하고 있었다. 나는 김 집사의 권면에 고마워하며 가겠다고 대답을 했다. 그러나 고민 아닌 고민이 들었다. 무엇보다도 우리 모자의 신변 안전이 염려됐다. 만일 이곳와 와 있는 조선 공작원이 우리가 교회 가는 모습을 발견하여 당에 보고하면 우리 가족은 다시 정치범으로 몰리게 될 것이고, 지금의 탄광 마을보다 더 오지에 있는 정치범 수용소로 끌려갈 수도 있기 때문이었다. 교회를 가는 일은 많은 용기를 필요로 했다. 그날 밤 나는 교회 가는 문제를 놓고 하나님께 간절히 기도했다.

"하나님 아버지, 우리 모자가 이처럼 중국까지 오게 된 것은 전적인 하나님의 인도하심이었습네다. 저희 모자가 이 중국에서 하나님을 만나 예배드리는 것이 분명 하나님을 기쁘시게 하는 일일진대 그러지 못하는 형편입네다. 이곳 백성들은 마음껏 하나님을 믿으며 교회당에서 예배를 드립네다. 하나님 아버지께서 저희 두 모자를 보호하시어 무탈하게 예배당을 다닐 수 있도록 인도하시고 이 기회에 제 아들도 꼭 하나님을 믿게 되어 먼저 간 남편의 후손으로 믿음의 대를 이어 가게 하옵소서. 언젠가는 우리 아들도 아버지처럼 기름 부음을 받는 장로가 되어 신앙의 유업을 이어가게 하옵소서! 하나님께서 이 일을 위해 중국으로 인도해 주신 줄 아옵나니 우리의 길을 생명의 길, 평강의 길로 인도하여 주옵소서!"

토요일 저녁, 나는 아들에게 진지한 목소리로 말했다.

"얘야, 내가 지금까지 너에게 기독교 신앙에 대하여 침묵해 왔는데 이제는 말해야겠다. 내가 이 중국에 온 것도 내 힘으로 된 것이 아니라, 전적인 하나님의 도우심이 있었기에 가능했다. 나는 그 일을 성사시키기 위하여 사람을 의지하지 않고 오직 기도로 하나님께 구하여 이 기적 같은 일을 경험하게 된 거다. 너도 내가 중국에 가겠다고 했을 때 말도 안 되는 일이라고 생각하지 않았느냐. 그때 내가 실성한 노인처럼 주야로 하나님께 기도하고 그것도 모자라 식음을 전폐하면서 하나님께 매달렸던 걸 기억할 게다. 우리가 돈이 있었느냐, 권력자의 배경이 있었느냐? 오직 기도하였기에 하나님께서 우리를 이 중국으로 보내 주신 것이다. 내가 살아서 여기까지 온 것 다 하나님의 은혜다. 그러니 너도 이 어미가 믿는 하나님을 이 기회에 꼭 믿도록 해라. 남조선에 내려간 네 아바지도 하나님을 믿은 후에 장로님이 되셨고, 예배당 건축까지 하신 뒤 하나님 나라로 가셨다. 그뿐만 아니라 아바지의 형제들도 다 하나님을 믿었단다. 그러니 너도 아바지의 대를 이어 꼭 하나님을 믿는 신앙인이 되어야 한다. 네가 하나님을 잘 믿는다면 하늘에 계신 아바지께서도 기뻐하실 것이다. 그렇게 하는 것이 돌아가신 너의 아바지의 뜻이라고 본다. 그러니 너도 꼭 기독교인이 되거라. 이제 살 날이 머지않은 이 어미가 너에게 마지막으로 남길 유언이 바로 이것이다. 그래야 하나님께서 너의 앞길도 지켜 주실 것이다. 이번 일요일부터 교회에 나가자. 지난번 시장에서 너를 도와준 김 집사가 우리를 예배당으로 데려가기 위해 올 것이다. 그때 어미하고 같이 교회에 가자꾸나."

아들은 좀 놀란 표정을 짓더니 이윽고 자기 생각을 말했다.

"오마니, 지난날 감옥에 가신 이유 중에 하나가 기독교인이기 때문 아니었습네까. 인생 말년에 무슨 흉측한 일을 당하시려고 그러십네까. 이 문제는 오마니와 저만의 문제가 아닙네다. 우리가 중국에 와서 교회 간 걸 보위부에서 알게 되면 당장 우리 온 가족은 아오지 탄광 같은 곳으로 갈 거야요. 오마니, 그러니 다시 한번 생각해 보시라요."

지금까지 너무도 험악한 삶을 살아온 아들은 정치적인 문제라면 늘 과민한 반응을 보였다. 그런데 어미가 갑자기 교회당을 가자니 얼마나 놀랐겠는가. 그러나 나는 이 기회를 놓칠 수 없었다. 나는 좀 더 확신에 찬 목소리로 아들을 설득했다.

"얘야, 살고 죽는 것은 하나님 손에 담겨 있는 것이다. 이 어미는 그렇게 혹독한 고난 속에도 지금까지 죽지 않고 살아왔단다. 이것 역시 하나님의 도우심이었다. 네가 어미를 믿고 여기까지 왔으니 다시 한 번 이 어미를 믿고 예배당에 가자. 김 집사가 그 예배당은 안전하다고 했으니 믿고 가보자. 너에게 결코 해가 되지 않을 게다. 갖은 우여곡절을 겪어 가며 여기까지 온 것도 다 너를 위한 일이었다. 나와 네 아바지가 믿었던 하나님을 너도 믿게 하기 위한 목적도 있는 것이었단다. 그러니 이 어미를 믿고 내일 함께 교회에 가자꾸나. 일단 한 번 가보고 영 맘에 안 내키면 다음부터는 강요 안 하마."

아들은 나의 간곡한 부탁에 가겠노라고 약속을 했다. 만일 처음부터 기독교와 하나님 이야기를 꺼냈다면 아들은 완강하게 거절했을 것이다. 그러나 그도 중국에 와서 모든 것을 몸소 보고 들고 배우면서 많은 심경 변화와 깨달음을 얻었기에 마음이 많이 열린 상태였다. 이 일 역시 하나님의 인도하심이며 우리를 향한 하나님의 축복이라는 생각이 들었다. 나로서는 전쟁시에 신의주에서 성탄 예배를 드린 것이 마지막이었으니 54년 만에 드리는 예배였다. 반세기 만의 예배를 드릴 수 있도록 하나님께서 지금까지 내 생명을 연장시켜 주신 것이라는 생각도 들었다.

그간 굴곡진 삶을 살아 내며 내 영혼은 피폐해질대로 피폐해져 있었다. 무엇보다 내 영혼을 회복시키는 것이 우선이었다. 하나님께서는 김 집사를 통해 주님의 은혜의 품으로 인도하셨다. 중국에 와서 가장 먼저 하나님을 찾았어야 했는데, 사람의 도움을 먼저 구한 것이 부끄러웠다.

주일이 되자 김 집사는 약속된 시간에 우리를 데리러 왔다. 우리는 함께 예배당으로 향했다. 예배당은 단동 시내에서 좀 벗어난 조그만 산동네에 위치해 있었다. 돌을 쌓아 지은 개인 집을 개조하여 예배당으로 사용하고 있었다. 높은 곳에 위치해서 그런지 단동 시내와 압록강과 건너편 신의주가 한눈에 내려다 보였다. 그 모습을 보자 내가 비로소 신의주를 건너와 중국에 있다는 사실이 실감났다.

예배당 문을 열고 들어가자 먼저 온 교인들이 전자 풍금에 맞춰 찬송하고 있었다. 강단 뒤로는 붉은 성막에 십자가 문양이 그려져 있었다. 나는 그 십자가를 보자 울컥 눈물이 솟았다. 탕자가 집에 돌아와 아버지 품에 안기는 느낌이었다. 나는 의자에 엎드려 주체할 수 없는 회개의 눈물을 쏟았다.

"하나님 아버지, 저를 지극히 사랑하셔서 50여 년 만에 아바지의 품으로 인도해 주셔서 감사합네다. 그동안 모진 풍파 많았으나, 주님께서 어린양 품듯 저를 끌어안아 사망의 골짜기를 무사히 지나게 해주셨습네다. 이렇게 다시 십자가 아래 무릎 꿇게 하여 주시니 감사합네다. 저의 남은 인생도 선한 목자 되신 주께서 인도하시고 한량없는 은혜를 부어 주옵소서."

예배 인도는 김 집사가 했다. 예배 순서는 옛날이나 지금이나 동일했다. 전자 풍금에 맞추어 찬송이 반주되자 모두가 일어나 찬송을 불렀다.

> 빛나고 높은 보좌와 그 위에 앉으신
> 주 예수 얼굴 영광이 해 같이 빛나네
> 주님의 보좌 있는데 천한 몸 이르러
> 그 영광 몸소 뵈올 때
> 내 기쁨 넘치네 내 기쁨 넘치네

실로 반세기 만에 소리 높여 부르는 찬송이었다. 이 찬송가의 가사가 구구절절 가슴에 와닿으며 천상의 하늘 보좌에 앉으신 주님의 거룩한 얼굴을 보는 듯했다. 이 찬송을 부르는 가운데 눈물로 얼룩진 지난날의 세월이 한순간에 강물처럼 흘러가 버리고 새로운 생명의 샘물로 채워지는 듯했다.

더욱 감사한 것은 아들이 난생 처음 예배당에 나와 어미와 함께 예배에 참여했다는 것이다. 아들의 표정은 어리벙벙하여 긴장된 표정이었으나, 다행히도 싫어하는 것 같지는 않았다. 이렇게 해서 우리 모자는 새로운 신앙생활의 첫걸음을 내딛었다. 예배를 마친 뒤 교회 성도들은 우리를 따뜻하게 맞아 주었고, 성경책 두 권을 선물로 주었다.

성경을 받아 든 순간 13년 전 일이 떠올랐다. 미국의 시누이가 준 성경을 거부한 것이 죄스러워 늘 마음의 부담을 느껴 온 나였다. 이 성경은 13여 년 만에 다시 하늘에서 내려 준 귀한 선물이라는 생각이 들었다. 나는 성경을 품에 안아 보았다. 인애로우신 하나님께서는 우리 두 모자에게 이처럼 귀한 생명과 소망의 말씀이 담긴 선물을 주시기 위해 조선에서는 도저히 불가능한 일들을 해결해 주시고 강을 건너오게 하신 것이라는 생각이 들었다. 참으로 감격스러운 일이었다.

내가 아들을 데리고 건너온 첫째 목적은 남편의 후손과 상봉하는 것이었지만, 설사 그들과 만나 보지 못한다 하더라도 아들이 중국에 와서 하나님을 만나고 신앙인이 되어 돌아간다면 그것만으로도 백번 감사한 일이었다. 언젠가는 조선에도 하나님을 믿을 수 있는 날이 올 터인데 남편이 남조선에 예배당을 세웠던 것처럼 우리가 사는 그 탄광 마을에 아들이 예배당을 세운다면 그 무엇을 더 구하겠는가.

백년해로하기로 약조한 부부라 할지라도 그중 한 사람은 앞서 떠나기 마련이다. 우리 부부는 피할 수 없는 상황으로 남들보다 먼저 헤어졌지만, 그가 이 땅에 남기고 간 아들이 아비가 살다가 간 고향 땅에 교회를 세운다면 그보다 더 보람된 일이 어디 있겠는가. 분명 하나님께서는 나의 생각을 뛰어넘어 새 일을 진행하실 것이다. 이제 오늘로서 우리 모자는 이 교회의 가족이 되었다.

그동안 우리는 많은 사람들 틈바구니에 끼어 있었지만 실상은 외로운 섬에 갇혀 산 것이나 마찬가지였다. 이웃도 없었고 언어도 통하지 않았기에 소외감과 불편함을 느끼지 않을 수 없었다. 정말 고통 자체의 생활이었다. 하지만 이제는 새 식구들과 관계를 맺고 교회 안에 속하게 되었다. 천군만마를 얻은 기분이었다. 우리 모자는 일주일에 두 번씩 꼭 교회에 나가 예배에 참석하면서 성경과 찬송을 배웠고, 신앙생활을 몸에 익히면서 거룩한 삶을 살기 시작했다.

아들과 나는 자유가 없었던 흑암의 탄광촌 생활을 벗어나 비로소 환경적·정신적으로 출애굽하게 되었다. 정말이지 본향집 아버지의 품 안으로 돌아온 탕자와 같았다. 신앙을 통해 얻어진 안도감과 위로는 무엇으로도 대체될 수 없는 새로운 삶이었다. 하나님께서는 이처럼 우리 모자에게 영적인 보금자리를 만들어 주셨다.

우리 모자는 저녁이면 식탁에서 함께 얼굴을 맞대고 창세기부터 읽어 나갔다. 그야말로 가정성경학교가 만들어진 것이다. 나는 아들의 주일학교 선생님이 되어 찬송도 가르쳐 주었고, 음악 선생님 노릇을 톡톡히 했다. 예순 된 주일학교 학생과 여든네 살의 주일학교 선생님이 탄생된 것이다. 우리 집은 작은 예배당이 되었다. 처음에 아들은 성경을 보면서 동화책 같다며 통 관심을 갖지 않더니, 서서히 호기심을 갖고 스스로 성경을 펼쳐 보기 시작했다. 이로써 아들의 가슴속에 믿음의 씨앗이 심겼고, 시간이 갈수록 싹이 자라났다.

아들도 이제는 성경에 많은 관심을 갖고 배우려 했다. 이해 못 하는 내용과 용어와 구절에 대해서는 진지하게 질문도 했다.

"오마니, 성경에는 사람 이름이 너무도 많이 나오고 사건도 많습네다. 그런데 그 내용 가운데 현대 과학적으로 이해할 수 없는 사건들이 참으로 많습네다. 아니, 모세라는 영감이 지팡이를 바다에 내미니까 바람이 불기 시작하며 그 시퍼런 바다가 갈라졌다 하는데, 어케 그렇게 될 수 있습네까? 그뿐만이 아닙네다. 새벽마다 만나라는 양식이 흰눈처럼 쏟아졌다고 하는데, 그럼 우리 조선에도 창조주 하나님께서 그런 기적을 베푸셔야 하는 거 아닙네까. 굶주린 조선 인민들에게 그런 만나 양식을 거저 왕창 쏟아내려 주신다면 아마 조선 인민들 모두가 김일성 원수님보다는 성경에 나오는 하나님을 믿을 겁네다. 지금 현대에는 왜 그런 초자연적인 기적을 못 베푸시는 겁네까?"

아들이 이런 질문을 한다는 것 자체가 긍정적이었다. 성경에 대한 관심이 생겨나고 있다는 증거이기 때문이다. 내 짧은 성경 지식으로는 아들의 모든 질문에 대답해 줄 수가 없었다. 그러나 성경에 대해 어린아이처럼 호기심을 갖고 질문을 하는 아들이 대견했고, 그로 인해 모자가 즐겁게 대화를 할 수 있다는 자체가 감사하기만 했다. 중국에 와서 남쪽 후손들과의 상봉 못지않게 중요한 것이 아들로 하여금 진실한 신앙을 갖게 하여 아버지의 신앙의 대를 아들도 잇도록 해주는 것이었던만큼 더욱 의미 있는 일이라 생각되었다.

야곱에게 장자의 직분을 안겨 주기 위해 위험을 무릅쓴 리브가처럼 이곳 중국에서 아들에게 영적인 유산을 물려주는 것이 내가 그 애에게 마지막으로 해주어야 할 내 의무라고 생각했다. 그러기 위해서는 믿음을 심어 주고, 성경을 배우게 하고, 세례를 받도록 해야 했다.

아들의 생활이 점차 변해 갔다. 날마다 아침에 숟가락만 놓으면 밖으로 나다니며 시골에서 상경한 학생처럼 구경 다니는 데 시간을 보냈던 아들이 정서적으로도 안정감을 갖게 된 것이다. 나 또한 김 집사가 가져다 준 남조선의 신앙 관련 도서를 아들과 함께 읽으며 삶과 신앙에 활력과 생기를 찾게 되었다.

어느 날 김 집사가 과일을 들고 나를 찾아왔다. 나는 김 집사에게 지난번에 함께 뵈었던 강사무엘 목사님 소식을 물었다.

"김 집사님, 강 목사님한테는 아직 소식이 없나요? 강 목사님은 지금 어디에 계신가요?"

김 집사도 강 목사가 언제쯤 좋은 소식을 알려 줄지 늘 궁금해하던 차였다.

"강 목사님은 지금 북경에 가 계십네다. 아마 다음 주쯤에 다시 단동에 오실 겁네다. 강 목사님도 권사님의 소원을 풀어 주시기 위해 최선을 다하실 거예요. 그렇게 쉽게 해결될 일이 아니니 마음 놓으시고 기도하면서 기다려 보시라요."

강 목사는 단동에 도착하자마자 가장 먼저 나를 찾아와 며칠 후 한국에 갈 것이라고 얘기해 주었다. 그는 김 집사와 우리 모자를 단동 시내의 한국 식당으로 데리고 가 극진히 대접해 주었다. 강 목사는 나를 보고 기운 없어 보인다며 염려하더니, 영양제 주사를 놓아 드리라며 김 집사에게 별도로 비용을 주기도 했다.

"정 권사님, 내일 제가 한국에 갑니다. 권사님께서 찾고자 하는 그분들을 꼭 찾을 수 있도록 힘써 보겠습니다. 그러니 이 일이 잘될 수 있도록 많이 기도하세요. 제가 한 달 정도 한국에 있으면서 찾아볼 테니 하나님께서 어떻게 응답하실지 희망을 갖고 기다려 보세요. 권사님, 무엇보다도 건강하셔야 해요."

강 목사가 한국으로 간 이후 어느 때보다 간절히 기도했다.

"이곳까지 인도해 주신 전능하신 하나님, 우리 모자를 불쌍히 여겨 주셔서 얼마 남지 않은 나의 생애에 남쪽의 혈육과 상봉케 하옵소서. 지난날 믿음의 선진인 야곱과 요셉이 애굽에서 다시 만났던 것같이 우리 모자에게도 그같이 복된 일이 있게 하옵소서. 무엇보다도 저의 아들이 중국에 와서 믿음을 갖게 되었사오니 남편처럼 장차 장로가 되어 기름 부음을 받은 믿음의 가장과 가정이 되게 하옵시고, 남쪽의 자녀들에게도 축복 내려 주옵소서. 부디 저들의 마음을 감동시키시어 주 안에서 반드시 상봉케 하옵소서."

3장
그날을 기다립네다

요셉이 그의 수레를 갖추고 고센으로 올라가서 그의 아버지 이스라엘을 맞으며
그에게 보이고 그의 목을 어긋맞춰 안고 얼마 동안 울매 이스라엘이 요셉에게 이
르되 네가 지금까지 살아 있고 내가 네 얼굴을 보았으니 지금 죽어도 족하도다
(창 46:29-30).

모래 속의 바늘

'60여 년의 세월이 지난 지금, 과연 할머니 남편의 흔적을 찾아낼 수 있을까?'

단동을 떠나기 전, 강 목사의 머릿속은 정 권사가 찾고자 하는 남한의 후손들을 어떻게 하면 찾을 수 있을까 하는 생각으로 복잡했다. 어디에서 누구에게 알아봐야 할지 곰곰이 생각해 보아도 답이 나오지 않았다. 정 권사에게 어느 정도 실마리를 건네주고 한국으로 가야 하는데, 답이 없으니 그저 갑갑하기만 했다. 강 목사가 할 수 있는 일은 기도뿐이었다. 정 권사는 강 목사가 출발하기 직전에 전화를 걸어 왔다.

"강 목사님, 제가 목사님께 너무 큰 짐을 지워 드린 것 같습네다. 하나님의 뜻이 있으시면 거저 순적하게 풀어 주실 것이고, 제 소원을 허락하지 않으시면 길이 막힐 수 있겠지요. 어디 세상 살면서 자기의 소원 다 이루고 사는 사람이 있습네까. 저는 이 정도 라도 족할 수 있습네다. 요즘 저는 일찍이 느껴 보지 못한 행복감에 젖어 살고 있습네다. 다 하나님의 한량없으신 은혜 덕분입네다. 강 목사님, 부디 잘 다녀오시라요. 저도 뒤에서 열심히 기도하갔습네다."

강 목사는 정 권사의 위로의 말에 코끝이 찡해 왔다. 강 목사 역시 정 권사에게 격려의 말을 전했다.

"정 권사님, 하나님께서 엄청난 시련을 겪은 욥의 말년에 갑절의 축복을 내려 주신 것처럼 권사님께도 동일한 은혜를 주실 겁니다. 하나님은 분명 권사님의 기도를 외면치 않을 겁니다. 모든 것이 다 합력하여 선을 이룬다는 말씀처럼 훗날에는 하나님께 내 잔이 넘치나이다 하고 고백하실 정도로 축복해 주실 겁니다. 우리가 할 수 있는 게 기도밖에 더 있겠습니까. 저도 힘써 기도하고 최선을 다해 보겠습니다. 그간 건강하십시오. 그리고 계속해서 많은 기도 부탁드립니다."

강 목사는 정 권사를 두고 가는 것이 못내 마음 쓰였다. 부모가 어린아이를 떼어 놓고 멀리 떠나는 그런 기분이었다. 단동의 동항에서 출발한 배는 인천으로 향했다. 한국에 도착한 후 강 목사는 사사로운 일을 정리해 놓고 정 권사가 부탁한 후손을 찾기 위해 움직이기 시작했다. 먼저 대전에 있는 큰딸의 주소지로 편지를 보내 보았다. 그러나 얼마 후 수취인 불명으로 편지가 되돌아 왔다. 전화번호는 이미 불통인 것을 확인했기에 굳이 걸어 볼 필요가 없었다.

백만 명이 넘는 대전에서 20여 년 전에 세상을 떠난 사람을 어떻게 찾아낸단 말인가. 더구나 내가 가진 정보는 그분의 이름 석 자가 전부였다. 강 목사는 아무리 생각해 보아도 찾을 방법이 떠오르지 않았다. 이 문제를 누구에게 상의하는 게 좋을지 고심하던 끝에 '고당 조만식 선생 기념회'의 박제창 장로님이 갑자기 떠올랐다. 급히 그분께 전화를 드린 뒤 찾아갔다.

박 장로님은 이북오도청을 통해 알아보라는 조언을 주시며, 북에서 내려온 피난민들끼리 각 지역별로 향우회 모임을 하고 있다고도 알려 주셨다. 대전 선천군민회에 명단이 남아 있을 터이니 그쪽으로 알아보라고 귀띔을 해주셨다. 어쩌면 어렵지 않게 찾을 수도 있겠다는 생각에 114로 전화를 하여 대전 선천군민회에 알아보았다.

그러나 너무도 실망스러운 답변이 돌아왔다. 그곳의 군민회에도 수십 년 전에 돌아가신 분들의 명단은 남아 있지 않아서 확인이 안 된다는 것이었다. 결국 쉽게 찾을 줄 알았던 기대는 물거품이 되고 말았다. 이제 더는 방법이 없었다. 중국 단동에서 남편의 딸 소식을 오매불망 기다리고 있을 정 권사를 생각하니 더욱 낙심되고 안타까웠다.

아쉬운 대로 지난날 정 권사가 다녔던 이화여전의 앨범이나 작은 흔적이라도 찾아다 보여 드려야겠다는 생각을 했다. 강 목사는 이화여자대학교의 교무과에 전화를 하여 자초지종을 털어 놓은 뒤, 해방 전에 졸업한 학생들의 졸업 앨범 사진, 또는 교적부를 열람할 수 있는지 물어보았다.

"수고하십니다. 해방 전 1943년도쯤에 이화여전을 졸업한 분들의 졸업 앨범과 명단을 확인할 수 있습니까?"

교직원은 오래된 자료라 찾아보아야 한다며 내일 다시 전화하라고 말했다. 다음 날, 강 목사는 다시 전화를 걸었다. 그러나 그 직원은 실망스러운 답변을 건넸다. 당시 일본과 미국이 태평양 전쟁 중이어서 졸업 앨범 같은 자료가 남아 있지 않다는 것이었다. 단 졸업자 명단은 확인할 수 있다며 전공과 이름을 말해 보라고 했다. 정 권사의 이름과 전공을 대고 한참을 기다렸으나, 명단에도 정 권사의 이름은 없었다.

강 목사는 바로 단동으로 전화를 걸어 정 권사에게 물었다.

"권사님, 이화여전 졸업자 열다섯 명 중에 권사님의 이름이 없다고 합니다."

"강 목사님, 당시 창씨개명을 하여 제 이름은 미치코라 불렸어요. 그 졸업 명단에 내 이름이 없다는 게 이상하군요."

그러나 학교의 기록물에 없다 하니 더 찾아볼 수도 없었다. 전쟁시 모든 학교들이 부산으로 이전했던 관계로 학교의 모든 기록물들이 온전히 보존되지 못했을 수도 있었다. 강 목사는 혹시

하는 생각으로 호수돈여고에 전화를 걸어 정 권사의 졸업 연도
와 이름을 대고 졸업 명부나 앨범을 보관하고 있는지 문의했다.

"전쟁시에 개성의 호수돈여고가 폭격을 당해 당시 학교의 모
든 기록물들이 다 소실되었습니다. 이북에 있었던 자료들은 여
기에 보관되어 있지 않습니다. 졸업한 학생들이 각자 보관해 온
자료물들은 있을 겁니다."

결국 정 권사의 지난 학창 시절 흔적조차 찾을 수 없게 되었다.
마지막으로 기대하였던 사진 한 장조차 찾지 못하게 되자 강 목
사는 정 권사가 더욱 가엽게 생각되었다. 북한에서는 정치범으
로 낙인찍힌 죄인의 인생이었고, 남한에서는 학교 기록물에조차
존재하지 않는 유령 같은 인생이었다. 어찌 80여 년의 인생에 빛
바랜 사진 한 장 남지 않았을까? 사진이라고는 여권에 붙어 있는
증명사진만이 유일했다. 강 목사는 단동에 가서 정 권사와 아들
사진을 많이 찍어 두어야겠다고 생각했다.

정 권사 남편의 후손을 찾아내지도 못하고, 그분의 학창 시절
흔적도 찾지 못해 낙심이 된 강 목사는 더 이상 손써 볼 길이 없
어 포기해야 하나 고심하고 있었다.

그러던 어느 날, 영락교회의 어느 권사로부터 전화가 왔다. 영
락교회에 선천 출신의 동향 모임이 있는데, 그 회원 가운데 호수
돈여고 출신의 권사님이 있다는 소식이었다. 그는 정신이 번쩍
들었다. 강 목사는 그 동문 권사님을 만나게 해달라고 간곡히 부

탁했다. 며칠 후 그 권사님으로부터 다시 전화가 왔다.

"강 목사님, 호수돈여고 출신 권사님께 말씀드려 보았어요. 중국에 와 계신 그 권사님의 이름을 알려 드렸더니 놀랍게도 그분을 잘 알고 계신다고 하네요. 아마 북한에서 와 계신 그분이 당시에 호수돈여고에서도 많이 유명한 분이셨나 봐요. 이번 주일에 만나도록 권사님과 약속을 했습니다. 그러니 목사님도 시간을 내셔서 3부 예배 끝난 후 영락교회 봉사관에서 만나요."

좀처럼 믿기지 않는 소식이었다. 가슴이 뛰었다. 정 권사의 후손을 찾을 수 있는 중요한 단서를 찾은 양 기뻤다. 물론 만나기로 한 분은 강 목사가 찾고자 하는 대상은 아니었지만, 정 권사를 알고 있는 분이 나타났다는 것만으로도 고무적인 일이었다. 얼마전에 학창 시절의 흔적을 찾아 드리려 했던 일이 수포로 돌아간 상태였기에, 어쩌면 새로운 사실을 알게 될 수도 있다는 새로운 가능성도 있었다.

어느덧 주일이 되었다. 강 목사는 약속된 시간에 영락교회 봉사관 앞에서 호수돈여고 동문 권사를 만났다. 80대 초반쯤으로 보이는 그분은 옷을 곱게 차려 입은 멋쟁이 할머니였다. 강 목사는 만남을 주선해 준 권사와 함께 교회 근처의 식당으로 갔다. 세 사람은 식사를 함께하며 대화를 이어 갔다.

"권사님께서는 지금 중국에 와 계신 정현숙 할머니를 어떻게 아십니까?"

그 권사는 60여 년의 세월을 거슬러 회상하듯 눈을 지그시 뜬 채로 정현숙 권사에 대해 상세한 이야기를 들려주었다.

"그 언니는 호수돈여고에서 항상 수석을 하는 수재였어요. 피아노 전국 대회에서도 늘 일등을 해서 모르는 학생들이 없었지요. 게다가 미모까지 뛰어나서 많은 애들에게 부러움을 샀어요. 제가 그 언니를 잘 아는 것은 저와 함께 기숙사 룸메이트로 지냈기 때문이에요. 그 언니는 저를 친동생처럼 아껴 주고 보살펴 주었어요. 믿음도 아주 좋아 모든 학생들에게 모범이 되기도 했지요. 여름 방학에는 그 언니의 집에 놀러가기도 했어요. 또 그 언니가 저희 집에 와서 함께 머물기도 했고. 우리는 자매지간처럼 지냈어요. 제가 졸업 후 결혼할 때 그 언니는 이화여전에 다니고 있었는데, 언니가 제 결혼식에 오셔서 피아노로 결혼행진곡을 연주해 주었어요. 정말 내 평생에 잊을 수 없는 언니였어요."

앨범을 뒤적이며 이야기를 줄줄 이어 가던 그 권사는 문득 정 권사의 안부를 물었다.

"그 언니는 건강하세요? 언니가 저보다 두 살 더 많았는데. 중국까지 가신 걸 보면 건강은 괜찮은 것 같네요. 제가 건강이 좋으면 당장이라도 가서 만났으면 좋겠는데, 제가 오랫동안 지병을 앓고 있어요. 아직도 당이 심하여 병원을 다니고 있거든요. 저도 이제 살 날 많지 않아요. 그런데 혹시 그 언니하고 전화 통화를 할 수 있나요?"

한참 이야기에 취해 있던 강 목사는 권사의 물음에 번뜩 정신을 차리고는 시원스레 대답해 주었다.

"그럼요. 그 권사님은 제가 한국으로 온 뒤로 항상 전화기 옆에서 소식을 기다리고 계세요. 건강이 좋으신 편이고 기억력도 뛰어나세요. 제가 지금 그분하고 전화로 연결해 드릴게요."

강 목사의 답변에 권사는 화들짝 놀랐다,

"정말 그럴 수 있어요?"

강 목사는 기다렸다는 듯이 바로 주머니에서 휴대폰을 꺼내어 버튼을 눌렀다. 곧 신호음이 울리더니 잠시 후 정 권사의 목소리가 들려왔다.

"정 권사님, 그간 안녕하셨어요. 권사님께 좋은 소식 전해 드리려 전화를 드렸습니다."

그러자 정 권사는 남편의 자녀들을 찾은 줄 알고 상기된 음성으로 물었다.

"아니, 어케 그렇게 빨리 찾았습네까?"

"권사님, 그분들을 찾은 것이 아니라 호수돈여고의 후배 되는 분을 만나게 되었어요. 지금 저와 함께 있습니다. 여기는 서울 영락교회 근처예요. 제가 전화를 바꿔 드릴테니 대화 나누세요."

휴대폰을 받아 든 후배 권사는 떨리는 음성으로 통화를 했다.

"언니, 저 김진숙이에요. 저를 기억하시겠어요? 언니가 제 결혼식 때에 결혼행진곡을 쳐주셨잖아요."

울먹이며 통화를 하던 권사는 끝내 눈물을 떨어뜨렸다.

"언니, 이처럼 살아 계시니까 언니 목소리도 듣게 되네요. 이렇게 소식 듣게 된 것이 거짓말 같아요."

옆에서 지켜 보고 있는 강 목사 역시 자기도 모르게 코끝이 시큰거렸다. 휴대폰에서 새어 나오는 단동의 정 권사 목소리가 쟁쟁하게 들려왔다.

"아니, 우리가 죽지 않고 있으니 이같이 목소리를 듣게 되는구나. 내가 왜 너를 기억하지 못하겠니. 이렇게 생생한 너의 목소리를 들으니 꿈인지 생시인지 믿기지 않는구나. 정말 하나님의 은혜다. 그래, 네 남편과 자녀들도 다 평안하냐?"

"언니, 그때 저와 결혼한 남편은 30여 년 전에 병으로 돌아가셨어요. 저는 그 후 미국에 이민 가서 살다가 몇 년 전에 한국에 돌아와 딸하고 살고 있어요. 건강이 좋지 않아 요즘은 교회도 매주 못 나가요. 언니를 만나러 중국까지 가고 싶은데 그러지 못해 미안해요, 언니. 참! 저희 호수돈학교 설립 100주년을 기념해서 기념화보가 나왔는데, 거기에 우리가 공부하던 당시의 많은 사진들이 실려 있어요. 제가 여기 계신 목사님 편에 보내 드릴게요. 그런데 제가 전쟁시에 피난 오면서 급히 내려오는 바람에 학창 시절 때 언니와 함께 찍은 사진이나 가족사진 같은 걸 한 장도 못 갖고 왔어요. 언니, 미안해요. 언니가 한국에 오는 것도 힘든 일이니 오늘처럼 전화로나마 목소리 들은 것으로 만족해야겠어요.

남북통일은 요원하고 이제 언제 하늘나라 갈지 모르니, 우리 서로 기도해요. 부디 건강하시고 오래오래 사세요. 정말 고마워요."

그 후배 권사는 눈물을 닦아 내며 휴대폰을 강 목사에게 넘겨주었다. 강 목사는 두 권사가 눈물의 통화를 하는 모습을 보고 마음이 심란해졌다. 목소리로만 추억을 나눌 수밖에 없는 현실이 너무도 슬펐다.

강 목사는 이 일 이후로도 대전에 있는 후손들을 찾는 일을 포기하지 않고 늘 기도했다. 수시로 단동의 정 권사에게 안부 전화를 거는 일도 잊지 않았다. 조금이나마 그 궁금증을 풀어 주는 것이 도리라고 생각했기 때문이다. 그럴 때마다 정 권사는 오히려 강 목사를 위로하려 했다.

"강 목사님께서 이처럼 내 일같이 수고해 주시는 것만으로도 저는 만족합네다. 남편의 자녀들을 못 찾는다 해도, 이것만으로도 감사하고 행복하겠습네다. 목사님께서 이처럼 마음을 쓰고 기도하시는데 하나님께서 외면 안 하실 겁네다. 모든 걸 다 하나님께 맡깁세다. 그러니 목사님, 너무 노심초사하지 마시라요."

강 목사에 대한 정 권사의 위로의 말은 오히려 더 압박으로 다가왔다. 꼭 그 후손을 찾아 상봉할 수 있도록 자리를 마련해 드리고 싶은 마음이었다.

만일 경찰청을 통해 알아본다면 가능할지도 모를 일이었다. 그러려면 이름과 출생 연월일을 알아야 하고, 그 당사자와의 관계 또한 분명해야 하는데 이마저도 조건이 허락지 않았다.

설사 그 후손들을 고생 끝에 찾아낸다 해도 그 후손들이 정 권사를 만나 줄지도 미지수였다. 그 후손들은 60여 년 전 그들의 아버지가 이북에서 결혼해 얻은 부인이었던 정 권사를 굳이 만날 이유가 없었다. 더군다나 자신들의 어머니가 아닌 낯선 여인이 나타나 내가 너희 아버지의 전처였으니 내 아들과 함께 만나자고 하면 어느 누가 유쾌히 만날 수 있겠는가. 오히려 피차 서로 더 큰 상처를 주게 될 것이 뻔했다. 민족 분단이 빚어 낸 이런 비극은 죽음보다 더 어둡고 슬픈 일이었다.

강 목사가 한국에 와서 이 일에 매달린 지도 어느덧 한 달이 더 지나고 있었다. 8월 하순경 어느 날, 남산 구국선교회에서 월례 예배가 열렸다. 강 목사는 그 선교회로부터 설교를 부탁받아 그곳에 가게 되었다. 몇 달 전 이 선교회의 여러 회원들이 단동을 방문했는데, 그중 어느 권사가 단동의 김 집사와 함께 압록강변의 시장에 갔다가 쌀 사러 나온 정 권사의 아들을 만나게 된 일이 있었다. 김 집사가 쌀을 사려는 정 권사의 아들을 도와주는 자리에 함께 있었던 그 권사는 정 권사의 아들에게 "선생님은 하나님을 믿으세요?"라고 말을 건넸었다고 했다. 이는 분명 우연히 아니라 하나님의 인도하심이었다. 이 선교회와 그 두 모자의 관계는 그 이후로도 꾸준히 지속되었다.

그 선교회로부터 초청을 받은 강 목사는 그날 룻기를 본문으로 설교를 했다. 성경 속 인물 나오미와 정 권사의 삶이 놀랍도록 비슷했기 때문이다. 많은 시련을 겪었으나 결국 그 가정을 회복시키시고 구원의 역사를 이루신 하나님께서 정 권사의 가정에도 큰 은혜를 베푸시리라는 메시지였다.

이날 예배에는 10여 년 전에 한경직 목사님의 부탁으로 김복순 할머니를 찾으러 단동을 갈 때 동행했던 영락교회의 김혜자 권사와 대전에 사는 안성희 집사가 참석했다. 예배가 끝난 후 안 집사가 강 목사에게 다가와 말을 건넸다.

"강 목사님, 오늘 말씀에 큰 도전과 은혜 받았습니다. 북한에서 오신 그 할머니의 남편이 대전에서 사셨다면 제가 그분의 자손들이 어디에 사는지 수소문해 꼭 찾아보도록 하겠습니다."

강 목사로서는 너무도 감사한 일이었다. 그는 안 집사에게 간곡히 부탁했다.

"아무래도 안 집사님의 도움이 꼭 필요하다고 생각됩니다. 하나님께서 적절한 때에 이같이 안 집사님을 보내 주신 것 같습니다. 대전의 선천군민회를 찾아가셔서 최원순이라는 이름을 대고 혹 옛날에 그분과 개인적인 친분 관계가 있는 분이 있는지를 물어보십시오. 그러면 그 사람을 통해 자손들을 찾을 수도 있을 것 같습니다. 좋은 소식 기다리겠습니다."

강 목사는 지푸라기라도 잡는 심정으로 간곡히 부탁했다.

그날 저녁, 김혜자 권사에게 전화가 왔다.

"강 목사님, 오늘 설교 때 그 나오미라는 할머니가 평양에서 음악인으로 있었다고 하셨잖아요. 그분에 대해 좀 자세히 알고 싶은데 시간을 내주시면 좋겠어요."

강 목사는 흔쾌히 동의했다. 두 사람은 영락교회 근처의 커피점에서 만났다.

"강 목사님, 저의 가족사에 대해서는 목사님께 이야기한 적이 없지요. 사실 저도 이산가족입니다. 저는 어린 시절 평양에서 자라났어요. 저희 집안은 일찍이 미국에서 온 선교사들에게 전도를 받아 기독교인이 되었어요. 저희 할머니 때부터 예수를 믿어왔고, 저희 아버지는 평양에 교회당까지 세우셨어요. 제가 사는 동네는 선교사들이 몰려 사는 동네여서 아무래도 많은 영향을 받았던 것 같아요. 해방이 되면서 바로 공산화가 되자, 지주들과 기독교인과 친일파를 척결하는 운동이 벌어지면서 우리 온 가족이 신변의 위협을 피해 남으로 내려왔어요. 그때가 1945년 가을이었죠. 하지만 유일하게 큰오빠만 평양에 남았어요. 오빠는 왜정 시기에 일본에서 성악을 공부하고 돌아와 평양에서 음악인으로 활동했었어요. 그런 이유로 오빠는 저희 가족과 함께 내려오지 않았지요. 그러다 5년 후 6·25 전쟁이 일어나 서울이 북한의 인민군에 함락되었을 때, 오빠가 인민군 장교 복장을 하고 우리 가족을 만나러 왔었어요. 극적인 상봉이었죠. 그런데 그 만남이 마지막이 되었어요. 왜냐하면 서울에 인민군이 포진해 있었기에 무슨 변고를 당할 것 같아 온 식구들이 더 남쪽으로 피난을 갔었거든요. 어제 목사님이 설교 중에 말씀하신 나오미 할머니도 일본에 유학을 다녀왔다고 하셨는데, 어쩌면 그분이 저희 오빠 소식을 알 수도 있다는 예감이 들었어요. 그래서 하는 얘기인데, 혹시 지금 그 할머니와 전화 통화를 할 수 있을까요? 혹 평양에 있는 저희 오빠를 알고 있는지, 또 생존하고 계신지 알고 싶군요. 오빠가 유난히 저를 아껴 주고 사랑해 주었는데, 너무 그립고 자꾸 생각이 나요. 지금이라도 꼭 살아 계셨으면 해요."

김 권사의 말에 강 목사의 마음이 아려 왔다. 여기 또 다른 이산가족의 아픔이 존재하는 것이다. 그는 바로 그 자리에서 단동에 계신 정 권사에게 전화를 걸었다.

"권사님, 그간 평안하시고 건강히 잘 계셨죠? 오늘은 좀 다른 일로 여쭤 볼 것이 있어 갑자기 전화했습니다. 제가 잘 아는 영락교회의 김 권사님께서 친오빠 소식을 궁금해하셔서요. 이분의 오빠도 일본에서 성악을 공부하시고 평양에서 음악 활동을 하셨다고 하네요. 그분의 성함이 김관우 씨라고 합니다."

정 권사는 강 목사의 말에 지체 없이 대답했다.

"예, 잘 알지요. 그분은 평양과 이북 지방에서 너무도 잘 알려진 유명한 성악가였습네다. 제가 일본 유학할 당시에 같은 학교에서 음악을 공부한 선배였습네다. 저와도 아주 친숙했수다."

"아, 특별한 인연을 갖고 계시군요. 그럼 제가 그 동생 되시는 김 권사님을 바꿔 드릴게요."

김 권사는 자초지종을 생략하고 곧바로 오빠 소식을 물었다.

"안녕하세요? 강 목사님 통해 할머니에 대한 이야기 많이 들었습니다. 갑자기 전화를 드려서 죄송합니다. 그런데 제 오빠를 잘 알고 계시다니 너무 다행이군요. 그래, 지금 살아 계신가요?"

그러나 정 권사는 너무도 슬픈 소식을 들려주었다.

"김 권사님, 정말 죄송하고 안됐습네다. 저나 그 김 선배님이나 60년대에 많은 예술인들이 숙청되었을 때 불행한 일을 당했습네다. 목사님을 통해 제 지난날의 생애를 들으셨는지 모르겠는데, 그분도 그 당시에 많은 지식분자와 예술인들과 같이 출신 성분이나 사상적 문제로 인해 숙청을 당했습네다. 김 선배님과 나는 비슷하게 불행한 인생을 겪었죠. 나중에야 안 일이지만 그분이 무슨 죄목으로 그런 험한 일을 겪었는지는 몰라도, 제가 10년 동안 신의주 감옥에 있을 당시 그 선배님은 기이하게도 저의 아들들이 추방되었던 탄광촌으로 끌려가 많은 고생을 하시다가 몇 년후 고혈압으로 세상을 떠나셨다고 하였습네다. 저도 출옥한 후 탄광에서 아들과 재회를 한 후에 그 선배님의 이야기를 듣고 너무도 마음이 아팠습네다. 권사님께 이런 슬픈 소식을 전해 드려서 너무도 죄송합네다."

김 권사는 한참을 그저 듣기만 하다가 이내 고개를 떨군 채 흐느껴 울기만 했다. 옆에서 그 모습을 지켜보던 강 목사는 마음이 저렸다. 김 권사가 차라리 오빠 소식을 모르는 게 더 나았을 것이라는 생각이 들기도 했다. 도대체 얼마나 많은 사람들이 저 북한 땅에서 이념과 정치적인 죄목으로 피눈물을 흘리며 살다가 생을 마쳤을까 하는 생각에 다시 한 번 가슴을 쳤다.

그 일 이후 강 목사는 대전의 안 집사가 전해 줄 소식을 기다리면서 하루하루를 보냈다. 드디어 아흐레째 되는 날 안 집사로부터 전화가 왔다.

"강 목사님, 저희 남편이 여러 사람을 통해 오래전에 대전의 선천군민회 회장을 하셨던 어르신 한 분을 알게 되었어요. 그분도 장로님이세요. 정 권사님 남편과 개인적으로 친분 관계가 있었다고 하네요. 그러니 그 장로님을 찾아뵈면 그분에 대한 자세한 이야기를 들을 수 있을 것 같아요. 저희가 만날 수 있도록 준비해 놓겠으니 시간 내셔서 대전으로 내려오세요."

그는 남산 구국선교회의 회장인 김 전도사와 권사에게 전화를 하여 빨리 대전에 내려갈 것을 부탁했다. 일행은 사흘 후에 대전에 내려갔다. 대전의 안 집사 부부는 일행을 친절히 안내하며, 하루 묵을 수 있는 호텔도 잡아 준 후 저녁 식사도 융숭히 대접해 주었다.

안 집사의 남편은 그간 이 약속이 성사되기까지의 이야기를 들려주었다. 이야기를 마친 그는 내일 아침 선천군민회의 전직 회장이었던 장로를 뵙기로 약속해 두었다면서 내일 아침 9시에 그 집으로 가자고 했다.

　강 목사는 숙소로 돌아와 간절한 기도를 올렸다. 내일 아침 그 후손들을 무사히 찾아서 좋은 대화가 이루어질 수 있게 해달라고 간구했다. 밤이 되었으나 강 목사는 좀처럼 잠을 이룰 수가 없었다. 설사 그 후손들을 찾을지라도 과연 그들이 일행을 만나 줄 것인지 염려됐다. 또 그들이 정 권사에 대해 얼마나 이해할 수 있을 것인가도 의문이었다. 그 자손들과 만나는 일이 사전에 약속된 것이 아닌 데다, 갑작스럽게 제삼자가 나타나 60여 년 전의 가정사를 꺼낸다는 것이 상식적으로 받아들이기 힘든 일인 것은 사실이었다. 내일 그 자손들이 상봉을 거절하더라도 무어라 하소연도 할 수 없을 것이었다.

　강 목사는 답을 내릴 수 없는 고민에 빠졌다. 이 사안은 접근하기 어렵고 조심스러운 일이었다. 그러나 중국에 와 있는 정 권사의 입장은 또 다르지 않은가. 남편의 자손들과 상봉하기 위해 사력을 다해 강을 건너온 그 모자를 생각하면 이 일은 반드시 성사되어야만 하는 것이다. 상봉의 날만을 손꼽아 기다리는 압록강가의 정 권사를 떠올리니 강 목사는 더욱 측은한 마음이 들었다.

　이 나라의 불운한 시대가 만들어 낸 비운의 인생. 역사의 격랑기를 지나며 거센 풍파를 온몸으로 버텨 온 그 가련한 여인은 앙상한 가지에 붙어 있는 마지막 잎새와 같이 위태로운 모습으로 실낱같은 희망을 붙든 채 기다리고 있었다. 마치 드센 바람 부는 언덕 위의 나무처럼 모진 삭풍 속에 이날까지 버티며 살아온 연로한 여인의 생애 끝자락에 과연 기쁨의 햇살이 비추게 될지 의문이었다. 모든 결과는 오직 하나님만이 알고 계실 터였다. 이제는 하나님의 자비로운 손길만을 기대해야 했다. 늦게 잠이 든 강 목사는 아침에 일어나 하나님께 간절히 기도했다.

"하나님 아버지, 오늘 그 가족들과의 만남을 순적하게 인도해 주십시오. 부디 정 권사님의 지금까지의 기도를 꼭 이루어 주옵소서. 그리하여 두 모자가 돌아갈 때에는 기쁨의 단을 안고 강을 건너가게 하옵소서."

아침 식사를 마치자 안 집사 부부가 일행을 데리러 왔다. 아파트에 도착하여 문을 두드리자 백발이 성성한 노인이 나와 문을 열어 주었다. 바로 안 집사 남편이 말한 그 장로였다. 그는 일행을 반갑게 맞아 주었다. 강 목사는 그 장로에게 일행이 찾아온 목적과 북에서 온 정 권사에 대해 소상히 설명했다. 사연을 다 들은 장로는 자신도 정 권사가 다녔던 선천북교회를 다녔고, 자기 부인도 같은 교회 출신이라며 이야기를 이어 갔다.

일행은 정 권사 남편 후손들의 거처를 빨리 알아내어 그곳에 들러야 한다는 생각에 조급함을 느꼈다. 그러나 장로의 말을 끊을 수 없어 인내심을 갖고 이야기에 귀를 기울였다. 마치 장황한 소설 한 편처럼 장로의 이야기가 끝도 없이 이어졌다. 이때 옆에 앉아 있던 장로의 사모가 한마디 했다.

"여보, 이분들은 오늘 중으로 서울로 돌아가셔야 해요. 이분들께서 찾고자 하는 집으로 얼른 안내해 드리세요."

그 장로는 그제야 우리가 듣고자 하는 이야기를 들려주었다.

"그 양반은 내가 선천군민회 회장이었을 때 우리 회원으로 있었어요. 나와 막역한 사이로 지냈지요. 다들 아시다시피 해방 후 공산화가 되면서 이북에 있는 많은 주민들이 공산당의 핍박을 피해 이남으로 내려오지 않았습니까. 여기 대전에도 그런 분들이 많이 계셨지요. 선천 출신 중에도 전쟁이 끝난 후 아예 눌러앉아 정착한 사람들이 꽤 있었어요."

장로는 침을 한 번 삼키더니 말을 이어 갔다.

"최 사장은 전쟁이 끝난 후에 고철 장사를 했고, 나중에 철공소를 만들어 돈도 좀 벌었어요. 아마 그 아들이 최 사장 일을 이어받아 운영하고 있을 거예요. 나도 그 양반 세상 떠날 때 장례식에 갔다 온 후로는 그 자녀들과 아무 연락도 하지 않아서 그들의 전화번호나 주소는 모릅니다. 그 양반이 살아 있을 때, 그 공장을 몇 번 가본 적이 있어 장소는 기억하고 있어요. 그 공장은 큰 도로변에 위치해 있었는데, 그 앞에 커다란 오동나무가 있었습니다. 그럼 그 집으로 가봅시다."

장로가 외출복으로 갈아입는 동안 일행은 안도의 한숨을 내쉬었다. 아직 그 후손들을 찾지는 못했지만 장로가 아직 그 집을 기억하고 있다는 것만으로도 다행스러운 일이었다.

마침내…

일행은 장로의 인도를 받아 정 권사의 남편이 살았던 집에 당도했다. 마침 대문이 열려 있었다. 그 장로가 인기척을 내면서 대문을 들어서자, 현관문이 열리며 70대 정도로 보이는 노파가 나왔다. 노인은 갑자기 여러 사람이 예고도 없이 자기 집에 들이닥치자 조금 놀란 듯했다. 생면부지의 초면이었기 때문이었다.

장로가 먼저 말문을 열었다.

"갑작스럽게 찾아와서 죄송합니다. 저는 옛날에 선천 군민회의 회장이었던 사람입니다. 여기 사셨던 최 선생하고는 절친한 사이였습니다. 최 선생 자녀들을 좀 만나고 싶어서 이렇게 무턱대고 왔습니다. 같이 온 이분들이 돌아가신 최 선생의 자녀분들을 만나러 서울에서 내려오셨어요. 이분들이 저에게 그 집을 알려 달라고 하여 이처럼 모시고 온 겁니다. 옛날에 그분 아들이 여기 살았었는데 혹시 지금 만나볼 수 있나요?"

한참 이야기를 듣던 노인은 의아해하면서 일행을 바라보더니 일단 들어오라며 길을 터주었다. 일행은 거실로 들어섰다. 일행을 안내한 장로는 "그럼 얘기 잘해 보세요"라는 말을 남기고 서둘러 나갔다.

노인은 정 권사 남편의 아들에 대한 이야기를 들려주었다.

"그 아들은 오래전에 분가하여 다른 곳에 가서 살고 있어요. 저는 돌아가신 최 선생의 처제입니다. 그런데 무슨 일 때문에 오셨나요?"

순간 강 목사는 몹시 당황했다. 어렵게 이곳까지 찾아왔는데, 그 아들이 또 다른 곳에 가서 살고 있다니…. 마치 술래잡기를 하고 있는 것 같았다.

"그럼 그 아들 되는 분과 연락할 수 있을까요?"

"그 아들 집이 여기서 좀 멀리 떨어져 있긴 하지만 아마 전화하면 올 겁니다. 형부의 첫째 딸과 사위는 이 근처에서 살고 있으니 곧 만나실 수 있을 거예요. 그런데 여기 찾아오신 목적이 무엇인지 말씀해 주셨으면 합니다."

강 목사는 그제야 긴장을 풀고 입을 뗐다. 어차피 여기까지 왔으니 더 이상 망설일 필요가 없겠다는 생각이었다.

"말씀드리기 좀 조심스럽습니다만, 오래전에 돌아가신 최 선생님의 첫 번째 부인이었던 분이 지금 중국에 와 계십니다. 그분이 여기 살고 계신 자녀들과 상봉하길 원하고 계세요. 아, 제 소개가 좀 늦었습니다. 저는 중국에서 선교 사역을 하고 있는 강 목사라고 합니다. 같이 오신 분들은 선교회의 전도사님과 권사님이세요. 갑자기 이렇게 찾아뵙게 되어 정말 송구합니다. 미리 말씀을 드리고 찾아와야 하는 건데, 연락처를 몰라 이렇게 불쑥 찾아오게 되었습니다."

노인은 다소 경직된 표정을 짓더니 강 목사에게 물었다.

"상봉이라뇨? 저는 그게 무슨 말씀인지 모르겠네요. 우리 형부가 저희 언니와 결혼하기 전에 이북에서 결혼한 것에 대해 여러 차례 얘기해 준 적이 있었어요. 형부는 해방이 되면서 남으로 내려올 때 이북에서 결혼했던 부인과 합의 이혼을 하고 월남했다고 말했어요. 그런데 이북에 계신 그분이 왜 이제 와서 재혼하여 얻은 자녀들을 만나자고 하시는지 이해할 수 없네요."

강 목사는 노인의 말에 몹시 당황했다. 단동에 와 있는 정 권사의 이야기와는 너무도 판이한 내용이었기 때문이다. 그가 정 권사로부터 들은 이야기에 의하면 분명 그 두 부부가 어쩔 수 없는 시대적 상황으로 이별한 것이 분명했다. 도대체 어느 쪽 말이 진실인지 확인할 수 없었다.

당사자가 이미 오래전에 망자가 된 마당에 사실은 그렇지 않고 이러저러하게 설득해 본들 아무 소용없는 일이었다. 설사 죽은 자가 살아와서 이쪽 이야기가 맞다고 말한다 하더라도, 이제

60여 년이 지난 지금 무슨 의미가 있겠는가. 다시 돌려 놓을 수 없는 현실이었다.

제삼자인 강 목사로서는 이러지도 저러지도 못할 상황이었다. 그러나 90년대 초에 정 권사의 시누가 평양까지 와서 오빠의 소식과 그 자손들에 대한 이야기를 전하며 그들의 주소와 전화번호까지 주고 갔다는 것은 분명 정 권사 내외가 합의 이혼을 한 것이 아니라는 증거였다.

노인의 말처럼 만일 그 당시 두 사람이 합의 이혼을 한 것이라면 정 권사의 시누가 군이 평양까지 찾아와 그런 이야기를 할 필요도 명분도 없었을 것이다. 게다가 적지 않은 위로금까지 주고 간 것을 보면 적어도 합의 이혼의 결말은 없었다고 보는 것이 타당하지 않은가. 어쩌면 정 권사의 남편은 재혼하기 위해 어쩔 수 없이 합의 이혼을 했다고 말한 것인지도 몰랐다.

그러나 이 자리에서는 이 노인의 말에 더 신뢰를 두어야 대화가 이어질 수 있었다. 어떤 의미에서는 노인의 말처럼 정 권사 부부가 합의 이혼을 한 것이 맞을지도 몰랐다. 당시 정 권사로서는 원치 않는 결혼을 한 것인 데다, 서로 신앙과 정서가 맞지 않아 부부 사이의 관계가 원활치 않았었다. 그러던 중 공산화로 불가피하게 남편 혼자 월남해야 하는 상황이었으므로 서로 합의하에 깨끗이 결별했을 수도 있다.

그 자리에 함께 있던 선교회의 전도사와 권사도 망연자실하기는 마찬가지였다. 노인은 차분하게 형부의 지난날 이야기를 소상히 들려주었다.

"형부께서는 월남할 당시 빈손으로 가방만 갖고 오셨지만 전쟁을 치른 후 고물상을 하면서 열심히 삶을 일구셨습니다. 나중에는 철공소를 직접 경영하며 고생 끝에 재산도 좀 모았지요. 형부는 독신으로 15년 동안이나 지내 오시다가 60년대 중반에 우리 언니와 결혼을 했어요. 그전까지는 두고 온 가족들을 그리워하며 내내 홀로 지냈다고 하시더군요. 그렇게 늘 고향 생각에 잠겨 날마다 외로움을 술로 달래면서 지내셨던 거죠. 그러다 결국주위 사람들 권유로 새로운 가정을 이루게 된 것이었어요."

노인은 잠시 깊은숨을 내쉬더니 말을 이어 갔다.

"당시 우리 언니는 오랫동안 신앙생활을 하면서 교회에서 많은 봉사를 했어요. 믿지 않는 형부와 결혼할 때 고민을 많이 했지만, 신앙생활을 해야 한다는 조건을 형부가 받아들였기에 결혼이 성사되었던 것이죠. 아마 심적으로 외로웠기에 교회를 다녀야겠다는 그런 동기도 있었을 겁니다. 쉽지 않은 결혼이었지만 가정을 이루신 후로 많이 변화되셨어요. 정서적으로 안정이 되자언니를 따라 열심히 신앙생활을 했거든요. 오히려 언니보다 더독실하게 신앙생활을 하게 되었던 거예요."

정 권사의 남편이 그러한 연유로 신앙생활을 시작하게 되었다는 것이 놀라웠다. 노인의 이야기는 계속 이어졌다.

"언니는 형부의 신앙을 위해 많은 눈물의 기도를 하였어요. 하나님께서 언니의 기도에 응답하신 거겠죠. 하여간 두 부부가 열심히 교회를 섬기게 되었고 슬하에 네 명의 자녀를 두었어요. 행복한 가정을 이룬 것이죠. 형부는 여기에 만족하지 않고 자신의 재산으로 교회도 건축하여 하나님께 헌당을 하기도 하셨어요. 그리고 큰딸은 가정교사였던 청년과 결혼을 해서 나중에 신학을 공부하였고, 미국에 가서 학위까지 받아 지금은 대전에서 목회하고 있습니다. 지금은 모든 자녀가 다 행복한 가정을 이루고 신앙인으로 살고 있어요."

참으로 놀라운 이야기였다. 끝끝내 하나님을 믿지 않겠다며 완강히 거부했던 그가 자녀 세대까지 신앙을 물려 주는 신실한 그리스도인이 되었다는 것은 하나님의 특별한 은혜가 있었기에 가능한 일이었다.

"형부는 인생 말년에 축복을 누렸어요. 충분히 천수를 누리지 못하시고 천국으로 가신 것이 아쉬울 뿐이지요. 몇 해 후에 언니도 그 뒤를 쫓아 하늘나라로 가셨어요. 이 일에 대해서는 저도 제삼자니까 결정권이 없네요. 북한에서 오신 분이 만나기 원하는 자녀들과 사위를 직접 만나 보세요. 일단은 제가 큰딸과 목사 사위에게 연락을 해보겠습니다."

말을 마친 노인은 어디론가 전화를 걸었다. 한 시간쯤 지났을까. 정 권사 남편의 큰딸과 사위 목사, 그리고 그들의 큰아들이 함께 들어왔다. 그들과 마주한 강 목사는 어색한 기분이 들었다.

"저는 이 지역에서 목회를 하고 있는 민 목사라고 합니다."

사위 목사는 자신을 소개했다. 강 목사는 그들과 인사를 나눈 뒤 찾아오게 된 이유를 상세히 설명했다. 이야기를 듣는 그들의 표정이 다소 굳어 있었다. 조금 뒤 사위 목사는 좀 난처한 표정을 지으며 이같이 말했다.

"글쎄요. 이상하군요. 장인께서 오래전에 이북에서 있었던 일들을 얘기해 주신 적이 있습니다. 지금 중국에 와 계시다는 할머니에 대한 이야기도 여러 차례 하신 것을 들었습니다. 돌아가신 장인께서는 분명히 해방 전에 결혼한 그분과는 이남으로 내려오면서 합의 이혼하고 오셨다고 저희는 들었어요. 그 당시에 합의 이혼했든 안 했든, 지금 와서 그 할머니를 만난다는 것이 저희로서는 좀 껄끄러운 일입니다. 또 설사 만난다고 해도 이제 와서 뭘 어떻게 하겠습니까. 세월을 되돌릴 수도 없는 것이고, 이미 반세기 이상 세월이 흘러 모든 것이 다 정리된 가족사 아닙니까. 북한에서 건너오셨다는 그 할머니의 처지는 충분히 동정이 가고 딱하지만 이 같은 상황에서 저희가 행할 수 있는 도리는 별로 없을 것 같습니다."

큰딸은 곁에서 남편이 하는 이야기를 차분히 듣고만 있었다. 그녀의 표정은 누구보다 더 굳어 있었다. 그럴 수밖에 없는 것이 당연했다. 그의 아버지가 전처에 대해 어떤 유언이나 부탁도 남긴 적이 없었기 때문이다. 그의 친어머니도 이미 이 세상 사람이 아닌 마당에 갑자기 아버지의 전처가 나타나서 자기들을 만나 보려 한다는 이야기가 쉽게 납득이 되지 않을 것이었다. 딸로서는 입장이 난처할 수밖에 없었다. 잠시 침묵이 흐른 후 큰딸이 조심스레 입을 열었다.

"북한에서 온 할머니와는 아무 관계가 없으신데도 자신들의 일인 양 이같이 관심을 가지시고 이곳까지 오셨다니 뭐라 말씀을 드려야 할지 모르겠습니다. 저희로서는 어떤 입장을 취해야 할지 좀 당황스럽습니다. 마치 이산가족 상봉하듯 저희가 그분을 만나야 한다는 것이 조금은 난처하군요. 사실 10여 년 전에 미국에 계신 저희 고모님께서 한국에 잠깐 방문하셨을 때, 평양에 가서 그 할머니를 만나 보았다는 얘기를 우리에게 하신 적이 있었어요. 하지만 우리는 그 할머니와는 아무 관계가 없는 후손들이죠."

그녀는 숨을 한 번 고르고는 말을 이었다.

"물론 인간 대 인간으로 생각하면 안타까운 일이고 마음 아프기 그지없지만, 저희가 그분을 중국까지 가서 만난다고 해서 달라지는 건 아무것도 없을 테고, 저희나 그분이나 서로 상처만 더 생길 것 같네요. 그분께서 재혼도 안 하시고 아들과 함께 살고 계시단 사실은 참 가슴 아프지만, 저의 아버님의 첫 결혼 상대였다는 이유로 다시 새로운 관계를 회복한다는 것은 저희 입장에서는 받아들이기 어려운 일입니다. 돌아가신 제 아버님께서 그분에 대해 각별한 유언과 부탁을 남기신 것도 없습니다. 그런 마당에 제가 무엇이라 말할 수 있겠어요."

이들은 이미 마음의 결정을 한 모양이었다. 어느 누구라도 동일한 반응을 보일 상황이기는 했다. 정 권사가 직접 한국에 찾아온다면 모를까, 이들이 중국까지 정 권사 모자를 만나러 움직일 수는 없는 노릇이었다. 이들을 설득할 방법이 요원해지자 강 목사의 눈앞이 아득해졌다. 정 권사와 후손들의 상봉은 이미 물 건너간 것이라는 판단이 들었다.

강 목사는 상봉 제안을 그만 종결지어야겠다는 생각이 들었다. 서로가 불쾌하지 않은 상식선에서 마무리하는 것이 좋겠다는 판단이었다. 마지막으로 강 목사는 사위 목사에게 정 권사와 전화 통화를 한 번 해달라고 부탁하기로 마음먹었다.

"민 목사님, 그러면 죄송한 부탁 하나만 드리겠습니다. 중국에 와 계신 그 할머니와 전화 통화라도 한 번 하시어 인사라도 잠깐 드리는 게 어떻겠어요. 이렇게 어렵게 만나게 되었는데 아무 일도 없었던 것처럼 할 수는 없을 것 같습니다. 그저 전화상으로라도 인사를 드리는 것이 좋을 것 같습니다. 할머니께서 그냥 이대로 북한으로 돌아가시면 아마 큰 상처가 남게 될 것 같습니다. 그래도 오래전에는 장인어른의 부인이지 않았습니까. 그저 그분에 대한 예우 차원에서 인사라도 드려 보세요. 아마 그 할머니께서

자손들을 어떻게 찾았는지, 이야기가 어찌되었는지 무척 궁금해
하실 것 같아요. 몇 마디라도 좋으니 목사님께서 전화로 인사 한
번 드려 주세요."

강 목사는 마지막 호소를 하듯 간곡히 부탁했다. 그러고는 주
머니에서 휴대폰을 꺼내어 중국에 있는 정 권사 집으로 전화를
걸었다. 신호가 가는 동안 그는 피가 마르는 듯했다. 이 순간 정
권사가 혹 외출을 하여 전화를 받지 못하면 이마저도 그대로 끝
나는 것이었다. 하지만 통화가 된다 해도 걱정이긴 했다. 만일 정
권사가 사위에게 꼭 만나 달라고 애걸을 하면 이쪽에서도 매우
난처해질 수도 있기 때문이었다. 강 목사는 곧 어떤 상황이 벌어
질지 긴장이 되었다. 부디 사위와 정 권사가 서로 몇 마디의 안부
의 인사와 덕담을 주고받는 차원에서 잘 마무리되었으면 하는
바람이었다.

신호음이 몇 차례 들린 끝에 상대편 목소리가 들려왔다. 그는
안도의 한숨을 내쉬면서 말했다.

"정 권사님이세요? 저, 강 목사입니다."

그러자 정 권사의 반가운 목소리가 터져 나왔다.

"아이구, 강 목사님! 정말 반갑습네다. 그간 어케 지내셨습네
까? 거저 저희 모자는 강 목사님의 전화만 기다리며 삽네다. 대
전의 식구들을 찾았습네까?"

"그럼요. 권사님, 지금 대전에 와 있어요. 하나님께서 도와주셔

서 마침내 찾았습니다. 지금 사위 목사님과 큰따님과 대화 중이었습니다. 제가 사위 목사님 바꿔 드릴 테니 통화해 보세요."

강 목사는 즉시 휴대폰을 사위 목사에게 넘겼다. 그는 잠시 멈칫하더니 좀 당황해하면서 휴대폰을 받아들었다.

"아, 여보세요. 할머니 안녕하세요. 여기 오신 강 목사님으로부터 자세한 얘기 들었습니다. 할머니 건강하시죠? 힘든 발걸음 하셨네요. 제가 옛날에 장인으로부터 할머니 이야기를 들은 바 있습니다. 그런데 정말 하나님의 은혜로 이렇게 건강하게 지금까지 살아오셨군요. 할머니, 오래오래 건강하게 지내세요. 통일의 날에 만날 수 있도록 말입니다."

사위 목사와 정 권사의 대화는 그저 인사치레 정도로 그쳤다. 사위 목사 자신도 그 가족 관계에서는 제삼자인지라 정 권사가 원하는 깊은 대화를 이어 갈 수가 없었던 것이다. 그 대화를 옆에서 듣는 동안 강 목사의 마음은 더욱 초조해졌다. 좀 더 진전됨 없이 겉도는 것이 안타까웠다.

이때 강 목사와 동행한 선교회 전도사가 갑자기 큰딸 되는 사모에게 손짓을 하면서 한마디 했다.

"사모님께서도 할머니께 인사드려 보세요."

사위 목사는 사모의 눈치를 보더니 휴대폰을 건네 주었다. 사모는 얼떨결에 휴대폰을 받아 들더니 차분한 목소리로 말했다.

"아, 여보세요. 전화 바꾸었습니다. 제가 큰딸 영희입니다. 저도 어렸을 때 아버님으로부터 이북 시절의 이야기를 많이 들었어요. 그리고 할머니에 대한 말씀도 들었어요. 그동안 고생 많이 하셨지요? 10여 년 전에 이북에 다녀오신 고모로부터 할머니를 만난 이야기도 들었어요. 그래도 이처럼 건강하셔서 중국까지 오셨다니 감사하네요. 부디 건강하세요."

그때 옆에서 통화 내용을 듣고 있던 선교회의 권사가 한마디 거들었다. 권사가 듣기에 정감 없이 오가는 대화가 너무도 안타까웠던 것이다.

"사모님, 그 할머니께 '어머니'라고 한번 불러 드리세요."

강 목사 또한 그들이 통화하는 모습을 보면서 조마조마하고 안쓰럽기는 마찬가지였다. 정 권사 쪽에서 중국에 와달라고 먼저 제안할 수 없는 처지이기에 더욱 그러했다.

"어머니, 제가 이처럼 갑자기 전화를 받게 되어 저도 뭐라고 말씀을 드리기가 좀 곤란한데, 오늘 중이라도 저희 온 가족이 모여 상의한 뒤 한번 찾아뵙도록 노력해 보겠습니다."

예상치 못한 대답이었다. 그 순간 강 목사 일행은 밀려오는 감동을 어찌할지 몰라 서로의 얼굴만을 바라보았다. 큰딸인 사모가 정 권사를 "어머니"라고 칭한 것이나, "찾아뵙도록 하겠습니다"라고 말한 것이 도무지 사실로 느껴지지 않았다. 그들은 손수건을 꺼내어 눈물을 훔쳤다. 강 목사 또한 벅찬 감격에 가슴이 두근거렸다.

어색했던 분위기가 삽시간에 바뀌었다. 그 자리에 와 있던 둘째 아들도 정 권사와 통화했다. 그는 마지막 인사로 "어머니, 저희가 한번 찾아뵙도록 하겠습니다"라고 예의를 갖추어 말을 맺었다. 감동적인 순간이었다. 이 순간만큼은 반세기 이상의 견고한 분단의 장벽이 무너진 것이나 다름없었다. 이는 분명 하나님께서 그 자녀들의 마음을 감동시키어 이루신 일이었다.

이곳에 모인 두 자녀와 목사 사위는 정말 선한 사람들이었다. 친어머니가 아닌 아버지의 전처를 어머니라고 부른다는 것은 상식적으로 판단해도 매우 어려운 일이었다. 오히려 제삼자라거나 관계성이 없는 사이라면 부담 없이 어머니라는 칭호를 사용할 수도 있겠으나, 이 자녀들과 같은 경우에 스스럼없이 어머니라고 부른다는 것은 결코 쉽지 않은 일이었다.

그 두 자녀는 비록 세월이 반세기 이상 지났지만, 자신들이 할수 있는 한 성의를 다하는 것이 망자가 되신 아버님에 대한 최소한의 예우라고 생각했을 것이다. 그뿐만 아니라 그처럼 어려운 과정을 거쳐 중국까지 온 연로한 노인과 그 아들이 간곡히 바라는 상봉을 이루지 못한 채 그냥 처량하게 돌아가고 만다면, 그것역시 서로에게 아픔으로 남을 일이라고 생각했기에 이같이 어려운 결단을 했을 것이다.

강 목사 일행은 마치 자신들의 이산가족 상봉이 성사된 것같이 감격해했다. 강 목사는 사위 목사와 악수를 하며 감사를 표했다. 남산 선교회의 전도사와 권사도 사모의 손을 꼭 부여잡으며 칭찬을 아끼지 않았다.

"감사합니다. 정말 잘하셨어요. 하나님께서도 매우 기뻐하실 겁니다."

사위 목사는 조금 전과는 다른 표정으로 감사를 표했다.

"여기 오신 분들께서 마치 자신들의 일인 것처럼 헌신적으로 힘쓰시는 모습에 저희도 감동을 받았습니다. 비록 세월이 많이 흘러 버린 일이지만, 그래도 저희 장인께서 자주 말씀하였던 어머니이신데 신앙인으로서 마땅히 도리를 다해야지요. 하여간 여기까지 먼 길을 와 주셔서 감사합니다."

어느덧 점심 식사 시간이 훌쩍 지났다. 사위 목사는 강 목사 일행에게 식사를 대접하겠다고 했다.

"서울로 올라가시려면 한참 가셔야 하는데 저희가 식사라도 대접해 드리고 싶습니다. 여기 가까운 식당이 있으니 식사를 하고 올라가세요."

큰딸도 자신들이 식사 대접을 할 테니 함께 가자고 재촉했다. 그들은 식당에 들어가 함께 음식을 나누며 화기애애한 대화를 이어 갔다.

사위 목사는 할머니와의 상봉에 대한 이야기를 꺼냈다.

"갑자기 이루어진 일이라 저희도 다른 형제들과 상의를 해보아야겠습니다. 일단 논의해 보고 언제 갈지 날짜를 정해 알려 드리겠습니다. 또 우리가 무엇을 준비해야 할지도 생각해 봐야 하니까요. 시간을 두고 논의한 뒤에 그 결과를 전화로 알려 드리겠습니다."

정 권사 남편의 큰딸과 사위 목사의 극진한 선대를 받고 서울로 돌아온 강 목사는 단동의 정 권사에게 희소식을 전하기 위해 곧장 전화를 걸었다.

"권사님, 이제 걱정 놓으시고 만날 날만 기다리세요. 또 건강하셔야 합니다. 목사 사위와 가족들이 권사님을 뵈러 가겠다고 했으니, 이제 평생의 소원을 이루시게 되었습니다. 하나님께서 권사님의 기도에 이처럼 신실하게 응답해 주셨습니다. 권사님께서 하나님께 얼마나 많은 기도로 투정을 부렸으면 이런 기적이 일어났겠어요."

정 권사는 목이 메어 말문이 열리지 않는지 그저 울먹이기만 했다. 전화상으로도 정 권사의 마음이 찡하게 전달되었다. 강 목사는 애써 정 권사를 위로했다.

"권사님, 식사도 많이 하고 곱게 단장하며 지내세요. 건강한 모습으로 사위와 자녀들을 만나셔야죠. 그리고 혹시 갖고 싶은 것이나 필요한 게 있으면 말씀하세요. 저는 아무래도 당분간 한국에 있다가 그분들과 함께 단동으로 같이 가게 될 것 같아요. 그분들을 제가 안내해서 모시고 가야 되니까요. 모든 준비가 잘되도록 많이 기도해 주세요. 저도 늘 기도할게요. 그럼 다시 전화드리겠습니다."

며칠 후 대전의 사위 목사로부터 전화가 왔다.

"강 목사님, 저희가 충분히 상의했습니다. 모두가 함께 움직일 수 있어야 하고, 저도 교회의 일정을 고려해야 해서 좀 서둘러 출국하기로 했습니다. 이달 하순에는 추석 연휴도 있고 해서 다음 주 중에 가려고 합니다. 저희 부부만이 아니라 사모의 두 남동생 부부도 가겠다고 나섰고, 애들까지 다 데리고 가기로 했습니다. 어쩌다 보니 큰 부대가 몰려가게 되었네요. 무려 열한 명이나 됩니다. 혹 저희가 준비해야 할 것이 있나요? 할머니와 상의해서 말씀해 주시면 준비하도록 하겠습니다. 그리고 저희는 어제 여권을 여행사에 맡겨 중국 비자 발급 신청을 했습니다. 혹시 변동 사항이 생기면 다시 연락드리겠습니다."

강 목사는 그 자녀들 가운데 세 명 정도가 중국에 갈 것이라고 예상했었다. 큰딸과 목사 사위, 그리고 큰아들 정도만 떠날 것이라고 생각했던 것이다. 그런데 작은아들과 부부와 아이들까지 모두 온다니 뜻밖의 일이었다. 이로써 또 하나의 기적이 만들어진 것이다.

이제 중국에서 대대적인 규모의 행사가 치러질 것이었다. 정 권사와 그 아들을 포함하여 열세 명이나 되는 삼대가 상봉하는 감격적인 행사 말이다. 창세기에서 야곱의 후손인 70명의 대가족이 애굽에서 감격적인 상봉을 이룬 것같이, 이들의 상봉도 그에 못지않은 영화의 한 장면 같은 상봉이 될 것이라는 생각이 들었다. 야곱과 요셉은 20여 년 만에 만나게 되었지만, 정 권사와 이 후손들과는 정확히 56년 만에 상봉하게 되는 것이었다. 서로 얼굴 한 번 본 적도 없는 생면부지의 관계인 그들이 비로소 극적인 상봉의 역사를 이루게 되는 것이다. 이는 하나님께서 친히 엮어 내신 감격의 각본이라 생각되었다. 남북 간의 이산가족 상봉은 통상 부모 형제간에 이루어지는 것이 대부분이었지만, 이번 경우의 상봉은 인간의 상식을 뛰어넘는 하나님의 은혜가 아니면 성사될 수 없는 만남이었다.

이제 강 목사도 단동으로 가기 위한 준비를 해야 했다. 이번에 감격스런 상봉이 이루어지면 정 권사와 그 아들은 바로 북한으로 돌아가게 될 것이고, 이로써 서로의 마지막 만남이 될 것이라는 생각이 들었다.

그간 정 권사와 수개월 동안 연락을 나누며 많은 정이 들었던 강 목사였다. 그가 정 권사에 대해 남달리 더 애착을 가졌던 점은, 북한에 남아 있는 그루터기 같은 귀한 신앙인임을 알았기 때문이다. 그렇기에 살아갈 날 얼마 남지 않은 정 권사의 마지막 소원을 어떻게든 이루어 주고 싶었던 것이다.

어느덧 9월 20일. 인천항으로부터 출항 절차가 완료되었다는 연락이 왔다. 방문 기간은 3박 4일이었다. 강 목사는 정 권사에게 마지막 선물로 무엇을 주어야 하나 곰곰이 생각해 보았다. 피아노를 자신의 분신처럼 생각했던 정 권사였다. 최고의 피아니스트가 되어 꿈을 이루려 했지만 기울어진 가세를 일으켜 보려 피아니스트의 꿈을 접고 원치 않는 결혼을 했던 그녀. 행복하지 않았던 결혼 생활, 10년의 감옥 생활, 탄광촌에서의 궁핍한 삶 끝에 미국의 시누에게 받은 돈으로 분신 같은 피아노를 들이게 되었지만, 1997년 고난의 행군 시대에 온 식구들을 살리기 위해 끝내 그 피아노를 팔아야만 했었다. 정 권사의 지난 세월을 생각하면 피아노를 선물하는 게 가장 적격이었다.

그러나 언제 어떻게 급변할지 모르는 북한의 현실을 볼 때 적합지 않다는 생각이 들었다. 그래서 고심 끝에 낙원동 악기 상가에 가서 기능이 많은 신형 키보드(전자 피아노)를 마련했다. 정 권사의 증손녀도 할머니의 음악 재능을 물려받아 천재라는 칭찬을 받을 정도라 하였기에 모두에게 유용하게 쓰이리라 생각했다.

드디어 약속된 출항 일. 대전에서 올라온 일행이 인천항에 모였다. 그들은 동방명주라는 여객선에 모두 승선했다. 강 목사는 출발 전 정 권사에게 전화를 하여 내일 아침 단동에 도착한다는 소식을 전했다.

"권사님, 드디어 그날이 왔습니다. 50여 년 묵은 권사님의 소원을 이루게 되는 날 말입니다. 내일 아침에 뵙겠습니다. 도착하면 연락드릴 테니 자녀들을 만나러 오세요. 좋은 꿈꾸세요."

어린아이처럼 기뻐하는 정 권사 모습이 눈에 선했다.

"강 목사님, 요즘은 일각이 여삼추입네다. 빨리 오시라요. 내일을 상상만 해도 가슴이 콩닥거리며 뜁네다. 도착하면 바로 전화 주시라요."

정 권사로서는 60여 년 고난의 세월 속에 기다려 온 날이었으니 어찌 그런 마음이 들지 않겠는가. 강 목사도 마치 자기 일인 양 내일의 모습을 상상해 보았다. 왜인지 긴장감이 느껴지는 듯했다. 일행을 태운 여객선은 붉은 노을이 지는 서해를 바라보며 나아갔다. 대전에서 올라온 모든 가족은 마치 크루즈를 타고 즐거운 해외 여행을 가는 듯이 갑판에 나와 밤바다 풍경을 즐겼다.

그 모습을 옆에서 지켜보는 강 목사로서는 큰 일을 이룬 듯 성취감이 느껴져 즐겁기만 했다. 강 목사는 일행과 함께 선상 식당에서 식사를 마친 뒤 객실로 돌아와 내일 벌어질 그 장면들을 상상해 보았다. 곰곰이 생각하니 내일의 상봉은 보통 남북의 이산가족들처럼 서로를 얼싸안은 채 울며불며 눈물을 흘리는 그런 모습은 아닐 것이란 생각이 들었다. 반세기 동안 헤어져 있었던 부부간이나 부모 자식 간의 상봉이 아니기 때문이다. 어쩌면 서로 어색해하는 장면이 연출될 것 같았다. 그러나 당사자인 정 권사만큼은 기쁨과 서글픔이 교차되는 묘한 기분에 잠겨 있을 거라는 생각도 해보았다.

하나님은 성경 속 나오미의 하나님만이 아니라 북한에서도 동일하게 역사하시는 정 권사의 하나님이기도 했다. 내일이면 이루어지게 될 극적인 상봉은 정 권사의 부단한 눈물의 기도와 필설로 다할 수 없는 희생이 있었기에 가능하게 된 것이었다. 이는 자신의 개인적인 소망 때문이 아니라, 아들을 향한 어미로서의 간절한 바람을 이루기 위함이었다. 그뿐만 아니라 이제 정 권사 자신이 인생 끝자락에 와 있음을 느꼈기에 북한에서는 불가능했던 일을 성사시키고자 여기까지 온 것이었다.

인천에서 저녁 6시경에 출항한 배는 중국 영해로 나아와 아침 무렵 목적지인 단동 동항에 근접하고 있었다. 배가 육지에 닿아가자 마치 일행을 환영하듯 갈매기들이 선상 위를 배회했다. 배의 오른편으로는 북한 영토가 보였다. 멀리 갯벌에서 많은 사람들이 나와 조개를 채취하고 있었다. 간간이 북한의 국기가 매달린 배들이 오갔다.

마침내 단동 동항에 당도하여 입국 수속을 마치고 미리 예약해 둔 버스를 타고 시내로 향했다. 강 목사는 정 권사에게 전화하여 지금 숙소로 가고 있으니 나올 준비를 하고 있으라고 전했다. 사실 정 권사가 항구로 마중 나오겠다는 것을 강 목사가 극구 말렸다. 장소가 매우 혼잡스러운 데다, 날씨가 좀 쌀쌀했기 때문이다.

온 가족은 중국 여행이 초행인지 모두가 차창 밖을 내다보며 풍경을 바라보고 있었다. 버스가 해안을 벗어나 압록강변 도로로 접어들자 강 건너편으로 신의주 풍경이 펼쳐졌다. 강 목사는 일행에게 저곳이 바로 북한 땅 신의주라고 설명해 주었다. 그들은 초췌하고 낙후된 북한 풍경을 바라보았다. 오래된 건물들이며 낡아빠진 선박들이며 초라하기 이를 데 없었다. 약 반 시간 이상을 달려온 버스는 마침내 강 목사의 숙소인 압록강변의 아파트에 당도했다.

삽시간에 십여 명이 넘는 손님들이 들어차고, 십여 개가 넘는 트렁크며 짐들이 빈 거실을 채웠다. 흡사 잔칫집 같았다. 방이 세 개뿐이라 열한 명이 쓰기에는 부족했지만 불편한 대로 지내 보기로 했다. 일행이 대충 짐 정리를 마치자, 강 목사는 김 집사에게 전화를 걸어 정 권사와 아들을 모시고 오라고 전했다. 그러고는 정 권사에게 선물할 전자 피아노를 설치해 놓았다.

준비를 다 마치니 왠지 긴장이 되었다. 강 목사는 아예 현관문을 열어 놓고는 사위 목사와 대화를 나누면서 엘리베이터를 응시하고 있었다. 약 20여 분 후에 엘리베이터 소리가 나더니 곧 김 집사와 두 모자가 현관으로 들어왔다. 사위 목사와 모든 가족이 일제히 일어섰다. 사위 목사가 먼저 앞으로 나아가 정 권사와 아들에게 허리를 숙여 인사를 했다.

"어머니, 그간 오래 기다리셨지요. 제가 돌아가신 장인의 맏사위입니다. 이렇게 뵙게 되어 너무 감사하고 반갑습니다. 어머니, 이쪽으로 오셔서 앉으세요."

정 권사는 잠시 어리벙벙해하더니 소파에 앉아 머리를 숙이고는 잠시 하나님께 감사 기도를 드렸다. 그러고는 앞에 앉아 있는 자녀들을 향해 인사말을 건넸다.

"아이고, 그 머나먼 길을 배 타고 여기까지 오시느라고 정말 많은 수고했수다. 이렇게 막상 눈앞에서 남편의 자손들을 보니 너무 감개무량하고, 거저 하나님 앞에 감사할 뿐이네. 저는 어젯밤에 거의 한숨도 못 잤습네. 오는 뱃길에 혹시 풍랑이 일어 못 오면 어떡하나 노심초사하면서, 배가 무풍 가운데 무사히 잘 도착하게 해달라고 하나님께 수없이 기도했수다. 이 늙은이를 만나러 이처럼 온 식구들이 와주었으니 내가 뭘 더 원하겠습네까?"

정 권사는 감정이 복받쳤는지 말끝을 잇지 못한 채 고개를 숙이고는 눈물을 닦았다. 그러자 사위 목사가 분위기를 바꾸려는 듯 큰 소리로 말했다.

"어머니, 이제 우리의 절을 받으세요. 이 모든 것이 하나님의 은혜입니다. 옆에 계신 형님께서도 어머니 곁에 앉으세요."

그는 온 가족을 소파 앞에 세우며 말했다.

"자, 우리 감사의 큰절을 드립시다."

온 가족이 함께 정 권사와 아들을 향해 절을 했다. 그러자 그들도 함께 머리를 숙여 답례했다. 어린 손주들까지 함께 절을 올리는 모습을 보며 정 권사는 감격의 눈물을 멈추지 못한 채 말을 이어 갔다.

"이처럼 어린 손주까지 올 거라고는 생각을 못했는데, 이 많은 자손들을 눈앞에 대하니 내 모든 평생의 소원이 다 이루어졌습네다. 이제 내가 무엇을 더 바라보고 소원하겠습네까. 이처럼 하나님께서는 내 평생의 기도를 들어 주셨습네다. 먼저 가신 남편께서 이처럼 다복한 후손들을 두셨군요. 거저 하나님께 감사할 뿐입네다. 이 순간 눈을 감아도 이제 여한이 없습네다."

사위 목사나 다른 자손들은 자신들이 생각한 것보다 초라하고 가련해 보이는 정 권사의 모습을 보며 마음 아파했다. 깡마른 몸에 활처럼 휘어 있는 허리며, 앙상한 가지 같은 팔이 금방이라도 쓰러질 듯 위태해 보였다. 이런 쇠약한 노인이 지금까지 생존하여 중국까지 왔다는 사실이 믿기지 않았다.

분위기가 어느 정도 가라앉자 사위 목사는 자녀들을 하나하나씩 소개했다. 그럴 때마다 정 권사는 흐뭇해하면서 고개를 끄덕였다. 가장 어린 손주는 아홉 살이었고, 큰딸의 장녀는 대학 재학 중이었다. 정 권사 남편의 자손들은 마치 야곱의 열두 아들처럼 풍성하고 건실했다. 이는 분명 하나님의 섭리였다. 이북에서처럼 생활이 핍절한 집안에서는 많은 자손이 그저 축복일 수만은 없겠지만, 남녘의 풍요로운 삶에서 풍성한 자손은 포도나무의 탐스러운 열매와도 같은 것이었다.

이윽고 정 권사도 자신의 아들을 그들에게 소개했다. 그러나 어느 날 사라져 버린 둘째 아들 이야기는 하지 않았다. 정 권사의 얼굴에는 무언가 말로 표할 수 없는 쓸쓸한 표정이 배어났다. 정 권사의 아들 역시 50여 년 가까이 탄광에서 막장 인생을 살면서 고난을 지나 온 흔적이 표정 속에 묻어나 있었다. 정 권사 큰아들과 이남 쪽의 자손들 사이에는 남과 북의 분단 세월 만큼이나 큰 나이 차가 났다.

정 권사 남편의 큰딸과 두 아들은 정 권사에게 어머니라는 호칭을 붙여 깍듯이 불렀고, 그 아들에게는 형님이라고 존칭했다.

문득 정 권사가 사위 목사에게 말했다.

"목사님, 우리가 이처럼 만나게 된 것이 한량없는 하나님의 은혜인데, 먼저 감사 예배를 드립세다."

사위 목사는 기다렸다는 듯이 응했다. 강 목사가 미리 준비해 놓은 전자 피아노로 둘째 며느리가 반주를 했다. 성악을 전공한 그 며느리는 교회에서도 반주자로 봉사를 하고 있었다. 이로써 남과 북의 온 가족이 하나 된 가정교회가 이루어졌다. 그들은 전심을 다해 하나님께 감사 예배를 드렸다.

온 식구가 반주에 맞추어 찬송을 불렀다. 정 권사가 옥중에서 가장 많이 불렀던 '주 안에 있는 나에게'였다.

주 안에 있는 나에게 딴 근심 있으랴
십자가 밑에 나아가 내 짐을 풀었네
주님을 찬송하면서 할렐루야 할렐루야
내 앞길 멀고 험해도 나 주님만 따라가리

그 두려움이 변하여 내 기도 되었고
전날의 한숨 변하여 내 노래 되었네

　남과 북의 온 가족이 부르는 힘찬 찬송가가 압록강가에 울려
퍼졌다. 정 권사는 찬송을 부르다 목이 메었는지 고개를 떨구고
는 흐느껴 울었다. 이처럼 온 믿음의 자녀들이 모여 하나님 앞에
감사 예배를 드리고 있다는 것이 꿈만 같았던 것이다. 정 권사로
서는 도무지 생시인지 꿈인지 실감할 수 없었다.

　그러나 정 권사의 아들만은 아무 표정 없이 묵묵히 눈만 감고
있었다. 이 순간을 맞는 그의 머릿속에 많은 생각이 스쳐 갔던 것
이다. 어느 날 갑자기 어머니와 헤어진 뒤 고아원에서 탄광촌으
로 추방되어 살아왔던 40년간의 세월이 주마등처럼 스치는 한
편, 얼굴조차 기억나지 않는 아버지의 남쪽 후손과 자리를 함께
하고 있다는 것이 좀처럼 실감이 나지 않았다. 이들을 만났지만
그의 마음속에는 도무지 기쁨과 감동이 일어나질 않았다. 오히
려 20여 년 전에 갑자기 수용소로 가버렸던 유일한 핏줄인 동생
이 눈앞에 아른거릴 뿐이었다.

　정 권사 남편의 큰딸 역시 남다른 감정을 느꼈다. 그녀의 아버
지는 혈혈단신으로 38선을 넘어 월남한 뒤, 홀로 15여 년을 독신
으로 살다가 자신의 어머니와 재혼하기까지 외로운 세월을 보냈
다. 자신 앞에 앉아 있는 아버지의 첫 부인과 젖먹이었던 이 아들

을 얼마나 그리워했을지 그녀로서는 상상도 할 수 없었다. 그녀는 외로이 통일의 날만을 고대하며 살아왔을 아버지의 심정을 헤아려 보며 혼자 생각했다.

'그렇게도 만나 보고 싶었던 부인을 끝내 만나지 못한 채 세상을 떠나셨던 아버지…. 아버지가 이 자리에 있었다면 어땠을까.'

예배를 마친 후 사위 목사는 정 권사에게 그간 자신이 보아 왔던 장인에 대한 얘기며 가족사에 대한 일들을 상세히 들려주었고, 큰딸 역시 곁에서 함께 대화를 나누었다.

어느덧 점심 때가 되었다. 강 목사는 사전에 그 가족들의 일정을 미리 정해 두었기에 시간을 재촉하여 압록강과 단둥을 관광할 수 있도록 인도했다. 일단은 식사를 해야 했으므로 예약해 둔 식당으로 이동했다. 온 가족의 표정이 하나같이 밝았다. 일행은 2층에 준비된 방으로 안내를 받아 들어갔다. 그 방은 전면이 통유리로 되어 있어 눈앞에 압록강이 펼쳐져 보였다. 압록강 철교 건너편에는 신의주 모습이 한눈에 들어왔다. 아이들은 호기심에 들떠 창밖을 내다보았다.

사위 목사는 정 권사와 그 아들에게 가장 좋은 자리를 내어 주며 정 권사에게 평소 좋아하는 음식을 주문하라고 말했다. 그러나 정 권사는 중국에 와서 이런 고급 식당에서 식사해 본 적이 없었기에 아이들이 좋아하는 음식을 주문하라고 답했다. 이 식당은 중국 식당이기에 중국말을 모르면 주문이 불가능했다. 다행히 동석한 김 집사가 중국말로 여러 가지 요리를 주문해 주었다. 커다란 회전형 원탁이었기에 서로의 얼굴을 마주보며 훈훈한 분위기에서 식사를 할 수 있었다.

정 권사는 곁에 앉아 있는 김 집사를 소개했다.

"우리가 이처럼 만날 수 있었던 것은 바로 옆에 계신 김 집사님 덕분입네다. 우리 모자가 이곳 중국에 왔을 때 우리를 도와줄 사람이 아무도 없었는데, 이분을 극적으로 만나게 되면서 모든 일이 이처럼 진행되었습네다. 김 집사님 아니었으면 여기 계신 강 목사님을 만날 수도 없었을 겁네다. 정말 너무 고마운 집사님입네다."

음식이 나오기 전에 정 권사는 건너편의 신의주를 응시하고 있었다. 자신이 평생을 살아온 그곳이 강 하나 사이를 두고 펼쳐져 있었다. 이처럼 판이하게 대조되는 모습에 지난날의 기억이 새록새록 떠올랐다. 남편과 생이별을 하고 나서 1947년에 고향인 선천을 떠나 신의주로 삶의 터전을 옮긴 정 권사였다.

신의주 고급여중에서 음악 선생을 하며 신의주제1교회의 찬양 반주자로 교회를 섬겼던 일, 1950년 처절했던 전쟁을 겪은 일, 1960년 정치범으로 몰려 10년간 억울한 옥살이를 한 일. 그리 기억하고 싶지 않은 끔찍한 일들이 영화 필름처럼 머릿속을 훑고 지나갔다. 그런 험악한 인고의 세월을 보냈던 그 땅을 건너편에 앉아 바라보는 기분은 참으로 묘했다. 정 권사는 자신이 살아온 지난날의 삶을 도무지 실감할 수 없었다.

　그러나 그토록 기억하고 싶지 않은 지난날들도 이제 강물이 되어 다 세월 속으로 흘러가 버렸다. 지금은 그 고난의 강을 건너 와 남편의 후손들과 함께 자리하고 있지 않은가. 평생의 소원을 다 이룬 지금, 아득한 눈길로 건너편 땅을 바라보는 자신의 모습이 대견스럽게 느껴지기도 했다.

　온 가족이 왁자지껄 대화를 나누는 사이에 주문한 음식들이 하나둘 상 위에 차려졌다. 정 권사와 아들로서는 난생 처음 대하는 산해진미의 음식들이었다. 이 자리는 온전히 두 모자를 위한 것이었지만, 온 가족은 마치 자신들의 잔칫상을 받은 듯 마음껏 즐거워했다.

　다음 날 아침, 가정 예배를 드린 후 그날의 일정에 따라 대절한 버스를 타고 압록강의 수풍댐을 구경하러 갔다. 큰딸은 할머니 옆에 앉아 그 가냘픈 손을 꼭 잡아 주고 있었다. 정 권사 남편의 큰딸은 오십여 년 동안 아버지가 못 잡아 준 정 권사의 손을 감싸듯 잡아 주고 있었다. 그 모녀 사이에는 사실 많은 얘깃거리가 없었지만, 마치 오랜만에 만난 친정 엄마와 딸이 대화하듯 따듯한 마음을 서로 주고받으며 훈훈한 풍경을 자아냈다. 정 할머니 역시 흐뭇한 표정으로 행복감에 젖어 있었다. 그들은 많은 대화를 나누는 것보다 서로의 따듯한 정을 느끼는 것으로 충분히 행복해했다.

버스가 압록강의 선착장에 도착하자 온 가족은 여행 안내자의 인솔에 따라 조그만 유람선 한 척에 올라탔다. 그 배는 수풍댐을 향하여 두 시간 가까이 올라갔다. 북한 측 강변 가까이 근접할수록 헐벗은 산들이 눈앞에 펼쳐졌다. 가파른 산에는 계단식 밭들이 조성되어 있었고, 나무들은 거의 찾아볼 수 없었다. 강변의 큰 건물들에는 폭풍에 뜯겨 나간 듯 지붕이며 창문이 제대로 달려 있지 않았다. 그야말로 황폐한 몰골 그 자체였다. 산 언덕에 지어진 조그만 집들은 마치 흉가와도 같았다. 저런 곳에 사람들이 산다는 것이 그저 신기할 뿐이었다.

북한을 두고 황무한 땅이요 흑암의 땅이라고들 하는데, 정말이지 강변에서 바라본 북한의 산하와 주민들의 모습은 초라하고 비참하기 그지없었다. 경사진 곳에는 금세 쓰러질 것 같은 집들이 도처에 널려 있었다. 먼지 날리는 비포장도로에는 가끔 군용차와 트럭들이 지나다녔다. 깡마른 체구를 한 주민들은 등에 뭔가를 지고 바쁜 걸음으로 어딘가를 향해 걸어갔다.

강가 곳곳에는 무장한 군인들이 보초를 서고 있었다. 한마디로 사람의 생기라고는 찾아볼 수 없는 곳이었다. 아무 소망이 보이지 않는 장망성 같았다. 그들은 뱃전에서 이러한 북한의 가감 없는 실상을 말없이 바라보고 있었다. 남한의 후손들은 이 광경을 바라보면서 정 권사 모자가 북한에서 얼마나 거친 환경 속에 살아왔는지를 실감할 수 있었을 것이다.

얼마 후 바로 눈앞에 보이는 거대한 댐이 나타났다. 안내자의 말에 의하면 조선총독부가 이 댐을 건설할 당시에는 동양 최대의 수력 발전댐이었다고 했다. 들리는 소문에는 완공할 당시에 독일에서 수입해 온 발전기 터빈이 다섯 대가 있었으나, 해방 이후 소련에서 세 대를 철거해 갔고 두 대 만이 가동되고 있었는데, 그것마저 수명이 다하여 발전량을 제대로 못 내고 있다고 했다. 수풍댐 아래의 건물 위에는 김일성 초상화와 정치 구호가 새겨 있었다.

하나님께서는 정 권사 남편의 후손들을 이곳으로 인도하셔서 이산가족 상봉뿐만 아니라 북한의 실상을 직접 목도하게 하셨다. 아무래도 그들이 북한의 동포들을 가슴에 품도록 계획하신 것 같았다. 목사 사위와 두 아들들은 정 권사 아들과 함께 뱃전에 앉아서 많은 이야기들을 나누고 있었고, 큰딸은 정 권사 곁을 한시도 떠나지 않은 채 정 권사의 손을 꼭 잡고 있었다. 강바람이 드세지자 큰딸은 자신의 재킷을 벗어서 정 권사에게 입혀 주고는 그 어깨를 감싸 주고 있었다. 그런 광경은 마치 며느리 룻이 시어머니 나오미를 극진히 사랑하고 모시는 정감 있는 모습을 연상케 했다.

그들 모두는 압록강 선상에서 다시 오지 않을 나눔의 시간을 보내고 있었다. 중국과 북한 사이로 흐르는 강의 한가운데서 이 같은 이산가족의 상봉이 이루어진 것은 분단된 민족의 애환을 그대로 보여 주는 것이나 마찬가지였다.

수풍댐을 본 일행은 오후에 단동 시내로 들어와 구경을 했다. 중국 대륙과 한반도를 잇고 있는 압록강 철교를 보았고, 전쟁시에 폭격을 맞아 파괴된 중국 측 철교 위를 올라가 한국 전쟁시의 역사 현장을 체험했다.

이제 내일이면 모두가 헤어질 터였다. 한 가족은 북으로 또 다른 한 가족들은 남으로 가야 할 시간이 된 것이다. 정 권사는 누구보다도 한 순간 한 순간이 아쉽기만 했다. 그러나 평생 눈물로 기도해 온 소원을 이미 다 이룬 정 권사였기에 이제 눈을 감아도 여한이 없다고 생각했다.

저녁에는 다시 압록강가의 북한 식당에 가서 마지막 시간을 보냈다. 평양 미녀들의 공연을 보며 북한 음식을 먹을 수 있는 곳이었다. 정 권사와 그 후손들과의 만남의 시간은 이틀 반나절에 불과했다. 배로 중국을 오가는 시간만 이틀 밤이 걸렸기 때문에 절반짜리 여행이 된 것이다. 어찌 보면 정 권사는 이 자녀들과 이틀 반의 해우를 하기 위해 50여 년을 기다린 셈이었다.

그러나 이들의 만남이 길고 짧은 것은 그리 중요하지 않았다. 그 후손들은 온 마음과 정성을 다해서 연로한 모친과 그 아들을 섬겼다. 믿는 자들로서 피차 마음이 통하였기에 짧은 만남의 시간조차 너무도 값지게 보낼 수 있었던 것이다.

반세기 만에 이루어진 이산가족 상봉이 이틀 반의 만남으로 마무리될 수밖에 없는 현실이 아쉬움으로 남는 것은 사실이었지만, 그래도 가족 모두 기적에 가까운 이 상봉 자체를 감사히 여겼다. 정 권사 역시 이 만남을 하나님께서 베풀어 주신 상급으로 여기며 감사했다.

어쩌면 앞으로 남북 이산가족의 아픔도 곧 사라지게 될지 모르는 일이었다. 이산가족 당사자들이 어느덧 고령이 되었으니, 이처럼 가슴 찡한 상봉이 이루어지는 일도 차차 사라지게 될 것이었다. 물론 고난의 행군 시기 이후로 살길을 찾아 조국을 떠난 북한 이탈 주민으로 인해 제2의 이산가족이 발생하고 있는 현실이기는 했으나, 전쟁 세대에 이별한 이들의 아픔은 점차 사라지게 될 것이었다.

이산가족 세대들은 우리 민족사에 있어 가장 암울한 시기에 태어났다. 그들은 시대와 더불어 희생되었고 평생 아픔을 껴안은 채 힘겨운 삶을 살아 내야만 했다. 나라를 빼앗긴 비운의 주인공으로 젊은 시절을 암울하게 보낸 그들이었다. 청년들은 전쟁터로 나가야 했고, 꽃다운 나이의 여성들은 험악한 곳에서 젊음을 희생당하는 슬픔을 겪어야만 했다.

정 권사 역시 그 시대의 아픔을 고스란히 강요당하며 살아왔다. 이런 시련의 삶을 누가 무엇으로 보상해 줄 수 있겠는가. 그런 정 권사를 기억하시어 하나님께서는 정 권사에게 긍휼을 베푸셨다. 인간의 상식으로는 불가능한 모든 일들을 하나씩 해결하시어 그 후손을 만나도록 기적같은 은혜를 베풀어 주신 것이다. 그 은혜를 입은 정 권사로서는 이제 아무 여한이 없었다.

그러나 헤어짐을 앞두고 착잡해지는 마음만큼은 어찌할 수 없었다. 누구에게나 만남 뒤에는 헤어짐이 따르기 마련이라지만, 이들의 이별은 다시 만날 기약 없는 영원한 이별이 될 수도 있기에 더욱 가슴 아팠다. 그것은 그들 자신의 의지로도 어찌할 수 없는 시대적 현실이었다.

우리 다시 만날 때까지

정 권사와 그 후손들은 늦은 시간까지 교제를 나누다 다음 날 아침에 다시 만날 것을 약속하고 헤어졌다. 숙소가 여유 있으면 정 권사 모자와 함께 하룻밤을 보낼 수 있었겠지만, 공간이 비좁아 그럴 수 없는 형편이었다.

강 목사는 다음 날 일정을 곰곰이 생각해 보았다. 내일 반나절만 보내면 영영한 이별이 될 것이라서 정 권사와 아들에게 특별한 추억을 만들어 주고 싶은 마음이었다. 강 목사는 고민 끝에 사위 목사와 상의를 했다. 강 목사로서는 제삼자 입장이기에 자기 마음대로 행사를 진행할 수 없었기 때문이다.

그 일은 다름 아닌 정 권사의 팔순 잔치와 곁들여 그 아들의 회갑 잔칫상을 간단히 차려 드리는 것이었다. 강 목사도 갑자기 생각해 낸 일이기에 제대로 준비할 수 없는 상황이었다. 강 목사는 그 가족들이 동의하지 않으면 그들이 떠난 후에라도 간단히 진행할 생각을 하고 사위 목사에게 물었다.

"목사님, 정 권사님도 이제 곧 북한으로 돌아가시게 됩니다. 지금까지 권사님께서는 북한에서 회갑 잔치나 팔순 잔치를 받을 만한 여건이 안 되었을 것입니다. 제가 권사님과 아드님께 동의를 받을 테니, 늦게나마 큰 장모님께 회갑과 팔순 잔치를 열어 드렸으면 합니다. 지금 시간도 별로 없으니 제가 간단히 준비해 보겠습니다. 제가 시장 가서 떡과 과일 등을 사 가지고 오겠으니 부담 갖지 마세요. 그저 잔칫상만 간략하게 차려 드리지요."

갑작스런 강 목사의 제의에 다소 당황한 사위 목사는 곧장 사모의 의중을 물었다.

"당신 생각은 어때요?"

큰딸도 어리둥절해하며 되물었다.

"아니, 어떻게 갑자기 그런 잔치를 해드릴 수 있나요?"

"사모님, 제가 알아서 할 테니 크게 신경 쓰지 않으셔도 됩니다. 시간도 없으니 간략하게 진행할 겁니다. 사모님께서는 전기밥솥에 밥만 지어 주세요. 제가 시장에 가서 필요한 것 사 가지고 오겠습니다."

그러자 그들도 더 이상 묻지 않았다. 강 목사는 혼자 북 치고 장구 치는 격으로 바삐 움직이기 시작했다.

정 권사와 아들에게 간단히 잔치를 치르겠다고 이야기를 전하자 그 아들이 못내 감격해했다.

"강 목사님, 감사합네다. 그렇지 않아도 어려운 형편상 어머니 대사에 쌀밥 한번 제대로 못 대접해 드렸습네다. 잔칫상을 베풀어 주신다니 정말 감사한 일입네다. 이 모든 것 제가 해야 될 일인데, 강 목사님께서 이런 일까지 하나하나 챙겨 주시니 정말 감사합네다."

정 권사 역시 매우 기뻐하며 눈물을 글썽거렸다.

"목사님께서 저희 온 가족의 꿈같은 상봉을 이루도록 지금껏 수고해 주셨는데, 이런 데까지 마음을 써주셔서 거저 감사할 따름입네다. 저로서는 정말로 염치없는 일입네다. 정말 고맙수다."

오후 2시경에는 온 가족이 배를 타러 부두로 나가야 하기에 점심 겸 잔칫상을 준비하기로 했다. 강 목사는 정 권사 남편의 큰딸에게 밥과 국만 준비해 달라고 말한 뒤, 서둘러 시장으로 나갔다. 그는 한국 상점에 가서 시루떡과 무지개 떡 등 다양한 떡을 사고는 여러 종류의 과일과 생일 케익 등도 샀다.

집에 돌아온 강 목사는 소파 앞 널따란 탁자 위에 사온 것들을 차례차례 펼쳐 놓았다. 순식간에 할머니 팔순과 아들 회갑 잔칫상이 차려진 것이었다. 온 자녀들이 그 자리에 함께 모여 축가를 불러 드렸다. 이어서 사위 목사가 축복 기도를 드렸다. 그런 다음에는 모든 자녀들이 엎드려 정 권사를 향해 큰절을 올렸다. 목사 사위는 온 자녀를 대표하여 정 권사와 아들에게 큰 소리로 인사를 드렸다.

"어머니, 그리고 형님! 부디 건강하시고 오래오래 행복하게 사세요."

정 권사는 생각지도 못한 감동적인 행사에 감격하여 눈물을 연방 흘렸다. 마치 야곱의 삼대가 고센 땅에서 한 자리에 모인 것 같이, 정 권사를 비롯한 열세 명의 삼대가 압록강가에 모여 감동적인 잔칫상을 치렀다.

점심 식사를 마치자 사위 목사는 정 권사에게 마지막으로 예배를 같이 드리자고 말했다.

"어머니, 이제 저희는 배를 타러 곧 나가야 해요. 그전에 하나님께 감사의 예배를 드렸으면 합니다."

정 권사는 이제 이별해야 한다는 생각에 못내 서운해하며 조용히 답했다.

"암요, 그렇게 합세다. 하나님께서 이처럼 한량없는 은혜를 이 늙은이에게 베풀어 주셨는데, 하나님께 마땅히 감사와 송별 예배를 드려야지요. 그리고 마지막 찬송은 '우리 다시 만날 때까지'를 부릅세다."

사위 목사는 간략한 설교를 하고는 기도를 올렸다. 이어서 정 권사가 지정한 찬송을 둘째 며느리의 반주에 맞추어 불렀다.

우리 다시 만날 때까지 하나님이 함께 계셔

간 데마다 보호하며 양식 주시기를 바라네
다시 만날 때 다시 만날 때 예수 앞에 만날 때
다시 만날 때 다시 만날 때 그때까지 계심 바라네

정 권사는 이 찬송을 부르는 도중에 감정이 복받쳐 올라 제대로 부르지 못하고 어깨를 들먹였다. 이 모습을 본 며느리들도 함께 눈시울을 붉히며 찬송을 불렀다. 이 찬송은 세상에 둘도 없는 가장 슬픈 노래가 되었다. 다음 절로 이어진 찬송의 메아리가 압록강가에 울려 퍼졌다.

우리 다시 만날 때까지 하나님이 함께 계셔
위태한 일 면케 하고 품어 주시기를 바라네

예배를 마친 뒤 온 식구들이 차례대로 나와 정 권사와 아들에게 인사를 드리며 포옹을 나눴다. 이제 떠날 시간이었다. 모두가 각자의 짐을 꾸리고 정리하기 시작했다.

그때 큰딸은 정 권사와 소파에 앉아 조용히 대화를 나누었다.

"어머니, 이처럼 중국까지 와서 어머니를 뵈온 것이 나의 의지라 생각되지 않아요. 하나님께서 우리 형제들의 마음을 움직이신 것이라 생각돼요. 지난 달 강 목사님 일행이 대전에 오셔서 어머니에 대한 이야기를 할 때만 해도 몹시 부담스러웠고 상봉할 필요가 없다고 생각했어요. 이미 지나 버린 아버님의 과거사로만 생각했거든요. 그런데 문득 그런 생각이 스치더군요. 이 상봉을 거부하는 것은 곧 돌아가신 아버님의 뜻을 저버리는 것이라는 생각이요. 사실 아버님께서 지난날의 아픔을 오랜 세월 동안 마음에 묻은 채 살아오신 거, 저도 나이 들면서 헤아리게 되었어요. 이번에 이렇게 뵙게 된 일이 하나님의 인도하심이고 아버님의 바람이라고 생각되어서 오히려 감사하게 되었어요. 그리고 이 상봉 모습을 하늘나라 가신 아버님이 보셨다면 얼마나 기뻐하실까도 생각해 보았습니다. 이제 곧 저희들은 돌아가지만 결코 잊지 않고 어머님과 가족들을 위해 기도할게요."

큰딸은 눈물 맺힌 눈으로 정 권사를 바라보며 말을 이었다.

"이번에 이 상봉을 준비하면서 저도 많이 기도했고, 저희 형제들도 많은 관심을 갖고 협조해 주어서 무엇보다도 감사했어요. 저희들 중 어느 누구도 이 일에 반대하지 않고 힘을 합해 주었어요. 저희가 이곳에 오기 전에 형제들끼리 조금이나마 성의를 모았습니다. 그저 어머니에 대한 저희들의 작은 사랑 표현이라 생각하시고 요긴한 데 사용하세요."

큰딸은 봉투를 꺼내 정 권사의 손에 쥐어 주었다.

정 권사는 자녀들이 정성을 모아 준 큰 사랑에 감격하며, 큰딸의 손을 꼭 잡았다.

"이처럼 중국에 온다는 것이 참으로 쉽지 않은 결정이었을 것인데, 혼자서도 아니고 이같이 많은 식구들을 데리고 와준 것이 이 늙은이에게 얼마나 위로가 되었는지 모릅네다. 거저 남편이 내게 마지막으로 베푼 사랑으로 여기고 있습네다. 지난날 어려울 때면 나 자신과 남편을 원망한 적도 많았지만, 남편은 죽은 이후에도 그 자손을 통해 자기의 의무와 사랑을 베풀었다 생각합네다. 사람 생각으로는 도저히 불가능한 일이 이처럼 성사된 것이 너무도 감사하고, 이제 내 아들을 보기에도 떳떳하게 되었습네다. 이 은혜와 정성 절대 잊지 않겠습네다."

두 사람은 현관 앞에서 다시 한 번 뜨겁게 포옹하며 마지막 정을 나누었다.

"어머니, 건강하시고 오래 사세요. 앞으로도 우리 서로 기도해요. 때가 되면 다시 만나게 해주실 거예요. 그리고 부디 편히 돌아가세요!"

큰딸은 차에 올라타기 직전까지도 눈가에 눈물이 맺힌 채로 정 권사를 향해 손을 흔들며 인사를 했다. 정 권사와 아들은 그들이 탄 차가 출발한 후에도 계속 손을 흔들어 주었다.

이제 그 모자도 북한으로 돌아갈 준비를 하고 강을 건너가야 했다. 강 목사는 두 모자와 김 집사와 함께 석별의 정을 나누기 위해 함께 식사를 했다.

"권사님을 만난 지도 벌써 반년의 시간이 지났어요. 고향으로 돌아가실 준비는 다 되셨는지요. 저도 이번 일을 준비하면서 많은 은혜와 감동을 받았습니다. 정말이지 이 모든 것이 하나님의 계획 속에 이루어졌다고 봅니다. 남쪽 자손들과의 만남이 이루어지기까지 그 모든 과정 가운데 하나님의 관여하심과 인도하심이 없었다면 모두 불가능한 일이었습니다. 특히 그 가족들로서는 도저히 받아들일 수 없는 일이었으니까요. 반세기라는 기나긴 세월과 남과 북의 분단의 벽을 뛰어넘도록 하신 것은 전적으로 하나님의 도우심이었다고 생각됩니다."

강 목사는 정 권사를 향해 미소를 지으며 말했다.

"권사님, 이제 모든 소원 다 이루셨지요? 여생 편안하고 건강하게 보내세요. 여기 계신 아드님도 이제는 하나님 믿는 자녀가 되었으니 너무도 감사한 일입니다. 앞으로 통일이 된다면 먼저 하늘나라로 가신 아버님의 뜻을 이어받아 고향 땅에 교회도 헌당할 수 있게 되리라 봅니다. 저도 권사님 잊지 않고 강 건너에서 늘 기도할게요. 권사님도 저를 위해서 기도해 주세요."

강 목사의 말을 진지하게 듣던 정 권사는 눈물 맺힌 눈으로 강 목사를 바라보았다. 며칠 후면 영영 다시는 볼 수 없게 된다는 것을 너무도 잘 알기에 아쉬운 표정이 가득했다.

"이번 모든 일이 마치 꿈속에서 이루어진 것 같았습네다. 불과 며칠 전에 있었던 일인데도 아직까지 실감이 나질 않습네다. 이런 기적이 또 어디 있겠습네까. 어떻게 보면 죽은 자가 다시 살아난 일보다 더한 기적 같은 일이지요. 이번 일을 다 치른 다음에야 새로이 깨달은 것이 있습네다. 하나님께서는 내 평생의 모든 기도를 내 뜻대로 이루어 주셨다기보다는 하나님의 선하신 뜻대로 이루어 주셨다고 믿습네다. 그렇게 되기까지는 험한 시련이 있었지요. 하나님께서는 50여 년의 세월을 통해 모난 나를 다듬어 주셨고, 남에 있는 남편과 그 가족들은 물론 북에 있는 저와 아들의 모든 생사를 주관하셔서 오늘에야 합력하여 선을 이루시도록 이끄셨다고 봅네다."

정 권사는 숨을 가다듬더니 말을 이어 갔다.

"사실 내 평생에 가장 나를 고통스럽게 했던 일은 둘째 아들이 수용소로 약혼녀를 쫓아간 것이야요. 그 일로 내 가슴에 평생의 피멍이 남았습네다. 아직까지도 가시처럼 그 기억이 박혀 있었지요. 그러나 이번 상봉을 겪은 후에야 내 아들이 현명한 결정을 한 것이라는 사실을 깨달았습네다. 부부가 어떤 역경에서도 사랑하는 사람과 생사를 함께한다는 것은 참으로 아름다운 것이고 무엇과도 바꿀 수 없는 값진 것이라고 봅네다. 이번에 남편의 후손들을 보면서 만감이 교차했고, 왠지 마음 한구석에 스스로 정리가 안 되는 쓸쓸한 마음도 있었습네다. 결국 사람은 누구나가 바라는 모든 것을 다 이루지 못한다는 것도 새롭게 깨달으면서, 이 정도면 나로서는 족한 일이고 감사하다는 생각을 했습네다. 만일 남편과 그 아내가 이 세상 사람으로 있었다면 오히려 우리는 만날 수 없었을 겁네다. 그 남편의 후손들은 나와는 한 번 건너뭔 관계였기에 가능했던 것 아니겠습네까. 하나님께서 이날을 위해 나를 인도하시어 이 상봉을 허락하신 것이라 생각됩네다. 결과적으로 보면 모든 것이 전적으로 하나님의 은혜이고, 나를 향하신 긍휼이라 믿고 있습네다. 이런 감격스러운 상봉이 가능하도록 강 목사님을 비롯해 많은 사람들을 동원하셨지요. 이게 다 보잘것없는 늙은이를 사랑하시고 있다는 증거라 봅네다. 강 목사님께서 저에게 베풀어 주신 은혜는 나뿐만 아니라 저희 후손들도 대대로 잊지 않을 겁네다. 강 목사님, 정말 감사하외다."

이번 중국 방문 기간 내내 어머니 곁에 머물며 보살펴 왔던 과묵한 아들은 남쪽 후손들과의 만남 속에서도 왠지 늘 어두운 표정을 하고 있었다. 마지막으로 그가 뭔가 하고 싶은 이야기를 하려는 듯했다.

"강 목사님께서 저희 모자의 간절한 소원을 마치 자신의 일인 듯이 힘써 주셔서 이번 상봉이 기적적으로 성사되었습네다. 그런데 막상 오마니의 평생 소원이 이루어지고, 아바지 후손을 만나보니 왠지 마음이 착잡하였습네다. 왜 그런지 저도 잘 모르지만, 이번 상봉을 통해 마음속으로 늘 그리워했던 아바지는 거저 내 가슴속에만 존재해 있던 분이셨고, 사실상 그 아바지는 저들의 아바지였다고 생각됩네다. 나는 거저 젖먹이 세 살까지만 아바지가 있었던 것이고, 남쪽의 자손들에게는 장성할 때까지 그들의 아바지였으니 말입네다. 이게 저의 솔직한 심정입네다."

그는 한층 결연한 표정으로 이야기를 이어 갔다.

"이번에 아바지의 자손들을 막상 대하고 보니 저도 이산가족 중에 한 사람이라는 것을 실감하게 되었습네다. 이런 현실 가운데 내가 아바지의 산소를 선천 고향으로 옮겨 온다고 해서 제 마음이 달라지겠습네까? 이 현실이 달라지갔습네까? 그래도 이번에 저들에게 내 자신이 당당할 수 있었던 것은 저도 하나님을 믿는 자손이 되었다는 사실 때문이었습네다. 제가 하나님 자녀가된 걸 보고 돌아가신 아바지께서 기뻐하시갔구나 생각했습네다. 저도 언젠가 아바지가 계신 하늘나라에 간다면 그 앞에 당당히 설 수 있을 것 같습네다."

그의 입에서 하나님을 인정하는 고백이 흘러나오자, 강 목사는 물론 정 권사와 김 집사도 감격스러울 뿐이었다.

"이번 상봉은 만남의 기쁨도 있었지만 이산가족의 아픔을 확인한 것이라고 봅네다. 이렇게 될 수밖에 없는 것이 우리 조국의 현실이갔지요. 그 암울한 시대가 우리 부모님들의 인생을 기구하게 만들어 낸 것이라 생각됩네다. 하지만 그런 현실 때문에 아바지가 남으로 내려가셨고, 덕분에 새 자손들도 얻으시고 복을 누리다 하늘나라로 가신 것 아닙네까. 이번 일을 통해 나는 아바지께서 그 자손들에게 복을 물려 주셨다는 것을 내 눈으로 보게되었습네다. 그에 비하면 저희 오마니의 삶이 너무 마음이 아프기도 합네다. 그래도 오마니가 북조선에서 삼대의 자손까지 보게 된 것 역시 하나님이 베푸신 복 아니겠습네까. 하나님께서는 남과 북의 자손들을 골고루 축복해 주신 거라 생각됩네다. 분명한 것은 그 자손들 열한 분이 나의 아바지의 핏줄이기에 이 먼 곳까지 온 것이라는 사실입네다. 이번 만남은 우리 서로가 한 혈육이라는 것을 분명히 증명한 감격의 상봉 자리였다고 봅네다. 어떻게 보면 우리 아바지는 거저 남과 북에 자손들을 골고루 뿌려 놓으신 거야요."

그의 눈가에 눈물이 고여 있었다. 아들의 말을 착잡한 심정으로 듣고만 있었던 정 권사는 다시 입을 열었다.

"이번 상봉을 마친 후에 저도 많은 생각을 해보았습네다. 남에서 남편의 손주들까지 왔다는 자체가 기적이었고, 마치 제 남편이 그렇게 하라고 유언이라도 남긴 것이 아닌가 생각될 정도였습네다. 남편의 온 자손들이 배를 타고 머나먼 중국까지 와 줌으로써 제 아픔이 씻어지는 것 같았습네다. 이제 저는 이 세상의 모든 보물을 얻은 것보다 더 많은 것을 얻은 것이나 마찬가지입네다. 만일 저들 중 한두 사람만이 나의 간청을 거절할 수 없어서 형식적으로 상봉에 응해 주고 갔다면 저도 섭섭했을 겁네다. 그러나 남편의 큰딸과 사위, 아들들과 며느리들, 그리고 그 자녀들을 모두 대동하고 온 것이 얼마나 고마운 일입네까. 거저 구분 없이 나와 남편의 사랑스런 자손이라 생각되었고, 하나님께서 친히 남으로 내려가서 믿음의 다복한 후손들을 거느리고 오셨다는 생각까지 들었습네다. 이번에 나와 아들의 소원에 응답해 주신 하나님은 남에도 북에도 공평하게 복을 주신 것입네다."

정 권사는 이윽고 눈물을 떨구며 말을 이었다.

"지난날의 나에게 모진 아픔이 있었지만, 타향살이하던 남편에게도 그 만큼의 아픔이 없었갔습네까? 다시 한 번 깨달은 것은 우리 하나님은 모두에게 고난도 주시지만 복도 주시는 범사에 공평하신 하나님이시라는 겁네다. 이번에 자손들이 제게 보여 준 사랑은 하늘나라로 먼저 떠난 남편의 사랑이라고 생각됐습네다. 며칠 안 되는 시간이었지만 정말로 행복했수다. 나는 이 행복을 가슴에 안고 다시 압록강을 건너가 그곳에서도 이날의 기억을 소중히 간직한 채 남은 삶을 살 겁네다. 이번에 강 목사님과 김 집사님이 내 일처럼 수고해 주셔서 참으로 감사합네다. 두 분 덕분에 내 소원 다 풀고 가게 되었습네다. 정말 진심으로 감사하외다."

정 권사는 강 목사에게 이 상봉을 성사시켜 준 것에 대해 몇 번이고 감사 인사를 전하며 눈시울을 붉혔다.

며칠 후 두 모자는 강을 건너 고향으로 돌아갔다.

내래, 세상에서 제일 행복합네다

구하옵나니 나를 건너가게 하사 요단 저쪽에 있는 아름다운 땅, 아름다운 산과 레바논을 보게 하옵소서 하되(신 3:25).

그들이 떠난 다음 날, 이른 아침에 김 집사로부터 전화가 왔다.

"강 목사님, 할머니께서 목사님께 전해 달라면서 편지를 써 놓고 가셨어요. 오늘이라도 받으러 오세요."

정 권사가 남기고 간 편지는 친히 종이를 접고 붙여 만든 듯한 봉투에 담겨 있었다. 봉투에는 "고마우신 강 목사님께"라고 적혀 있었다. 두 장의 편지지에는 정성스런 손글씨로 써내려 간 기도문 같은 글들이 적혀 있었다.

주님, 나는 터롭지 않습니다.

어려서 어머니 품에서부터

마음속 깊이 새겨진 찬송가가 있었기에

항상 주님의 품속에 살 수 있었느

힘은 얻었느 가르침을 받을 수 있었기에

나는 터롭지 않았습니다.

가족들와 친우들은 떠나 암흑에 묻혀 있었어도

마음속에 심어 주느 가꾸어 주신 신앙이

더 힘 있게 자랐기에 어디 있든지 마음이

든든하였느 나는 터롭지 않았습니다.

험한 길, 캄캄한 밤 길, 풍랑 사나운 길을

혼자 갈 때도 주님은 일었기에 마음이 든든하느

무섭지 않았습니다.

나는 이 세상에서 제일 행복합니다.

항상 하나님의 보호하심의 품속에서 살아온 저는

세상에서 제일 행복한 사람입니다.

평생소원을 이렇게 알뜰히 풀어 주시는

아버지 하나님이 항상 저와 같이하시니

나는 이 세상에서 제일 행복합니다.

342

이런 소원을 성취함 이런 기쁨을 맛본 사람이
얼마나 있겠습니까.
나는 평생의 소원을 풀었으니 제일 행복합니다.
나의 온 자녀들이 남에 있건 북에 있건 한마음 되어
주님의 택하신 제자가 되어 온 세상에
복음의 빛을 뿌리게 해주시기를!

몇 달 동안 받아안은 사랑의 요람에서
지난날의 괴로운 일도 잊어버리니
행복했습니다.
평생 먹장구름 속에 싸였다가 잠깐 동안
밝은 햇빛을 받느니 다시 구름 속으로 갑니다.
그러나 잊지 마시라오.
더 굳세게 살 수 있는 믿음와 영원히 따뜻함
사랑을 안느 가기에 헤어지느 싶지 않지만 떠납니다.

필자는 북한과 접경 지역인 압록강 부근에서 북한 선교를 하면서 많은 북한인들을 만나 보았다. 그들을 대상으로 전도와 양육 사역과 물자 후원 사역을 해오던 중, 2003년에 북한에서 온 연로한 두 모자를 그 지역 지인을 통해 만나게 되었다. 10여 년 이상 사역해 오면서 여러 계층의 다양한 북한 사람들을 만나 보았지만 그 두 분은 매우 특별했다. 80대의 모친과 60대의 아들이 함께 친지 방문차 중국을 온 것이다.

북한의 실정법상 불가능한 중국 방문이었다. 그러니 그들이 중국에 온 것 자체를 기적이라 말할 수밖에 없었다. 나는 그 두 모자를 소개해 준 현지인으로부터 그 할머니가 해방 전에 신의주제1교회에서 피아노를 반주하던 삼대째 신앙인이라는 놀라운 사실을 듣게 되었다. 그분들이 중국에 온 목적은 남한과 미국에 있는 친척을 찾기 위해서라며, 그 친척들을 찾는 데 도와 달라는 요청을 하셨다.

필자가 이 노인에게 특별한 관심을 갖게 된 것은 북한에 희귀하게 생존해 있는 고령의 기독교인이라는 점이었다. 게다가 그녀가 살아온 여정이 한 편의 소설보다 더 드라마틱하고 험악했으며, 그 세월을 신앙인으로 헤쳐 나간 그 행로가 참으로 은혜로웠다. 시대의 아픔과 더불어 우리 민족의 굴곡진 애환을 그대로 보여 주는 '여자의 일생'이라 할 수 있었다.

북한에 남아 있던 그리스도인들은 북한이 공산화되는 과정에 극심한 핍박을 받고, 끝내는 신앙의 자유마저 빼앗겼다. 그때 신변의 위험을 느낀 사람들이 대거 남으로 내려오게 되어 부모와 형제와 부부지간에 갈라진 이산가족이 많이 생기게 되었다. 그로 인하여 평생 동안 헤어진 가족을 그리워하며 고통 가운데 반세기 이상을 살아온 이북 동포들이 참으로 많았다.

내가 만난 그 할머니가 바로 그러한 이산가족의 고통을 안고 모진 인생을 살아왔다. 나는 그 여인의 이야기를 남의 일이 아닌 우리 가족의 이야기처럼 여기며, 그 아픔에 공감해 주고 그 고통을 조금이라도 덜어 주는 것이 마땅하다고 생각했다. 그 당사자들뿐만 아니라 우리 모든 세대가 그 아픔을 공감하고 이해하기 위해서는 이런 생생한 이야기를 많은 사람들에게 전할 필요가 있겠다고 판단했다.

특히 북한 선교의 부름을 받은 선교사로서 이같이 도움을 구하는 고령의 모자를 만남으로 인해 나 또한 이산가족들의 아픔을 이해하게 되었기에 그 중요성을 간과할 수 없었다. 이산가족들 저마다 구구절절한 사연과 고통은 있기 마련이겠지만, 이처럼 중국에서 만난 모자와 같이 곡절의 사연을 가진 경우는 흔치 않았다. 나는 그 할머니께서 살아온 여정을 우리도 함께 되짚어 볼 필요가 있겠다 싶어 그분의 인생 여정을 시대상을 통해 조명해 보았다.

그뿐만 아니라 그 할머니는 삼대째 기독교인으로서 모진 핍박 속에서도 끝까지 신앙을 지켜 오신 분이었다. 공산화된 후에도 그 땅에 남아 있는 신실한 성도들과 함께 교회에 나갔으며, 동족 상잔의 전쟁 중에 폭격을 맞아 교회가 파괴되는 순간에도 포성 속에서 눈물의 기도를 드렸다. 인민군에게 예배당이 빼앗긴 와중에도 산중에서 은밀하게 성탄 예배까지 드린 그분이었다. 이처럼 북한에 남아 있는 기독교인들은 끝까지 순결한 신앙을 지키며 목숨 걸고 하나님을 섬겼다. 그들의 신앙은 초대교회 카타콤의 신앙처럼 숭고하기까지 했다.

이와 같이 생생한 북한의 교회 이야기를 북에서 건너온 산 증인을 통해 전해 들은 필자는 같은 신앙인으로서 우리 모두가 함께 이해하고 알아야 할 필요성을 절감하게 되었다. 그 할머니를 통해 면밀히 알게 된 공산화 이후로의 그들의 고난의 삶과 신앙이 한국의 그리스도인들에게 귀감이 되리라 믿었다. 그뿐만 아니라 북한에 남아 있는 그리스도인들을 이해하고 그들을 위해 기도하는 데 도움이 될 것이라고 확신하게 되었다.

필자는 그 할머니와 많은 대화를 나누면서 환난 속에서도 하나님을 평생 믿고 살아온 그녀의 신앙 증언을 틈틈이 기록했다. 필요한 경우 할머니께 친필로 중요한 사건들을 직접 서술해 줄 것을 부탁드렸다. 그리하여 그분이 직접 기록한 내용과 녹취한 자료들을 모아 A4 용지 20페이지 분량을 만들어 정리해 두었다.

그 후 10년이 지난 2013년 5월에 제주 극동방송을 방문했을 때, 김태희 PD에게 그 자료를 건네면서 이 자료를 드라마로 만들어 보면 어떻겠냐고 제의했다. 그 자료를 받아본 김 PD는 매우 감동적인 스토리라며 다큐드라마로 만들어 보겠다는 의사를 밝혔다. 방송국 측에서도 그 제안을 적극 수용해, 그해 10월에 전국 11개 극동방송을 통해 이 이야기가 전파되었다. 그 방송을 듣고 감동을 받았다는 청취자 의견에 따라 재방송을 하기도 했다.

이 감동적인 이야기가 많은 이들에게 도전을 준다는 사실을 알게 된 필자는 그 할머니의 신앙적인 관점과 고난의 시대상을 좀 더 구체화시켜 더 많은 사람들에게 소개할 필요가 있다고 판단한 끝에 용기 내어 책을 펴내게 되었다.

얼마 되지 않은 자료를 토대로 원고를 집필하려 하니 조금 두려운 마음이 들었다. 문필에 재주가 없는 내가 어떻게 책을 써낼 수 있을까 하는 주저함도 있었다. 22년간 북한 선교 사역을 해오며 국내외의 교회에서 북한 선교 특강이나 선교 보고 및 간증을 해오기도 했고, 때로는 라디오 방송에 출연하거나 기독교 계통의 신문과 잡지에 기고를 하기도 했지만, 단편 이상의 원고 분량을 써보지 못한 나로서는 큰 용기가 필요했고, 또 충분한 명분도 따라야만 했다.

사실 북한 선교 이야기를 공개하는 데에는 많은 제한이 따르고, 그것이 공개된 뒤의 일을 생각하지 않을 수 없기 때문에 어느 선까지 어떤 내용을 노출시키냐를 고심할 수밖에 없다. 그동안 20여 년간 사역해 오면서 겪은 일들과 그에 대해 회고할 소재는 많았지만, 노출시키기에는 시기적으로 이른 내용들이 많기에 책 발간까지는 생각해 보지 않았었다. 그러나 그 수많은 이야기들 가운데 이미 소천하여 하늘나라로 떠난 한 여인의 삶을 조명하여, 그 개인의 신실한 신앙과 삶의 애환을 우리 모두가 공감하며 돌이켜 볼 당위성이 있다고 판단되었다.

필자는 이 글을 쓰며 북한의 한 신앙인의 모습과 남과 북으로 갈라진 이산가족의 아픔을 드라마와 같은 이야기로만 미화시켜 포장해 버릴 수 없다고 생각했다. 다만 아픔을 겪은 당사자들이 이 땅에서 다 소멸하기 전에 우리가 더욱 관심을 갖고 기억해야 할 시대적 사명이 있다고 판단하였고, 이러한 점에 초점을 맞추어 리얼 스토리를 전개했다.

북한의 잔혹한 공산 통치가 어떻게 한 여인과 그 가족들에게 얼마나 큰 고통과 시련을 주었는지를 절감하며, 그 압정하에서 50여 년 이상을 살아온 한 여인의 가감없는 독백을 이 글을 통해 담아 보았다. 지금도 북한 땅에는 정현숙 여인보다 더한 고통 겪고 있는 믿음의 사람들이 있다. 이 글을 읽는 독자들이 정치범 수용소를 비롯한 곳곳에서 신음하고 있다는 사실을 기억하며 깊이 공감해 주기를 바라는 것이 필자의 마음이다.

한국 교회가 막연히 복음 통일을 외치고 북한 교회의 재건을 내걸며 비전을 선포하고 있지만 현실은 아득하고 멀기만 하다. 이 순간에도 북한의 지하 성도들은 황무한 그 땅에 그루터기 신앙인으로 남아 하늘 소망을 품고 불원간 통일이 이루어지는 그날에 북녘의 무너진 제단을 다시 수축하는 것을 갈망하고 있다.

이 땅에서 신앙의 자유를 맘껏 누리고 있는 남한의 그리스도인들이 주님의 십자가 사랑으로 그들을 품고, 그 아픔을 함께 공유하는 것이 북한 선교의 출발점이라고 본다. 필자가 그간 사역하면서 확인한 것은 북한 지하 교회 성도들은 외부로부터 주어지는 신앙의 연약한 수혜자가 아니라는 점이다. 오히려 그들은 지금까지 피를 흘리며 지켜온 무형 교회의 당사자들이자 주역이다. 그들은 통일의 날 자신들의 손으로 교회를 재건하여 다시금 부흥의 감격을 맛보기를 소원하고 있다.

분명한 것은 지금도 북한 곳곳에서 성령의 행전. 전도의 행전이 지속되고 있다는 점이다. 때로는 순교의 피를 흘리면서 속 사도행전을 써내려 가고 있는 신앙의 그루터기들이 아직도 북한에 남아 있다. 이 글을 읽는 분들이 이들의 삶과 고난에 중보 기도로 동참해 주시기를 간절히 바란다.

2015년은 우리 민족의 해방과 분단 70년을 맞이하는 의미 깊은 해다. 성경적으로 70년은 나라의 회복과 부흥을 상징하는 연수이기 때문이다. 북한에서 70여 년의 고난의 세월을 보낸 북녘의 동포들과 지하 성도들의 굴곡진 삶의 모습을 믿음의 한 여인의 삶을 통해 조명하게 된 이 책이 통일을 준비하고 있는 우리 모두에게 소망이 되리라고 본다. 특히 호국의 달을 맞아 출간하게 되었으니 더 뜻깊은 일이다.

하늘나라에서 영원한 안식을 누리고 있을 이 이야기의 주인공 정현숙 성도님의 묘소 앞에 이 책을 헌정하려 한다. 개인적으로도 무척 정이 들었던 북녘의 그루터기 신앙인이었고 거룩한 씨였다. 책을 출간하게 된 지금 그분에 대한 기억이 사뭇 새롭게 다가온다.

40여 년 동안 믿음의 글을 펼쳐 온 홍성사 정애주 대표님께서 이 원고를 출판하기로 결정해 주심으로 여러 직원분들의 수고를 통해 이 책이 출간되었다. 이로써 무명한 선교사인 나는 생각지도 못한 크나큰 상급을 안게 되었다.

이 원고가 책으로 나오기까지 함께 기도해 주시고 검토해 주신 새하늘선교회의 모든 분들, 충주 양의문교회 유성렬 목사님과 사모님의 격려와 귀한 조언에 감사드린다. 끝으로 약 2년 동안 이 책을 집필하는 데 변함없이 큰 힘이 되어 준 사랑하는 김영란 사모에게 고마움을 표하며, 크신 사랑의 주님께 영광을 돌린다.

2015년 6월

Kang

오래된 소원
Remnants in North Korea

2015. 6. 23. 초판 발행
2016. 1. 6. 3쇄 발행

지은이 강석진
펴낸이 정애주
국효숙 김기민 김의연 김일영 김준표
박세정 박혜민 송승호 오민택 오형탁
윤진숙 이한별 임경혜 임승철 임진아
정성혜 조주영 차길환 한미영 허은
펴낸곳 주식회사 홍성사
등록번호 제1-449호 1977. 8. 1.
주소 (04084) 서울시 마포구 양화진4길 3
전화 02) 333-5161
팩스 02) 333-5165
홈페이지 www.hsbooks.com
이메일 hsbooks@hsbooks.com
트위터 twitter.com/hongsungsa
페이스북 facebook.com/hongsungsa
양화진책방 02) 333-5163

ISBN 978-89-365-0329-1 (03230)